普通高等教育“十三五”规划教材

旅游地质文化概论

杨世瑜　李 波　编著

北 京
冶 金 工 业 出 版 社
2018

内容提要

地质文化与旅游文化融合的旅游地质文化，能激活和提升旅游地的旅游文化品质，提高旅游地的知名度，塑造旅游地品牌文化。

本书从旅游文化的视角，构架了旅游地质文化体系，介绍了旅游地质文化概要，纪实性旅游地质文化，释义性旅游地质文化，观赏性旅游地质景观文化，观赏石旅游地质文化，人类文明石体旅游地质文化，人类文明地体旅游地质文化，人类文明矿体矿业旅游地质文化，传媒旅游地质文化。

本书可作为地质、旅游、文化相关专业教材或教学参考书，也可供有关研究人员参考。

图书在版编目(CIP)数据

旅游地质文化概论/杨世瑜，李波编著．—北京：冶金工业出版社，2018.3

普通高等教育“十三五”规划教材

ISBN 978-7-5024-7678-6

Ⅰ.①旅…　Ⅱ.①杨…　②李…　Ⅲ.①旅游资源—地质学—文化—高等学校—教材　Ⅳ.①F590.3

中国版本图书馆 CIP 数据核字(2018)第 043187 号

出 版 人　谭学余
地　　址　北京市东城区嵩祝院北巷 39 号　邮编　100009　电话　(010)64027926
网　　址　www.cnmip.com.cn　电子信箱　yjcbs@cnmip.com.cn
责任编辑　杨盈园　美术编辑　杨　帆　版式设计　孙跃红
责任校对　卿文春　责任印制　李玉山
ISBN 978-7-5024-7678-6
冶金工业出版社出版发行；各地新华书店经销；三河市双峰印刷装订有限公司印刷
2018 年 3 月第 1 版，2018 年 3 月第 1 次印刷
787mm×1092mm　1/16；13.25 印张；318 千字；200 页
39.00 元

冶金工业出版社　投稿电话　(010)64027932　投稿信箱　tougao@cnmip.com.cn
冶金工业出版社营销中心　电话　(010)64044283　传真　(010)64027893
冶金书店　地址　北京市东四西大街 46 号(100010)　电话　(010)65289081(兼传真)
冶金工业出版社天猫旗舰店　yjgycbs.tmall.com

前　言

在地质遗产、地质景观旅游地，旅游者惊叹地质奇观的绮丽之余，总是希望了解地质奇观形成的奥秘，然而大多因旅游地质文化的不足而不得其解。随着社会的进步，旅游业的发展，越来越多的旅游者追求更高层次的旅游文化，对地质景观旅游地，需要更多源自地域性的地域特色旅游地质文化。

地质遗产、地质景观旅游地的特色旅游地质文化，逐渐成为旅游地旅游文化产品建设的必要条件，成为旅游地品牌塑造的重要内容。

源于地质体旅游地品质的地质文化，凸显旅游地特色的旅游地质文化，势必成为旅游地与旅游者供需的旅游产品的重要形式和纽带。

地质文化与旅游文化的融合，受诸多因素的制约，当前，仍处在孕育、探索阶段。地质公园中建设的地质博物馆，构成了地质公园旅游地特色旅游地质文化展示的旅游地质文化产品，成为地质遗产旅游地旅游品牌展示的极佳窗口。

旅游地质文化以旅游文化的形式展现旅游地质资源及旅游地的地质文化，是地质文化与旅游文化的融合。旅游地质文化能丰富和充实旅游地的品质内涵，提高旅游地的知名度，塑造旅游地品牌。

人类生存繁衍地或旅游地，都分布在一定的地质区域，其生态地质环境、人地关系是旅游地质文化之源。源于自然而孕育于旅游的旅游地质文化，具有地质景观与旅游文化的耦合融会性。以地质景观美而衍生旅游文化，通过旅游文化而激发观赏者对地质景观美感的感悟，形成旅游地质景观与旅游文化相互融合的旅游地质景观文化，随同旅游文化而催生出旅游地质文化。

旅游地质文化是地质资源旅游资源化的催化剂，又是地质资源转化为旅游产品的旅游文化产品。旅游地质文化同时也是地质理论、地质知识科普性的传媒途径，地质知识普及的良好载体。

本书从旅游文化的视角探索地质文化与旅游文化融合的旅游地质文化的概念、理论和方法体系；探索在地质资源旅游资源化及社会化过程中旅游地质文化的功能及其培育机理。在探讨旅游地质文化概念的基础上，探索了基于地质体属性的观赏性、纪实性、释义性旅游地质文化；探索了基于地质体旅游地人类文明的石体、地体、矿体及矿业链旅游地质文化；探索了基于地质文化的观赏石和玉石文化、传媒旅游地质文化等。期望本书能有益于旅游地质文化的探索，有益于地质资源旅游资源化的社会效应，有益于地质知识的科普效应，有益于拓展地质科学应用领域。

目前，地质文化、旅游地质文化还处于探索阶段，且囿于作者水平所限，书中不足之处，敬请广大专家和读者指正。

作 者

2016 年 5 月于昆明理工大学

目　录

1 旅游地质文化概要

1.1 地质文化与旅游地质文化

1.1.1 文化

文化是指：人类在社会历史发展过程中所创造的物质财富和精神财富的总和，特指精神财富。如文学、艺术、教育、科学等。

关于文化，源自人类文明，服务人类文明，遍布于人类活动的各个领域。文化通常以其形成或存在的时间，分为历史文化、现代文化，按其内容和形式分为各种类型的文化。文化随其依附事物的发展需求而发展创新。

对于人类历史创造的文化，联合国教科文组织在《保护世界文化和自然遗产公约》（简称《世界遗产公约》）规定世界遗产分为：自然遗产、文化遗产、自然遗产与文化遗产混合体（即双重遗产）。遗产项目列入《世界遗产名录》，必须经过严格的考核和审批程序。

1.1.1.1　自然遗产

《世界遗产公约》规定，属于下列各类内容之一者可列为自然遗产：

(1) 从美学或科学角度看，具有突出、普遍价值的由地质和生物结构或这类结构群组成的自然面貌。

(2) 从科学或保护角度看，具有突出、普遍价值的地质和自然地理结构以及明确划定的濒危动植物物种生态区。

(3) 从科学、保护或自然美角度看，只有突出、普遍价值的天然名胜或明确划定的自然地带。

列入《世界遗产名录》的自然遗产项目必须符合下列一项或几项标准并获得批准：

(1) 构成代表地球演化史中重要阶段的突出例证。

(2) 构成代表进行中的重要地质过程、生物演化过程以及人类与自然环境相互关系的突出例证。

(3) 独特、稀有或绝妙的自然现象、地貌或具有罕见自然美的地带。

(4) 尚存的珍稀或濒危动植物种的栖息地。

1.1.1.2　文化遗产

《世界遗产公约》规定，属于下列各类内容之一者可列为文化遗产：

(1) 文物：从历史、艺术或科学角度看，具有突出、普遍价值的建筑物、雕刻和绘画，具有考古意义的成分或结构，铭文、洞穴、住区及各类文物的综合体。

(2) 建筑群：从历史、艺术或科学角度看，因其建筑的形式、同一性及其在景观中的地位，具有突出、普遍价值的单独或相互联系的建筑群。

(3) 遗址：从历史、美学、人种学或人类学角度看，具有突出、普遍价值的人造工程或人与自然的共同杰作以及考古遗址地带。

凡提名列入《世界遗产名录》的文化遗产项目，必须符合下列一项或几项标准并获得批准：

(1) 代表一种独特的艺术成就，一种创造性的天才杰作。

(2) 能在一定时期内或世界某一文化区域内，对建筑艺术、纪念物艺术、城镇规划或景观设计方面的发展产生过大影响。

(3) 能为一种已消逝的文明或文化传统提供一种独特的至少是特殊的见证。

(4) 可作为一种建筑或建筑群或景观的杰出范例，展示出人类历史上一个（或几个）重要阶段。

(5) 可作为传统的人类居住地或使用地的杰出范例，代表一种（或几种）文化，尤其在不可逆转之变化的影响下变得易于损坏，与具特殊普遍意义的事件或现行传统或思想或信仰或文学艺术作品有直接或实质的联系（只有在某些特殊情况下或该项标准与其他标准一起作用时，此款才能成为列入《世界遗产名录》的理由）。

诚然，自然遗产是自然界客观存在的物体及物质。但作为“遗产”，是人类对客观物体价值的认定，是人类知识结晶的体现。就此而言，自然遗产具有自然价值和文化价值的二重性。

世界遗产中涉及地质遗迹的内容即应视为具世界遗产价值的地质遗迹的标准：

(1) 从美学或科学角度看，具有突出、普遍价值的由地质和生物结构或这类结构群组成的自然面貌。

(2) 从科学或保护角度看，具有突出，普遍价值的地质和自然地理结构。

地质遗迹类别包括：

(1) 典型层型剖面（含副层型剖面）、生物化石组合带地层剖面、岩性岩相建造剖面及典型地质构造剖面和构造形迹。

(2) 古人类与古脊椎动物、无脊椎动物、微体古生物、古植物等化石与产地以及重要古生物活动遗迹。

(3) 岩溶、丹霞、黄土、雅丹、花岗岩奇峰、石英砂岩峰林、火山、冰川、陨石、鸣沙、海岸等奇特地质景观。

(4) 岩石、矿物、宝玉石及其典型产地。

(5) 温泉、矿泉、矿泥、地下水活动痕迹以及瀑布、湖泊、奇泉。

(6) 典型地震、地裂、塌陷、沉降、崩塌、滑坡、泥石流等地质灾害遗迹。

地质遗产的认知和认定，体现了地质科技与地质遗产价值的融合，地质认知和地质的人文认知的融合，也属于文化的范畴。

1.1.2 旅游文化

自旅游在全球兴起，并成为全球性人类活动的内容形式，旅游文化也随之蓬勃发展，文化成为旅游的重要资源，也形成以旅游而衍生的旅游文化。旅游文化是旅游业的灵魂。旅游与各相关行业各相关学科的相互渗透，在不同程度上以不同形式地增添了旅游文化发展动力。

文化的地域性，民族性，源于旅游目的地、旅游吸引物的特色性及独特性，构成了品牌性、地标性的旅游文化。

文化遗产是旅游文化的源泉，“自然遗产”作为旅游目的地，也不同层次不同形式的蕴含有旅游文化。自然遗产与文化遗产双遗产混合体就是最好的说明。

1.1.3 地质文化

地质文化是人类文明的重要组成。人类生存的地球，在提供人类生存环境、生活资源的同时，也给予人类认识地球、创造人类与地球和谐相处的条件。人类在地球上繁衍生存发展的历史长河中，创造了人类文明。其中，淀积了有关地球的地质科学，淀积了有关地质科学、人类与地球关系的地质文化，成为人类文明的重要组成。

地质文化、旅游地质文化的专门研究，虽然大多出现于近期的文化建设及旅游文化中，理论上和学术上的系统研究仍处于探索阶段。但客观上，其萌芽则涵盖于人类文化的发展历程中。如石器时代的石文化，古代的山水文化。

地质科学文化与行业文化。地质文化是有关地质及人与地球耦合，人类地质工作淀积的地质科学和地质人精神的综合体。

综合当前地质文化的相关资料，地质文化可分为地质科学文化和地质行业文化两大类：

（1）地质科学性、知识性地质文化。描绘地质景象、地质体及其科学内涵，传播地质知识，传播有关地质/地球的自然科学，保护赖以生存的地质环境。

（2）地质企业性、行业性地质文化。书写地质产业/行业活动的企业文化，宣传有关地质活动对社会经济的奉献及地质人的形象、精神与情操。

基于地球形成与发展的地质作用、地质体地质景观自然内涵的地质文化，具有鲜明自然性、唯物性，因此，地质文化的基本点是对地质、自然规律、过程的认知，通过了解地质文化能够使人们崇敬自然，保护生态地质环境，呵护地球，维护天地人和谐，维护人类生存的良好生态地质环境。

通常行业性的地质文化归入行业文化、社会文化。地质文化专指有关地质/地球的地质科学性、知识性的地质文化。如地质构造、地质作用的地质过程景象文化；生态地质环境及其变化景象文化；人类尊重地质/自然、地质矿产矿业开发人地关系和谐发展的天地人文化；有关旅游地、旅游地质景观、旅游活动的地质文化归为旅游地质文化等。

1.1.4 旅游地质文化

旅游地质文化是地质文化与旅游文化的融合，以旅游文化的形式展现旅游地质资源及旅游地的地质文化，借旅游活动发掘和创新深层次的新颖的、为旅游服务的地质文化，形成旅游地质文化。

基于旅游地质资源及地质体的旅游地质文化，可分为两个部分，一是作为旅游地的旅游地质资源及地质体所蕴含的旅游地质文化，二是由旅游活动所衍生的旅游地质文化。

（1）旅游地的旅游地质资源/地质体所蕴含的旅游地质文化：

1）基于地质体旅游地的旅游地质资源环境，释义旅游地的地质资源和地质景观的旅游地质文化，也是旅游景区旅游品质展示及宣传的重要内容。

2）旅游产业借助地质旅游地地质文化创建的旅游地质文化，显示旅游地所拥有的旅游文化。

3）与旅游地相关的旅游地质产品旅游文化的汇集与提炼，往往以旅游地质资源的品质用于旅游地品牌塑造，形成配套的旅游文化产品，是激发旅游者到旅游地旅游欲望的吸引力。

（2）旅游活动所衍生的旅游地质文化有：

1）旅游者在经历该旅游地的旅游体验后，由地质体旅游地所引发的旅游文化。

2）旅游者被旅游地质产品激活的旅游文化。

3）旅游者受到旅游地旅游文化的感染、激活，有感即发的旅游文化，常以文字、照片的形式在网络、在报刊中传播，在现今网络信息盛行的时代，网络成为旅游文化传播的最快捷、经济、方便的方式。

就地质体旅游地的旅游产业的旅游地文化和旅游者的旅游文化，相互促进、相互激活，催生地质体旅游地的旅游地质文化繁荣。旅游地质文化能丰富和充实旅游地的内涵，提高旅游地的知名度，塑造旅游地品牌。

1.2 旅游地质文化的影响因素

1.2.1 旅游地质资源环境与旅游地质文化

1.2.1.1 旅游地质资源环境孕育旅游地质文化

A 生态地质环境是旅游地质文化之源

在地质环境人地系统中，人类为其生存有目的地利用地质资源或改造/干扰原生态地质环境，作用于人类生存的周边环境，同时因客观资源环境的限制，环境反作用于人类。人类在改造客观世界的同时，也在改变人类自身，形成周边生态地质环境所影响的人类文化、人类文明。人类在人地系统的客观状态、客观关系中不断地发展变革人地关系，并形成与周围环境相协调的人类文化。从此而言，人类生存繁衍的地质区域或旅游地的人地系统就是人类文明之源。

B 地质资源环境的地域特色影响地域特有的地域性特色文化

地质资源环境常是自然环境的决定性因素，是自然环境类型、自然生态类型的基础。这种环境因素直接影响到人类的感知、观念、人类的生活方式、风俗习性、文化特色、观赏能力、文化水平。地质资源环境造就的地域特色环境直接影响着地域性文化。

生态地质资源环境因地而异，千姿百态，构成由地质环境及依附于地质环境的生态环境要素组成的、地域特色鲜明的特色地域地质文化。

人类为了适应特殊地质环境，或受特殊地质环境影响制约，形成与特殊地域环境关联的地域特有的地质文化。

C 地质景观与旅游地质文化

地质体的属性基本上决定了旅游地质资源景观的属性，决定了旅游地质资源景观的展布格局组合结构形式，相应地决定了由旅游地质资源景观为主体组成的旅游地属性特征。形成旅游地与地质体地质资源景观地域上的耦合性，旅游资源的共拥性，旅游地自然资源景观单元及其结构、等级体制与地质域旅游地质资源景观的对应性。

地质体单元与风景名胜区、旅游景区单元同域性；地质体作为旅游地，或地质体与旅游地耦合，旅游地质资源/景观构成地质体旅游地。

源于自然而孕育的旅游地质文化，具有地质景观与旅游文化的耦合融合性。以地质景观美而衍生旅游文化，通过旅游文化而激发观赏者对地质景观的美感，形成旅游地质景观与旅游文化相互融合的旅游地质景观文化。旅游地质景观文化彰显地质景观的文化内涵，激发观赏者对旅游地质景观的观赏情趣，并从中得到美的享受，得到文化内涵的熏陶。

地质景观既是人类生存的生态环境组成，也是人类文化、人文景观构建的源泉。景观孕育文化，借景抒情，旅游地质景观的自然性、普遍性、优美性成就景观文化。从古人类的石器文化开始，地质文化是人类文明的重要组成内容。

地质景观文化是地质作用产物地质体特质的结晶，更是人们赋予了心灵美感、寄托了灵魂情操意念的圣物文化的结晶。

D　旅游地质景观鉴赏文化

与源于自然、源于人类生存空间的生活、生产活动、源于旅游活动的旅游文化类同，旅游地质资源、旅游地质资源环境以及旅游地特定的旅游资源环境造就了与其相应的旅游地质文化。

旅游地质文化包括基于地质属性的地质文化、基于地质景观鉴赏的山水文化和基于旅游地旅游活动的旅游文化。显然，源于地质属性而产生的地质文化、源于地质景观鉴赏而产生的旅游地质文化是有别于其他旅游文化的地质体旅游地特有的特色旅游地质文化。

旅游地质景观鉴赏与旅游景观鉴赏一样，首先是自然美（形态、色彩、造型）的欣赏；其次，是景观意境、景观内涵的赏析和领悟。自然，景观鉴赏效果还取决于观赏者审美观，还与观赏者的阅历、知识、素质、情趣相关，还受到观赏环境氛围的影响。

旅游地质景观的鉴赏往往还注重景观的愉悦度，地域的特有性；景观科学文化内涵的易获性、可解性；观赏性和科学性的融合度；地质景观奥秘的可解析程度等。

1.2.1.2　人类文明催生旅游地质文化

A　生态地质环境催生地域人类文明

生态地质环境在人类的生存、社会的发展和文明的进步中起着关键作用。一部人类的文明发展史，实际上就是人与自然环境（地质-生态环境）和谐发展史。生态地质环境不仅为人类提供了生存发展空间、物质来源，还推动了人类文明的产生和发展。在不断认识和适应环境过程中，人类文明得以不断发展。所以，人类对环境的适应能力，表征了人类文明发展的水平和阶段。自然的生态地质环境是人类文明之源。

人类对环境的适应包含了对环境的文化适应。文化是一个民族其周围自然环境和社会环境的耦合体系，它是一种对环境适应、互动的生态文化，包括了这个民族的宇宙观、生产方式、生活方式、社会组织、宗教信仰、风俗习惯等。中华民族是十分重视生态地质环境的民族，“天人合一”的宇宙观和环境伦理观体现了生态地质环境在中华民族文明发展中的重要作用。自然景观与人文景观的和谐统一、密切伴生是地域旅游资源的特色性和旅游地质文化特色所在。

B　人类社交活动扩展催生旅游地质文化

在人类历史长河中，人类文明发展早期，由地质环境条件围限的相对闭塞的地域环境条件对人类活动范围的限制以及人类科技发展水平的限制，造成了人类文明的地域差异性、特色性、独特性、乃至唯一性。这也就是现今认定的地质遗产、自然遗产相关联的特色地域文化——地域自然遗产与人文遗产融合的地域遗产文化。

人类文明的进展、人类社交活动空间的开放扩展，旅游活动的兴起，人们对异地生态地质环境差异的敏感性，伴随旅游文化的形成，催生了地质文化、旅游地质文化的萌发。

C　人类文明发展与旅游兴起催生旅游地质文化

地质体是自然界人类及生物赖以生存的基底，是生物生存依附的载体。地质现象是自然现象的基础本底。人类出现后感受了新构造运动及其形成的景象，诸如内生地质作用，造山作用、火山喷发；外生地质作用导致的沧桑演变，如河湖变迁、崩塌、滑坡、泥石流，导致人类生存生态地质环境条件的变更。同时，也使人类在认识自然中，认识地质、认识地质对人类生存生态地质环境的影响。在人类文明的形成发展中，地质文化随同社会历史文化而产生、形成和发展，并随同旅游文化而催生旅游地质文化。

D　地质—矿业链催生旅游地质文化

地质资源作为矿产资源及矿业原料，必然要经过地质矿产资源的勘查评价、矿床的挖掘采矿、矿石矿物的选别提纯、金属/有用元素的冶炼提取。形成了地质资源开发利用的地质—矿业链。从无人烟的荒山僻壤，开创矿山、采选冶建设工程、兴建交通及水电设施、构建城镇城市，形成围绕地质—矿业为基础为基本线的地质矿业产业链。

地质—矿业因地域而异的地域性，因地质—矿业属性及其生态地质环境而异的生产生活地域性，加之地域文化、民族文化、矿业文化。构成了以地质—矿业为基础为主线的地质—矿业产业链的地质—矿业旅游资源、旅游地。即以含矿地质体/矿床为依托的旅游地质资源产业链催生人类文明地质—矿业旅游地质文化。

1.2.1.3　科技渗入旅游活动创新旅游地质文化

旅游活动除休闲、游览的功能，同时还促进地域间社会经济文化的异地交往传播。其中科技对旅游的渗入促进了旅游活动社交功能的迅速提升，促进了旅游活动除较单一的休闲游览的功能外，还增添知识性的启蒙、科学性的启迪的功能。科技对旅游的渗入，促进了旅游地旅游内涵的扩展、旅游产品品质的提高、旅游文化深层次的发掘和创新。随着科技迅速的发展，科技与旅游的融合也越来越突出。在现今科技和旅游高速发展的旅游中更为突出。

科技渗入现今社会，渗入到人类活动的各个领域，同时也渗入到人们休闲活动的旅游之中。旅游活动的方式和内涵正在由过去单纯的游山玩水观赏大自然的度假型逐渐向知识型文化型转变发展，以适应人们在休闲度假中欲借旅游活动之际，在得到休闲之时，同时能增加阅历体验、充实知识、获取信息。历史文化旅游、科普旅游渐成为吸取知识的旅游时尚之一，旅游地质功能的发掘将越来越显现出提高旅游地的品牌、提高旅游产品品质的功能。

旅游产品的开发创新、旅游文化的提升创新，成为旅游地品牌提升和旅游吸引力、旅游地活力的根本因素。旅游地旅游产品创新则兴，守旧则亡，只有“新”才有吸引力。

随着经济收入和文化素质的提高，人们对旅游的需求也越来越向高层次、高科技的内涵型发展，“求新、求异、求知、求乐”的旅游心理越来越强烈和突出。

如果没有新创意的新景点、新项目、新特色来更新和丰富景区的观光和休闲内容，就不会有足够的新客源。只有不断的推陈出新，不断地扩展旅游景点、不断地发掘旅游景点的科技文化内涵，才能增强景区的吸引力，才能强化景区的特色，使其具有活力，且长盛不衰。地域旅游特色、地域旅游地质功能的深层次发掘，显然就是提升旅游地旅游文化的重要基础因素之一。

一些旅游地蕴含高品级的地质遗迹，但由于未能彰显地质遗迹的旅游价值，长期处于低层次的开发状态。当以地质科技活动渗入发掘旅游地的品牌地质遗迹，有助于冠以高层次地质遗迹品牌文化，旅游地的旅游地质文化的创新，提升旅游地的旅游品牌文化，促进旅游地旅游活动的升级换代。

1.2.2 地质资源旅游资源化与旅游地质文化

旅游地质文化诠释地质内涵，赏析地质景观外延，吸引旅游者对旅游地质资源的关注。地质体、含地质要素旅游地、地质遗迹旅游地中，地质文化都是其重要的旅游资源组成，旅游地质文化的发掘、展示，都是旅游地/旅游景区的旅游品牌、旅游形象的体现。特色的、独特的、唯一的地质遗迹的旅游地质文化的显示是提高旅游地品位、知名度、品牌塑造的重要内容。地质资源旅游资源化、旅游地质资源社会化的必不可少的内容也包括将旅游地特色的、独特的、唯一的地质遗迹品质用旅游地质文化加以展示。

旅游地质文化作为旅游文化，能在地质资源旅游资源化的过程中不断发展、不断创新、不断完美。提高旅游活动创新的旅游地质文化，在地质资源旅游资源化的过程中也能得到不断的创新、持续呈新。

旅游地质文化是地质资源旅游资源化，实现地质资源的旅游功能，开发地质资源的旅游价值，满足地质资源作为旅游资源的需求，塑造地质体旅游地的品牌形象、旅游品位的旅游文化。

1.3 旅游地质文化特征

1.3.1 旅游地质文化的内涵

1.3.1.1 地学文化的广博性

地球岩石圈表层的地质体是生物圈的根基，地质体的地质要素是自然环境、生态地质环境的最基本要素，是地表衍生物的重要影响制约因素。

地质体是地体基本组成矿物、岩石、岩层、构造的展示，是地壳运动、地质作用、地质遗迹的记载，是地球历史、地球属性、现代地表地质作用的表征。

地质体以其生态地质环境自然条件而衍生的地势、土壤、植被，构成以地质体为基底的生态地质环境景观，展示了现代地表生态地质环境地学特征的总和。

地质体是人类生存和文明构建的基底。在生态地质环境各异的地域，人类创建了与生态地质环境相适应的人类文明。

因此，以地质体为基底的地质景观具有地学文化的广博性，构架了极其广博的旅游地质文化的源泉。

1.3.1.2 地质文化的地域性

地球表层以地质发展史、地质构造的差异性，构架了地质体特征及地质构造具有明显差异的地质构造单元及其地质构造单元结构，决定了地壳表层各个部位各个地质单元的差异性及其地域地质特征地质景观的差异性。

基于地质构造、地质资源、地质景观特质的地质文化，地域地质构造的不可复制性、特定性、不可移植性决定了地质文化的地域性，特别是许多特定地质构造、地质环境、地质作用决定的具有罕见性、唯一性、独特性的地质景观、地质遗产的旅游地质文化更凸显出地质文化的地域性、地质文化的地域唯一性，地域特有性、专属性。

地域地质景观的差异性构架了地域性的地质文化，构架了极具地域差异的旅游地质文化。

1.3.1.3 旅游地质文化的独特性

地质体地质单元的地学文化广博性、地质文化地域性的融合，构架了内涵丰富的旅游地质文化源泉。构架了以地学文化广博性和地质文化地域性耦合的地域特色旅游地质文化，构架了区别于其他旅游文化的特色性旅游地质文化。而且，往往以地域性地质遗迹地质景观的唯一性、独特性而造就了其他旅游要素所没有的特色性旅游地质文化品牌，旅游地旅游景区的特色性旅游品牌。

从旅游文化的视角审视地质文化，旅游地质文化具有其主要特征：

(1) 自然性。地质属性首先是自然属性，地质文化首先是自然文化。自然性是旅游地质文化的主体和根基。

(2) 地域性。地质体、地质景观的不可移性，地质体、地质景观是一定空间的地域地质属性固有性，是地域性旅游地质文化的特有标记。

(3) 大众性。地质体是人类共有的自然资源，地质体的可旅游性是大众活动所认可的。因此，地球奥秘的广博性中旅游地质文化主体只是地质科学中的大众性普遍性地质文化部分，旅游地质文化主体是大众文化。

(4) 综合性。地质景观以地质体为基底附着有地质体在生态地质环境中的衍生物，使地质景观拥有大自然的综合性，也使地质景观具有地域的特征性元素。地质体又是人类生存活动的空间，地质体覆盖有地域性的人文景观，特别是在那些古人就开始崇拜的地质体/山体上，古人构架了璀璨的人文景观，使地质体地质景观旅游地蕴含地质与人文综合性的旅游地质文化。

(5) 专属性。地质体地质景观的地质属性及特定的地域性，构成了地质体旅游地不同于异地、不同于其他旅游资源的旅游地质文化专属性，地质特色性的地质文化专属性构架了旅游地特有的特色旅游地质文化品牌。

1.3.1.4 旅游地质文化的人地交融性

地质文化主要是地质体地质现象地质属性释义性、描述性文化、人地和谐/人类地质文明文化。

地质文化包括源于地质体/地质资源环境而产生的文化，主要包括：

(1) 描述地质体、地质景观、地质资源环境（地质-生态）的知识性、趣味性、科普性、科幻性、可读性、通俗性的文学作品、影像作品。

(2) 以地质体、地质景观、地质资源环境（地质-生态）为源泉、为对象而创作的自然的、人文的、抒情的、记实性、描述性、游记等文学作品、影像作品。

(3) 记载山川变迁、地质灾害、地质-生态等地质作用及人类地质活动的自然的、人文的、记实性、描述性等史料、文学作品、影像作品。

(4) 以人地关系为题材或与地质体、地质景观、地质资源环境、地质-生态关联的、天人合一、人与自然的史料、文学作品、影像作品。

(5) 以地质体、地质景观、地质资源环境（地质-生态）为源泉、为对象，激发人们爱惜、保护人类生存的地质生态环境、人与自然和谐发展，保护自然（地质遗迹）遗产的文学作品、影像作品。

(6) 在特色地质景观旅游地，以地质体地质景观为实景，演绎地域文化的实景演艺文化活动。

(7) 以天然岩石、石体为载体，记载人类文明的摩崖石刻、石雕、石窟、石建筑、石文化等地域文化。

人类创造的地质文明特色地质文化。人类文明史中包含有人类在认识、利用地质资源环境过程中创建的人类地质文明。诸如人类早期为生产生活而开创的石器文化，鉴赏收藏天然矿物岩石的玩石文化，玉石文化，认识生态地质环境鉴赏地质景观的山水文化，利用矿物岩石建造人居环境的石文化，优化生存环境而兴建的地质工程文化。

地质文化是人类文明的组成，也是人类文明创造的特色地质文化。

1.3.2 旅游地质文化的认知

1.3.2.1 从地质资源的旅游功能识别旅游地质文化

A 科考性旅游功能的旅游地质文化

地质资源科学性普遍可作为科考和科普的旅游资源，具有科考科普旅游功能。

(1) 揭示地球演化过程的沧桑演变地质例证。如反映某一地质历史时期、重要地质事件的地质构造、地层序列。

(2) 揭示地球生命，显示地球生命演化的地层古生物、生物群的化石。

(3) 显示从古到今人类演化过程及人类活动相关的地质形迹。如古人类活动形迹遗址及古人类化石，古采矿冶炼遗迹。

(4) 显示地表地质过程的近代现代地质作用现象。如新构造运动旅游地质景观、剥蚀侵蚀溶蚀作用。

(5) 显示人与自然和谐的人居环境、人类生活的生态地质环境。

科考性科普性旅游地质资源具较强的科学性、学科专业性，虽不太适合大众旅游的观赏性旅游，但具有专题性或专业性科普、科考旅游地质文化价值。

B 观赏性旅游功能的旅游地质文化

地质体和地质景观的造型、色彩及其蕴含自然美的景观属性，是山水景观的载体、是旅游者进行大众旅游、观光旅游的普遍喜好的观赏对象。

能使旅游者感受愉悦性、奇特性的地质景观，能给人以震撼雄伟和奇异的地质奇观，能使人在地质景观的观赏观光中领悟美的感受、领悟科学知识的地质地貌景象。观赏性旅游地质资源具有很强的观赏性旅游功能，能满足旅游者审美、探秘、愉悦的旅游动机和旅游需求。

地质景观强烈的地域性、唯一性，地质景观的古老性、不可移植性，地质景观无人经历过的沧桑演变的神秘性、知识性，都是地质景观特有的观赏性旅游功能。

地质景观构成的景色秀丽、造型独特、生态环境优美的旅游地、风景名胜区，都具有休闲旅游、观赏旅游的旅游功能，具有高旅游品位、高旅游价值观赏性旅游地质文化资源。

C 商品性旅游功能旅游地质文化

地质资源除具有提供科考科普旅游和观赏旅游、形成旅游效益的科考性科普性旅游和观赏性旅游的旅游地质资源主体功能外，旅游地质资源中可经商品化过程而将地质资源转化为旅游纪念品、工艺品，开发为旅游产品从而直接转化形成旅游经济价值。具有商品性旅游功能。如观赏石、矿物岩石、化石、彩石、宝玉石是极佳的旅游商品、旅游纪念品；经粗加工或精加工的石材，可制作为饰品、收藏品、旅游商品；温泉、热泉，地下水、地热水可提供休闲度假、保健、康体旅游地质文化产品。

D 文化体验性旅游功能的旅游地质文化

地质体、地质资源、地质景观除了自身的、专业的地质文化可作为文化旅游资源外，许多以地质体、地质景观为基础、为载体的旅游地、风景名胜区，或当地的居民创造了丰富的地域文化、民族文化、山水文化，或到达该地域的历代文人墨客、旅游者遗留下了旅游文化，共同构建了地域性的旅游文化。使这些地域具有能给人增长地域文史知识和文化素养的文化性旅游功能。

地质体、地质资源、地质景观的旅游地质文化能给旅游者以科学知识的启迪，具有通过旅游活动进行科学知识教育的旅游文化价值功能。能在地质景观中观察领悟地壳活动形迹、体验人与自然和谐的生态地质环境系统，能使旅游者感受珍惜生态地质环境、珍爱地球生命的生态地质环境伦理教育。

E 旅游资源化产业化价值功能的旅游地质文化

地质体、地质资源、地质景观的旅游价值、潜在旅游功能提供了将地质资源转化为旅游资源，在具有旅游价值、潜在旅游功能的地质域/地质单元构建旅游产业的条件。具潜在旅游功能的地质体、地质资源、地质景观具有转化和实现地质资源转化为旅游产业化的旅游价值及功能。

实际上现今的许多旅游地、风景名胜区，就是地质体、地质资源、地质景观经过地质资源旅游资源化产业化而实现地质资源旅游产业化衍生旅游地质文化的功能。

1.3.2.2 从地质景观旅游功能识别旅游地质文化

A 地质景观结构影响旅游景观格局旅游地质文化

旅游地地质景观要素的组成结构，包含了具有不同观赏价值、科学价值的地质景观在旅游地的分布、组合情况。根据地质景观单元、地质景观类型、地质景观等级体制在旅游地的分布及其结构特点，布局旅游地的设施，布局旅游地的景点、线路，建立相应的解说体系。将有助于构架旅游地的最佳旅游结构，最佳的展示旅游地质景观的旅游价值，发掘旅游地质景观的最佳旅游地质文化功能。

B 地质景观特色发掘激活旅游地质文化

地质景观特色是地质文化特色的根本所在，也是旅游地质文化的源泉。旅游地质文化有基于地质景观类型的旅游地质文化，具有针对不同地质景观类型的通用型旅游地质文化。利用地质景观的地域性属性，针对具体的旅游地、具体的旅游景观所发掘的地域旅游地质文化，能真正体现旅游地的特色与个性，展示旅游地的特有的旅游品位，展示旅游地的品牌效应。

C 特色地质景观构建特色主题旅游地/公园旅游地质文化

以自然旅游景观为主题构建的旅游景区旅游地，虽然一般都不提是否具有类似主题公园的旅游景区的主题。但客观上，由于旅游地的旅游地质景观总是有一些特定的景观类型，因此，以地质景观为主体构建的旅游地，客观上都有围绕地质景观类型特色而构成旅游景观特色的主题公园。因此，若能基于特色地质景观的观赏价值优势，构建特色主题的旅游地，使特色地质景观的展示成为旅游地（或公园）文化的主题，将有利于形成具有观赏价值优势、品牌特色的特色品位的旅游地形象。

D 地质景观特色塑造旅游地特色品牌旅游地质文化

地质景观特色，特别是地质景观色彩与造型的奇异性、地质奇观对旅游者视觉所具的冲击力，使旅游景观旅游地具有极强的旅游吸引力。基于地质景观特色塑造旅游地品牌/旅游地质品牌文化，有助于旅游地品牌形象的塑造。

1.3.2.3 从旅游文化视角识别旅游地质文化

旅游地质文化的认知就是从旅游文化的视角识别地质景观地质文化中具有旅游价值的地质文化：

（1）旅游地质文化的认知需要地质文化认知和旅游文化认知的融合。

（2）旅游地质文化的认知需要从旅游文化的视角发掘旅游地具地域特色的特色地质文化。

（3）旅游地质文化的认知需要从旅游地地学文化与地质文化的融合发掘地域特色的特色地质文化。

1.3.2.4 从地质资源旅游资源化识别旅游地质文化

旅游地质文化的认知需要熟知旅游地的地质资源环境，客观充分地认知特色地质体构架旅游地品牌的价值所在。把握旅游地中地质资源的旅游资源化过程中旅游地质文化的发掘发展的概念和关键环节，实施旅游地质文化培育的有效举措。在旅游地开发建设过程中突出旅游地地域特色旅游地质文化培育，适时地塑造旅游地地域特色的旅游地质文化品牌。

旅游地特色地质景观旅游文化的发掘是旅游地质文化认知的过程。旅游地质文化的认知又是地质资源旅游资源化、旅游地品牌文化塑造的催化剂。

1.4 旅游地质文化基本类型

1.4.1 旅游地质文化类型研究

旅游地质文化及旅游地质文化类型系统的研究或专门的出版物较少。其中，杨世瑜、李伟等的研究有一定的代表性。

在《三江并流带旅游地质资源开发与环境保护》和《旅游地质学》所述旅游地质资源类型的观赏性旅游地质资源中，单独列出“文物性地质景观”。地质文化作为旅游地质资源的单独类型见之于杨世瑜的《旅游地质学》、《旅游地质学概论》，基于旅游景观理念的旅游地质景观基本类型和基于旅游资源属性与功能的旅游地质资源类型划分。

李伟在2008年的论著《旅游地质文化论纲》、《滇西北旅游地质文化》中，较系统地论述了地质文化、旅游地质文化、旅游地质文化类型概念。以滇西北为例，探讨了旅游地质资源的地质要素及其文化内涵等旅游地质文化的问题。

李伟认为人类对地质要素的认识和利用就是地质文化。旅游地质文化是旅游产业发展中所形成的对地质要素需求与供给的文化组合。旅游地质文化是以地质要素为主要影响因素的一种文化形态。是生活在某个区域的人群所创造出的，具有鲜明地方特色的文化形态。在旅游发展中，这种特色文化成为该区域旅游的一种吸引物、一种标志、一种象征。旅游地质文化是在人类地质文化基础上，在旅游产业发展中所形成的对特殊地质要素需求与供给的文化组合。它属于一种特殊的文化现象，其性质是旅游文化的一个有机组成部分，也是区域文化的一个分支。基于对地质文化和旅游地质文化的上述认识，提出了通过地质要素对旅游活动的影响的不同，可将旅游地质文化分解为三个有机组成部分：

（1）资源类文化。按照地质要素对旅游市场的特殊吸引作用所确定的“需求—供给”型的文化。可分为：1）一般性旅游地质资源与产品文化。如名山旅游文化、洞穴旅游文化、温泉旅游文化；2）特定旅游地质产品文化。如地质公园文化、世界遗产文化。

（2）管理类文化。根据地质类旅游景区对旅游经营行为的限制性作用所形成的特殊性旅游文化。

（3）环境类文化。地质要素对旅游发展环境的安全性所引发的文化现象。

按地质文化内容，可将旅游地质文化分为：

（1）矿物与岩石文化。以某些矿物和岩石为载体，表达人类共同的、具有某种象征意义的文化现象。可分为：矿物与岩石的辨识性文化，探矿文化，采矿文化，矿物冶炼文化，特殊专项文化（金银文化、玉石文化、钻石文化、赏石文化）。

（2）地质构造及其衍生物文化。具有民族与区域文化特性的山水意识形态。可分为：传统的“山水文化”，特有的“衍生物文化”（峡谷文化、洞穴文化、摩崖文化、温泉文化、火山、地震文化）。

（3）化石文化。人类历史中对化石的认识，并由此产生的相应文化现象。

（4）地质工程文化。以著名水利工程设施等为载体所折射出的人类历史及现时改造自然、征服自然的精神和能力。

（5）区域地质性文化。与区域地质要素相关联的文化组成、形态表现及文化特色。可分为平原文化、高原文化与山地文化。

1.4.2 旅游地质文化类型

以石文化、山水文化、地质遗迹文化为主体的旅游地质文化，可涵盖于各类旅游地质资源。观赏石、观赏岩石矿物与石材、宝玉石、彩石等商品性旅游地质产品蕴含极其丰富的旅游地质文化。

在地质体的人类活动中，由地质景象、地质景观产生的地质文化，如：

（1）石文化类。人类对岩石矿物赏析的情感化地质文化。

（2）山水文化类。人类对地质地貌景观赏析的情感化地质文化。

（3）地质遗迹文化类。人类对地质遗迹的认知赏析的情感化地质文化。

1.4.2.1 地质—自然—人文融合的旅游地质文化要素/基本组成

在地质—自然—人文融合的地域中，石体、地体、地景是旅游地质文化的基本组成要素，其与人类文明的融合，构成天地、人地的复合文化。

A 岩石矿物矿石——石体文化

以组成地质体/地壳的岩石、矿物、矿石的天然石体作为旅游资源，产生的旅游地质文化。如矿物晶体晶簇、彩石、宝玉石、大理石等石体文化。石体文化主要是侧重组成地壳岩石的释义性、科普性的旅游地质文化。

B 地质体——地体文化

以具旅游价值的地质体、地质单元产生的旅游地质文化。如内生地质作用形成的花岗岩体、蛇绿岩套，变质作用形成的变质岩带，外生地质作用形成的同生角砾岩、生物岩，火山喷发形成的火山岩。地体文化主要是侧重组成地壳的岩石单元、地质构造单元、地质体的释义性、科普性的旅游地质文化。

C 地质地貌景观——地景文化

以观赏性旅游地质景观为主题的旅游地质文化。它融合内生成景地质作用和外生成景地质作用，融合地质体的物质组成、地质构造在地表条件下，地质景观造型构成的诸如火山口、火山机构、温泉、峡谷、瀑布、冰川、岩溶、峰林峰丛、悬崖峭壁、洞穴等地质奇观，释义性观赏性融合的地景旅游地质文化。

D 生态地质环境景观——天地文化

以地质体、地质构造、地质单元组成的岩石圈为本底，由地质体裸露于地表条件下，在天体作用下的地域自然环境中，由天水、地表水、地下水地质作用构成水圈，由风化作用覆盖了地表残坡积层、风化土土壤化衍生了多样性的生物圈，覆盖地球、提供地球生息条件的大气圈，构成人类生存繁衍的生态地质环境，由岩石圈—水圈—生物圈—大气圈构成景观多样性的生态地质环境景观。人类在千姿百态、五彩缤纷的生态地质景观中，催生出诸如讴歌山水的山水文化等璀璨的天地旅游地质文化。

E 地质人文耦合景观——人地文化

以生态地质环境景观为人类生存、繁衍的地域环境，在特定的地域环境中，人类的社会经济活动、地质工程活动、人类的历史文化，构建了特定生态地质环境中的人类文明。形成地质—自然—人文耦合的地域人地关系系统，造就了以地质地貌景观为依托、展现人类文明的诸如名山名水、风景名胜的人地旅游地质文化。

1.4.2.2 旅游地质文化的分类依据

旅游地质文化的分类，主要依据地质与旅游结合、旅游地质资源类型及其旅游功能。即：

（1）地质文化与旅游文化结合的旅游地质文化。

（2）基于旅游地质资源的属性、类别形成的旅游地质文化。

（3）基于地质资源旅游价值与旅游功能的旅游地质文化。

1.4.2.3 旅游地质文化基本类型

现今的地质资源研究或旅游资源、旅游文化研究资料中，虽然未见旅游地质文化系统研究相关报道，但犹如旅游地质资源涵盖于旅游资源研究中一样，在旅游文化中可以看到很多旅游地质文化类别的资料。例如，以山水文化形式出现的旅游地质景观文化，以石文化、宝玉石文化出现的岩石矿物矿石文化。虽然旅游地质文化与地质文化尚无较趋成熟的分类，但从地质资源旅游资源化社会化对旅游地质文化的需求看，建立合适的、可行的旅游地质文化分类是十分必要的。

综合旅游地质文化分类思路，从基于地质资源基本属性和旅游价值，基于旅游地质资源的旅游功能，基于地质资源旅游资源化社会化的旅游地质文化可用性，基于从古至今已形成的以地质景观为基础、为主题的旅游文化，旅游地质文化分类可采用地质—自然—人文融合的方案。根据旅游地质文化的内容可将旅游地质文化划分为释义性旅游地质文化和观赏性旅游地质文化分类方案（见表 1.4.1）。

表 1.4.1　旅游地质文化基本类型

大类	类	文化特征
Ⅰ　解析性旅游地质文化	纪实性旅游地质文化	地质体/地质景观地质属性、地质实体的纪实性描述
	释义性旅游地质文化	地质体/地质景观概念、地质要素的释义性解读
	观赏性旅游地质文化	地质体/地质景观美感、地质美、观赏价值的赏析
Ⅱ　主题性旅游地质文化	观赏石旅游地质文化	天然观赏石观赏赏析
	石体旅游地质文化	石体石质人类文明淀积
	地体旅游地质文化	地质体地质域人类文明积淀
	矿体旅游地质文化	矿床矿业链人类文明淀积
	传媒旅游地质文化	地质文化转化旅游文化传播途径

旅游地质文化可根据地质文化要素的主体划分为地质元素/题材解析性文化和地质主题性文化两大类。

地质解析性文化是以记述解析地质体地质景观的地质属性/地质文化为主题的旅游地质文化。即基于地质实体实景的地质元素的纪实性、释义性、观赏性地质解析性文化。

地质主题性文化是以地质体地质景观、地质旅游地的人类活动人类地质文明淀积为主题的旅游地质文化，是人类与地质环境交融耦合，人地和谐的人类地质文明的旅游地质文化。是以地体石体矿体地景为文化源泉、人类与地质文化源泉融会耦合衍生的地体—石体—矿体—地景的天地人文化综合体。

A　地质文化元素/题材的解析性旅游地质文化类型

（1）纪实性旅游地质文化。纪实性旅游地质文化的主题主要是对地质景观、地质体旅游地演变过程及其相互关系的地质属性进行纪实性客观性的描述，对矿产矿业链等旅游地的开发过程发展经历进行纪实性叙述。地质体地质景观的属性常常是旅游地地质品位的象征，是旅游地深层次开发、旅游地品牌塑造的基础依据。但缺少地质专业素养的旅游者或管理者又常常不易系统地识别地质属性、不易客观地识别和叙述诸多地质属性的主次及关联。纪实性旅游地质文化可以为大众客观地展示旅游地的地质属性，提供旅游地地质资源属性识别、类比的重要信息依据，提供科普性旅游地质文化的素材。纪实性旅游地质文化是科考性科普性旅游地质资源、商品性旅游地质资源认识的基础；也是观赏性旅游地质资源的认识基础。

（2）释义性旅游地质文化。释义性旅游地质文化的主题主要是对地质体旅游地和含地质要素旅游地的地质体、成景地质作用、地质景观等地质属性、品质进行解释、解说的自然文化旅游文化。释义性旅游地质文化常常是旅游地景区品质的标志。既是旅游景区进行深层次开发的源流，又是旅游景区展示旅游地品质的产品，同时也是提供旅游者选择到该旅游地旅游、增长知识、启迪智慧的重要因素。释义性旅游地质文化是地质旅游地地质品牌文化的重要标识。

释义性旅游地质文化是基于旅游地地质环境条件实体，将旅游地地质内涵、科学价值展示给旅游者的石体文化、地体文化的主体，是科考性科普性旅游地质资源实现社会化的重要方式。释义性旅游地质文化也是观赏性旅游地质资源、商品性旅游地质资源创建相关联的旅游文化的必不可少的地景文化、天地文化、人地文化旅游文化组成。

（3）观赏性旅游地质文化。观赏性旅游地质文化的主题是旅游地质景观的赏析，是旅游地质景观的审美、赞美文化，是基于人类对旅游地质景观的感知而激发意念的“有感”的旅游文化，是旅游者对旅游地质景观描述、引发的抒情、联想的旅游文化。观赏性旅游地质文化包括对旅游地的地质地貌景观、生态地质环境景观、地质人文耦合景观赏析的地景文化、天地文化、人地文化的旅游文化。观赏性旅游地质文化的主体是与地质体地质景观相关的人类文明文化，是旅游者对旅游地质景观的感知文化。观赏性旅游地质文化是地质体地质景观地质文化大众化社会化的重要传媒。

B　地质文化主题性旅游地质文化类型

（1）观赏石旅游地质文化。天然生成的观赏石玉石个体，既有很丰富的观赏价值，又有很好的文化内涵，也有收藏价值。观赏石玉石文化源远流长，是极其流传广泛、极其受旅游者喜好的旅游地质文化。

（2）石体旅游地质文化。以石体为载体的石体石质文化，是人类文明的象征，是人类文明的记载。地域性、特色性的石体文化常常是地域旅游地的标志性旅游地质文化。

（3）地体旅游地质文化。以地质体为载体的地体地质文化，是地域性唯有的旅游地质文化，是地域性唯一性的地质遗迹文化。常常是地域性人类文明淀积的人地旅游文化品牌。

（4）矿体旅游地质文化。从矿床的发现到矿产的开发，从矿产的开发到矿业的构成，从荒漠旷野到矿业城市的繁荣，矿产矿业链旅游地质文化是地域性人类文明淀积的人地特色旅游地质文化。

（5）传媒旅游地质文化。信息时代创造了旅游地质文化传播的传媒旅游地质文化。影视与网络扩展了旅游地质文化的传播，也催生大众化的旅游地质文化。

思 考 题

1-1　从地质文化、旅游文化与旅游地质文化的关联性思考旅游地质文化对地质学科的拓展及旅游品位提高的意义。

1-2　旅游地质文化之源及影响因素与旅游地质文化内涵的认知。

1-3　旅游地质文化类型划分思路及意义。

2 纪实性旅游地质文化

2.1 地质文化属性与纪实性旅游地质文化

2.1.1 地质体与地质属性景观

地球拥有46亿年的多期演化史，经历了无数次构造旋回，特别是全球性的元古代、古生代、中生代、新生代地质演化时期，经历了全球性的加里东、海西、燕山、喜马拉雅构造运动等海陆变迁、沧桑演变的强烈构造运动旋回。构造运动事件时间尺度是以万年、千万年、亿年为单元的地质年代。每次构造运动都构成了在特定地质环境下由地质作用所形成的特定地质体、地质构造单元、地质景观。

由于先期构造运动旋回的地质构造景观，被后期构造运动旋回的地质构造景观所叠加、破坏、掩盖。先构造运动旋回的产物会被后期构造运动旋回的地应力翻卷到后构造旋回产物中。这样，不同时期、不同地质事件的地质构造运动旋回产物会同时呈现于晚构造旋回的地质景观中。现今的地球就是漫长的地质构造旋回地质构造产物叠加的总和。人们通过地质发展史的研究识别和建立全球和全球的各地质域及地质构造单元的地球演化史。

现今的全球地质体及地质景观可按不同的时间尺度划分为不同地质发展时期的地质体和地质景观。可按构造旋回/构造层，按界、系、统、阶划分为几个时间尺度的地质景观；也可按构造旋回形迹特征地质体/地质事件标志划分时间尺度地质体/地质景观。

由地质发展史时间尺度划分的地质体及地质景观都有其相应的地质构造形迹、地层岩石类别、矿产组合。因此，旅游地质体及地质景观具有地质景观特有的、与时间尺度关联的景观时间尺度属性。

地质属性使旅游地质体及地质景观具有内涵极其丰富的观赏价值和科学价值及其相关联的地质文化。

2.1.2 纪实性旅游地质文化

纪实性旅游地质文化主要是对地质景观、地质体旅游地的地质属性进行纪实性客观性的描述，对矿床、矿业链等旅游地的开发经历进行纪实性叙述：

（1）旅游地地质属性的基本要素，包括地质体的地质类别、地质构造部位、地层岩性、岩石单元、地质年代、地质体规模、矿产地矿床类别、矿床矿体、矿石矿物、矿床规模、矿床发现史、开采史等。

（2）地质体地质景观的属性，常常是旅游地地质品位的象征，是旅游地深层次开发、旅游地品牌塑造的基础依据。

(3) 旅游地地质景观，地质资源固有特色、评价。

地质专业知识不足的旅游者或管理者常常不易系统地识别地质属性、不易客观地识别和叙述诸多地质属性的主次及关联。纪实性旅游地质文化可以为大众客观地展示旅游地的地质属性，提供旅游地地质资源属性识别、类比的重要信息依据，提供科普性旅游地质文化的素材。

地质属性的纪实、纪实性地质文化是旅游地旅游地质文化认知、旅游地品牌塑造的基础。

2.2 基于旅游地质资源属性的旅游地质文化

地质体旅游地的旅游地质资源属性中的旅游地质文化是具体的、特定的旅游地质域所固有的地质文化，是旅游地固有的旅游资源特色，乃至旅游地基础文化所在。如记录显示地球演化形迹，第四纪—现代地质形迹的各类地质景观文化。

2.2.1 记录及显示地球演化过程的地质遗迹

2.2.1.1 地球演化地质遗迹—地质构造旋回例证

河南嵩山地质构造遗迹景观。河南嵩山地区保存有完整地、连续地出露于华北古陆35亿年以来太古宙、远古宙、古生代、中生代和新生代五个地质时代的岩浆岩、变质岩和沉积岩。嵩山地质演化的“五代同堂”地层序列及三个构造不整合面是中原大地沧桑演变的例证，是独特珍稀的地质遗迹。是嵩阳、中岳、少林三次前寒武纪地质构造运动命名地：

(1) 嵩阳运动。距今约23亿年，太古宙登封群片麻岩与元古宙嵩山群之间不整合界面所代表的造山运动。

(2) 中岳运动。距今约18.5亿年，中元古代和古元古代之间五佛山群与嵩山群不整合界面所代表的造山运动。

(3) 少林运动。距今约5.7亿年，五佛山系与寒武系之间的不整合接触所代表的造山运动。

2.2.1.2 地球生命地质遗迹

A 云南澄江动物群

云南澄江县帽天山澄江动物群是寒武纪早期（5.3亿年）40多个类163属190种珍稀动物化石发现地，保存有无脊椎动物、原始脊索动物化石，是目前世界上所发现的保存最好、动物类型最多、时代最古老的动物群，被称为“寒武纪生命大爆发”。其拥有最古老的脊椎动物化石——海口鱼和昆明鱼、头索动物中新鱼和海口华夏鱼化石。

显示了距今5.3亿年前寒武纪早期动物大爆发过程中生物生理结构、生活习性、系统演化、生态环境；地球历史早期海洋动物世界的真实面貌、演化细节、生物演化实例。

B 北京延庆硅化木群

北京夏都延庆白河两岸有时间跨度达到20亿年的海相沉积遗迹、构造形迹、地貌景观。遗存有完整的原地埋藏硅化木化石群，产于距今约1.5亿年的晚侏罗世火山沉积盆地，目前出露地表的硅化木化石有57株，质地坚硬，纹理清晰，年轮可辨，一般直径

0.6~1.5m，最大达2.5m，最长15m。是研究北京乃至华北地区中生代地质历史时期古地理、古气候演化的重要依据。

2.2.1.3 古人类遗迹

“古人类”是对化石人类的一种泛称。从猿类到人类共经历了腊玛古猿、南猿、猿人、古人、新人等几个阶段。一般将更新世晚期（约1.2万年）的新人以前划为古人类范畴；全新世以来，新石器时代以后的属现代人范畴。除新人与现代人属同一亚种外，其余均已绝灭。

我国发现的古人类遗址有200余处，从老至新主要有：

(1) 旧石器早期古人类遗址：云南元谋古猿、陕西蓝田猿人、北京猿人、湖北郧县猿人、湖北郧西猿人以及陕西大荔人、广东韶关马坝人等。

(2) 旧石器中期古人类遗址：湖北长阳人、山西丁树人、贵州桐梓人、山西阳高许家窑人、周口店龙骨山人等。

(3) 旧石器晚期古人类遗址：广西柳江人、四川资阳人、内蒙古河套人、北京山顶洞人等。

A 北京猿人

北京周口店龙骨山北京猿人先后发掘头盖骨、牙齿、股骨、碎头骨等化石。根据从古人类遗址同时发掘出的动物化石推测北京猿人的生存时间距今约四五十万年；对遗址下部的石英砂和石英质石制品应用铝铍埋藏测年法测年，北京猿人的生存时间在77万年前(沈冠军和高星，2009)。

B 金牛山人

中国营口县金牛山古人类遗址，根据地层、动物群测定，“金牛山人”生存的地质时代为中更新世晚期，距今约28万年。

2.2.1.4 地壳活动地质事件遗迹

A 东非大裂谷

非洲大裂谷形成始于新生代早期，至今仍在发展中。分离的两个岩石圈板块之间的扩展构造，地下岩浆涌出的通道，火山喷发活跃地带。在地形上形成狭长凹陷地带，巨型地堑/大裂谷长6500km。断裂活动伴随有大量基性岩喷出，形成坦噶尼喀湖、基武湖等湖群。非洲大裂谷、莱茵河裂谷，贝加尔裂谷都是闻名的极具吸引力的旅游景观。

B 马里亚纳海沟

位于北太平洋西部马里亚纳群岛以东马里亚纳海沟，为一条洋底弧形洼地，延伸2550km，平均宽69km。主海沟底部有较小陡壁谷地。1951年，英国“查林杰8号”船发现了这一海沟，当时探测出的深度为10836m，是世界上最深的海沟，其最深处名为查林杰海渊。

2.2.2 记录和显示第四纪——现代地质的地质形迹

2.2.2.1 岩溶景观

A 云南石林——岩溶峰林峰丛

云南省昆明石林岩溶景观，以云南东部岩溶高原壮观的类型多样的碳酸盐岩溶峰林地质景观为特色。垂直节理裂隙系统发育、厚大稳定平缓的古生代灰岩及白云岩经溶蚀作用形成大小石林、乃古石林、芝云洞、奇风洞、长湖、月湖、大叠水瀑布的二林、二洞、二湖、一瀑自然景观。呈现石林洼地、岩丘、槽谷、岭背、坡地、盆地，溶洞、溶蚀湖等复合岩溶类型，塔状、剑状（尖锐状、刃脊状、尖锥状）、蘑菇状、棒状、圆柱状、石芽、等林柱体。高达 20~50m，剑状、刃脊状连片呈林柱群的峰林最为壮观（图 2.2.1）。

石林峰林景观达 $400km^2$。被誉为“世界石林博物馆”。

图 2.2.1 云南昆明石林景观

B 岩溶洞穴

卡尔斯巴德洞。卡尔斯巴德洞位于美国新墨西哥州的哥德洛普山谷。由 60 多个相通的洞穴组成，洞穴总面积为 $259\times10^4m^2$，延伸到地下 335m。洞分为上中下三层，最深最大的“大屋洞”，竖洞深 250m，殿堂长 550m，高 78m，堂中有一支高 20m，直径 6m 的石笋。卡尔斯巴德洞是目前世界上空间最大的洞穴。生存于卡尔斯巴德洞穴里的蝙蝠逾 800 万只。

C 岩溶天坑

（1）四川兴文天坑。位于四川省兴文石林（石海洞乡）风景区内。由相隔约 400m 的小岩湾和大岩湾天坑组成。小岩湾天坑为周壁类圆形陡崖所封闭，长 625m，宽 475m，高 60~130m，最大深度为 248.3m。大岩湾天坑长 680m，宽 280m，深 110m，天坑被侵蚀破坏，西部边缘成缓坡，东缘绝壁下有落水洞形成。

（2）广西乐业大石围天坑群。大石围天坑群位于乐业百朗地下河流域中游段，为塌陷作用形成的塌陷型天坑。集中分布的 26 个天坑中，大石围天坑四周绝壁圈闭，平面呈梨状，长 600m；宽 420m，周长 1580m，最大深度 613m，底部遍布厚百余米的崩积碎石，为规模最大的特大型天坑。穿洞、大坨和邓家坨为大型天坑。

2.2.2.2 丹霞景观

A 广东丹霞山地质景观

广东省韶关市丹霞山丹霞地质地貌景观集中分布于长老峰、海螺峰和宝珠峰丹霞山约 $180km^2$。丹霞山由中生代晚白垩世河湖相的红色岩系红色砂砾岩组成，其古剥夷面通过间歇式抬升和流水下切，侵蚀构成赤壁丹崖的红层峰林，以峰林状赤壁丹崖地貌为特色，是中国南方气候条件下剥蚀风化造型的典型生态地质地貌景观。丹霞山是丹霞地质地貌类风景名山的典型代表，是丹霞地貌的命名地。

B　福建武夷山丹霞景观

福建武夷山丹霞景观展布在闽西北的崇安古盆地，成景地层白垩系和古近世红色岩系厚达2000m以上，红色砂砾岩岩层产状平缓，格状垂直节理裂隙发育。流水的侧蚀、底蚀，形成赤壁丹崖峰林地貌。嵌入式河流九曲溪在剖面上呈阶梯状，形成悬崖峡谷、险滩、崩崖、坠石、崩石堆，洞穴等丹霞景观。

C　甘肃张掖丹霞景观

中国西北部干旱地区祁连山北麓侏罗纪至第三纪红色砾石、砂岩和泥岩，干旱条件下受侵蚀作用形成以红色为主的独特的彩色丘陵丹霞景观（图2.2.2）。

图2.2.2　张掖丹霞景观

D　云南玉龙黎明高原丹霞景观

云南丽江老君山群山层叠，起伏连绵，玉龙黎明老君山丹霞以冰川地质遗迹的新生代陆相红色岩系侵蚀的高山高原丹霞景观为特色（图2.2.3）。方山赤壁、丹霞峰丛、谷、柱、悬壁、龟纹状丹霞景观，与高原面，溪流、江河、秀丽冰川湖群，峡谷、多阶地河床、曲流，断层悬崖、构造岩、岩堆，雪峰、角峰、刃脊、冰斗、冰碛堤的高原高山侵蚀、刨蚀立体地质景观组合，布局精美浓集，相互辉映，建立国家地质公园。

图2.2.3　云南玉龙黎明丹霞景观

2.2.2.3　侵蚀林柱状景观

A　湖南张家界石英砂岩柱状景观

湖南张家界/武陵源石英砂岩峰林地质景观，为产状近水平、垂直节理发育的泥盆纪厚层石英砂岩，经流水流切割、剥蚀成林柱状地质景观，形成石山、石墙、石柱、石峰、石门、天生桥等形态各异的砂岩峰柱（图2.2.4）。在360km^{2}的园区有山峰3000多座，高度超过200m的有1000余座，金边岩高达350m。石峰多如笋似屏，砂岩峰林与大山、密林、溪水、峡谷融为一体，梯田、村寨点缀其间。砂柱与花木盘根错节，山奇水秀，有“天然盆景”之称。阴雨云雾间，石峰时隐时现，景象变幻万千。

图2.2.4 张家界石英砂岩柱状景观

B 黑龙江喀尔喀玄武岩石林

黑龙江省饶河喀尔喀玄武岩石林为新近系火山熔岩台地，受原生节理制约风化剥蚀作用雕琢成多边形塔状、城堡状、叠砌状石林景观。繁茂林地中，高10~20m的石峰成林，悬壁林立、垂直与平缓层状节理裂隙纵横有致，柱体轮廓尖棱分明，柱林端庄凝重，逶迤连绵，奇丽壮观。享有塞外石林的美誉。

C 内蒙古克什克腾阿斯哈图花岗岩石林

内蒙古赤峰市克什克腾阿斯哈图花岗岩受近于垂直的节理和近于水平节理制约侵蚀，形成石林高5~20m，呈方形或条形石墙、方塔、石柱，石林底部相连，似城堡。

D 湖南古丈碳酸盐岩石红石林

湖南湘西古丈县早奥陶系碳酸盐岩石含铁质较高，经侵蚀形成造型千姿百态红色石柱、石峰、峰丛岩溶景观，红石林峰林发育高达10~30m 1000多座峰柱。

E 江西龙虎山丹霞峰林

江西鹰潭市龙虎山中生代火山断陷盆地形成的紫红色厚层块状砂砾岩、火山岩，经流水冲刷和山体崩塌解体，形成造型别致的石柱、石峰和峰丛、峰林碧水丹山丹霞景观。

F 甘肃景泰黄色砂砾岩黄河石林

甘肃白银市景泰县黄河岸边新生代黄色砂砾岩系经侵蚀造型，呈石柱石笋峰林峰丛黄色砂砾岩黄河石林。岩柱、峭壁多高达80~100m，粗犷、雄浑。

2.2.2.4 淋蚀柱状景观

A 土耳其卡帕多西亚“精灵烟囱”

土耳其卡帕多西亚“精灵烟囱”，为形如尖塔状圆锥柱体的峰林峰丛景观。平缓的、岩性差异的互层状地层岩石，经垂直风化剥蚀残存上下结构、岩性层次、形态色彩类同的尖顶圆塔状柱群。高大、柱顶深色玄武岩“帽子”与其下浅色岩层组合，更显其浑厚稳重。

B 美国新墨西哥 Kasha Katuwe 帐篷岩石

美国新墨西哥 Kasha Katuwe 帐篷岩石为形如尖塔状圆锥柱体的峰林峰丛景观（图 2.2.5）。为层状火山岩经风化剥蚀而成。形态相似，高度 1~90ft 不等。

(a) (b)

图 2.2.5 尖塔状圆锥柱体的峰林峰丛景观

（a）卡帕多西亚“精灵烟囱”；（b）新墨西哥 Kasha Katuwe 帐篷岩石

C 云南元谋淋蚀型林柱状土林景观

滇中元谋干热盆地中，厚达 700 余米的新生代新近系、第四系半胶结的河湖相沉积粉砂、砂、砂砾，地层缓倾、垂直节理发育。经淋蚀作用造型成林柱状土林景观。基本造型呈沙峰、沙柱、林柱或沙壁、彩屏、沙墙，塔状、城堡式，以红色、紫色、褐色为基本色调。柱体顶端造型、柱体结构组合多变（图 2.2.6）。由虎跳滩、班果、新华、湾堡、马吼、芝麻、河尾等土林群组成总面积达 $50km^2$ 规模宏大元谋土林景观，伴有元谋古人类遗址。

图 2.2.6 元谋土林景观

2.2.2.5 火山景观

A 云南腾冲火山地热景观

位于印度板块和欧亚板块缝合线的滇西腾冲地区，经历了自晋宁运动以来的继承性岩浆构造旋回，是复杂的岩浆-构造-变质作用地热活动地域。第四纪火山作用及地热异常构成了以古火山地质遗迹与地热泉相伴为特色地质景观。

97座第四纪古火山密集分布，其中有23座火山锥体保存较好。截顶锥状火山口、熔岩台地、熔岩柱状节理、泉华瀑布，火山堰塞湖火山景观类型完整。地热异常热田、高温热泉、热气、喷泉密集呈现地表，热泉与火山群相伴。

B 黑龙江五大连池火山群景观

黑龙江五大连池市五大连池火山，以保存完好的近代火山群地质景观，熔岩台地、火山锥、火山湖形态完整为特色。14座火山中有2座喷发于1719年至1721年。喷气口、喷气锥、熔岩隧道、火山弹、熔岩饼，绳状构造、翻花状构造等熔岩构造千姿百态，溢流10余千米的熔岩流堵塞河道形成五个串珠状堰寒湖，矿泉丰富且水质好。

五大连池是保存完整、景观典型的年轻火山群，被誉为“中国火山博物馆”。

C 福建漳州滨海火山景观

福建漳州滨海地带为环太平洋火山岩带的组成。漳州滨海以保存完好的火山柱状节理群地质景观及海蚀地质景观为特色。漳州滨海火山岩为距今2600万年至700万年间火山喷发的玄武岩，喷发序次清楚，有罕见的无根喷气口群、气孔柱群，有由140万根巨型六边形玄武岩柱组成的柱状节理群。遗存有古火山景观群，有林进屿、南碇岛两座古火山地质景观。绵延的洋岸，海蚀作用形成造型奇异的海蚀地貌景观和优质沙滩。

2.2.3 显示现代气候环境及冰川演化的地质形迹

2.2.3.1 雪山冰川景观

A 云南丽江玉龙雪山

云南丽江玉龙雪山是我国最南端、纬度最低的现代海洋性冰川之一，是遗存有多期古冰川遗迹的复合型冰川地质景观。雪山由13峰峦叠相连，间有19条冰川，气势磅礴、秀丽挺拔。其西侧为长江第一湾、北端为宏伟的金沙江虎跳峡峡谷，共同组成第四纪冰川地质、新构造运动重大地质事件耦合演化记录。

B 美国大提顿雪山冰川

美国的怀俄明州西北部大提顿山脉有8座超过3658m的山峰，大提顿峰高4198m，山顶终年积雪。提顿山是落基山脉中最年轻的山系，是始于9百万年前提顿断裂抬升的产物，以雪峰、冰川湖泊及野生生态系统而著名。

大提顿山脉的基岩由古老而坚硬的变质岩和浅色的火成岩组成，有形成于25亿年前的太古代到前寒武系地层；形成于11亿~13亿年前的辉绿岩。古生代沉积岩超覆于前寒武系结晶岩之上。大屯山脉西坡横切山脊的巨大U形谷，悬崖上的层状岩石呈巨大“岩墙”。深切峡谷和冰川作用叠加形成U形谷和冰川槽，冰川类型与形态多样而完美，大提顿峰顶角峰和Kettles冰水沉积平原尤为典型。

C 美国蒙大拿冰川

美国蒙大拿州北部与加拿大相毗连落基山脉地带，有50余条冰川。北部3000多米高的克利夫兰山为最高峰，海拔2440m的杰克逊山和布莱福特山北坡的莱福特冰川最大，占地约4.8km^2。覆盖在南坡布哈里森冰川和庞普里冰川美如画卷。

D 阿根廷巴塔哥尼亚冰川

阿根廷南部安第斯山脉南段的巴塔哥尼亚冰川有47条源于巴塔哥尼亚冰原的冰川。

是“活着”的冰川，以频繁的冰崩奇观著名。

冰川湖（阿根廷湖）面积达千余平方千米，汇集了周边几十条冰川的冰流和冰块(图 2.2.7)。有的呈乳灰色冰水的冰河，巨大的流冰伴轰响注入湖中。

1945 年阿根廷将此冰川列为国家公园，1981 年列入世界自然遗产。

图 2.2.7　阿根廷巴塔哥尼亚冰川景观

2.2.4　显示现代流水地质作用的地质形迹

2.2.4.1　峡谷景观

世界著名大峡谷。地球上峡谷众多，从深度、长度、气势等各个角度综合有许多著名的大峡谷，如雅鲁藏布大峡谷、科罗拉多大峡谷、怒江大峡谷、金沙江虎跳峡峡谷。从峡谷的深度著名的大峡谷有：中国雅鲁藏布大峡谷 5138m、怒江峡谷 3063m、虎跳峡峡谷 3660m、澜沧江峡谷 2513m，秘鲁科尔卡峡谷 3205m，尼泊尔卡利甘代克峡谷 4403m，玻利维亚皮拉亚峡谷 3048m，墨西哥尤里克峡谷 1870m、新佛罗莎峡谷 1829m、罗拉皮拉斯峡谷 1799m、科坡尔峡谷 1758m，美国科罗拉多峡谷 1424m。

A　雅鲁藏布大峡谷

雅鲁藏布大峡谷位于西藏林芝地区，长 496km，平均深逾 5000m，是世界上最长、最深、最窄的峡谷。大峡谷与众多雪山冰川瀑布湖泊伴生。

B　三江并流峡谷带

横断山脉从东到西平行的沙鲁里山、云岭、碧罗雪山-高黎贡山间金沙江、澜沧江、怒江呈现山夹江，江隔山的山水并列的三江峡谷带，延伸数百千米，紧邻部位宽仅 64km。峡谷伴有百余座雪山，有海拔超 6000m 的山峰 7 座，海拔 5000~6000m 的山峰 22 座，最高峰梅里雪山的卡瓦博格峰 6140m。

金沙江虎跳峡峡谷深逾 3600m，峡谷长 20km，落差 213m，平均每公里落差达 12.65m，江面一般 30~60m 最窄处仅宽 20 余米。呈 V 形河谷，U-V 套谷。怒江大峡谷长 600km 平均深逾 3000m。澜沧江大峡谷长逾 300km，平均每公里落差 21.6m。

C　太鲁阁大峡谷

太平洋西海岸中国台湾东海岸清水大断崖上，大理岩中沿陡峭节理群侵蚀而成两峡壁陡立的嶂谷。长约 20km，深切达 1660m，谷底宽仅一二十米，流水侵蚀多“壶穴”景观。

太鲁阁的蚀变彩色纹理大理岩是独具特色、观赏性收藏价值很高的工艺大理石石材。

D 天山库车大峡谷

沿塔里木河支流库车河，新生代古近纪红砂岩受天山冰雪融水侵蚀，形成谷深150~200m、狭窄处仅1.2m的地缝式隘谷。

E 美国科罗拉多大峡谷

美国科罗拉多大峡谷，又称大峡谷，位于美国亚利桑那州西北部的科罗拉多高原上深切出的一条宽大峡谷地质景观（图2.2.8），大峡谷长400km、平均宽6~25km、深1500m，大峡谷内部有着17亿年历史的Vishnu片岩到2亿5千万年的灰白色的Kaibab灰岩、峡谷西部10亿到1百万年不等的黑色熔岩流，纪录并展示了这块土地上的沧桑演变。科罗拉多大峡谷建成大峡谷国家公园，是世界开发程度很高的旅游景观。

图2.2.8 科罗拉多大峡谷

F 美国亚利桑那州的羚羊峡谷

美国亚利桑那州的最北部的羚羊峡谷，因羚羊出没而得名。峡谷由柔软细腻的砂岩经过侵蚀作用形成。峡谷总长约400多米，两壁谷顶距离很窄，由谷顶到谷底的垂直距离却高达10多米。为狭缝型峡谷（图2.2.9）。羚羊峡谷由上下两个独立的部分，上羚羊峡谷又称“裂缝”，下羚羊峡谷又称“螺旋”。上羚羊峡谷光线是自然光通过不同深度的红色岩层缝隙的折射射入狭缝内的，因此随着光线角度强度的变化、自然环境的变化岩壁的色彩呈现五彩缤纷的变幻。

图2.2.9 羚羊峡谷

2.2.4.2 瀑布景观

A 阿根廷和巴西伊瓜苏瀑布

伊瓜苏河是阿根廷和巴西两国的界河，伊瓜苏河发源大西洋沿海地带，全长1320km，共有30条支流、70条瀑布。气势恢宏的伊瓜苏瀑布是世界最壮观的瀑布之一。

伊瓜苏河穿过维多利亚山口，流过巴拉那高原，受到阿古斯丁岛的阻拦，河道宽达3km，形成水深仅1m左右的湖面，水流从绝壁倾泻成一大瀑布群。中间伊瓜苏瀑布与其在阿根廷境内和巴西境内两翼的南北瀑布群，三大瀑布群组合成一道弧形垂挂的水幕。平均落差72m，共有275支大大小小的瀑布，平均每秒流量$1750m^3$。瀑布水声轰鸣、水雾弥漫，阳光下呈变幻无穷的耀眼彩虹。其中部为最高最壮观的“鬼喉瀑”直插入82m深的大谷底，轰鸣声震耳欲聋、惊心动魄。

B 维多利亚瀑布

赞比亚西部和津巴布韦交界处非洲南部赞比西河中上游峡谷中维多利亚瀑布（莫西奥图尼亚瀑布），主瀑布最高122m，宽约1800m，成五股倾泻入约宽400m、深120m的深潭，气势磅礴、水雾滔天，水沫飞雾腾空可达数百米高，声响可传出十几千米远（图2.2.10）。瀑布群沿“之”形峡谷成带展布长达97km，宏伟壮观奇丽。

(a)

(b)

图2.2.10 伊瓜苏瀑布和维多利亚瀑布

C 壶口瀑布

壶口瀑布受断裂及水流侵蚀作用，瀑布上游河床宽约250~300m，至瀑布河床宽仅30~50m，高34m，瀑前河槽深30多米，形成“天下黄河一壶收”的瀑布奇观。水流溯源侵蚀作用，瀑布跌水处年年向上游后退，据历史记载2700年前跌水位龙门，距今瀑布跌水近百里长。壶口瀑布景观呈现跌水之上，河面宽阔、水流缓慢、水平如镜；跌水水流如注、潭水如沸、击浪成雾；潭前峡谷幽深，水流湍急。

D 吊水楼瀑布

黑龙江镜泊湖吊水楼熔岩瀑布跌水之上为小白山火山喷溢熔岩，堰塞牡丹江形成长百里的堰塞湖镜泊湖，在熔岩堤堰宽40~42m的裂口处，湖水漫溢倾斜下落20~25m，形成瀑布。洪水期瀑宽可逾200m，冬季水流减少，冰挂成景。

E 黄果树瀑布

黄果树瀑布为贵阳白水河九级瀑布群中规模最大一个，落差68m，宽30~40m，丰水期瀑布宽达84m，深潭犀牛潭深17.7m，横贯瀑帘后崖壁溶洞长134m，并有三处“天窗”。洪水期流量可达$2000m^3/s$。为我国最大的瀑布。瀑布、水帘洞、犀牛潭构成黄果树瀑布三大奇观。

2.2.4.3 海滨海岸景观

A 澳大利亚昆士兰大堡礁

澳大利亚大堡礁蜿蜒纵贯于澳大利亚东海岸，延绵2011km，最宽处161km，由2900个独立的珊瑚礁石群组成，是世界上最大、最长的珊瑚礁区，由350种珊瑚家族、1500种鱼类、4000种软体生物、多种鸟类和海龟等海洋生物，构成了世界最大的原始生态系统。大堡礁700余个风光明媚的大小岛屿，洁净的沙滩，形态多样而绚丽的原生珊瑚礁、珊瑚，活跃的、多姿多彩天然海洋生物，构成了原生态的海滨海岸旅游胜地。

B 中国钱塘江大潮

浙江省钱塘江入海口海潮钱塘江大潮是世界三大涌潮（印度恒河潮、亚马孙潮、钱塘潮）之一。海洋水面发生的周期性涨落的潮汐现象，农历八月十六日至十八日海水受到的引潮力最大。钱塘江杭州湾喇叭口形入海口的特殊地形下，海水从宽约100km的江口涌入，至海宁缩为3km宽狭窄口岸，当大量潮水从钱塘江口涌进时，由于江面迅速缩小，使潮水迅速后浪推前浪，一道道高大水墙，波涛前推后涌，层层垒叠，似万马奔腾，涛声震耳，涌浪造成的特大涌潮。涌潮时，3~4m高的潮峰水墙直立于江面，势如万马奔腾，更为壮观。

C 中国台湾野柳海蚀景观群

中国台湾万里乡野柳，岛屿突出海面的岬角蜿蜒曲折海岸，不同硬度不同抗风化能力的岩层，在海蚀作用下形成了海蚀崖、海蚀洞等似笋似菇的岩柱，绚丽多姿造型奇特的海蚀景观群。蕈状石“女王头”等180余个形似大香菇的蕈状石独具特色。

D 中国东南海岸带旅游地质景观域

中国东南沿海有18000km的海岸线，沿海星罗棋布6500余个岛屿，50余个群岛和列岛。多姿多态的海岸海滨海岛、海蚀作用下的海岸带有海流、海浪、潮汐海水浪击动态景观，海水对海岸侵蚀的海蚀景观，海水淘洗堆积的沙滩景观，海滨生态地质景观，潮间带及海岸斜坡礁体、海洋生物景观。是3S（Sea、Sun、Sand）海水、阳光、沙滩旅游地（图2.2.11）。

主要海岸类型

（1）侵蚀海岸。海蚀作用形迹突出，以侵蚀基岩为主，海岸形态曲折复杂多变的丘陵海岸，沙滩较少，但多较洁净。分布辽东半岛、山东、浙江福建一带海岸。如南端的老虎滩、黑石滩石柱、石芽景观；大连金州、满家滩海蚀崖、海蚀洞海蚀景观；山东半岛成山头、马山崖海蚀岬角。

（2）堆积海岸。主要分布于渤海西岸、江苏沿海、江河入海口。海岸多较平直、平缓水浅，多泥沙组成的海滩。如江苏沿海五条沙沙滩。海流三角洲堆积海岸成三角洲岸、三角湾岸。如黄河口三角洲、长江口三角洲、珠江口三角洲。

（3）生物海岸。主要分布于中国南方热带亚热带地区的海岸，以生物作用突出的珊瑚礁海岸、红树林海岸为典型。如北回归线以南澎湖列岛、海南岛、雷州半岛的裾礁、堡礁景观。

（4）断层海岸。受断裂控制、由断裂面断层崖制约、海岸岸壁陡直险峻高大雄伟。如台湾东部海岸，清水断崖高达700多米；又如福建平潭牛山岛、南澎湖列岛断崖海岸。

(a) (b) (c) (d) (e) (f)

图 2. 2. 11 中国东南沿海海岸带旅游景观

(a) 亚龙湾；(b) 东寨港红树林；(c) 舟山群岛；(d) 涠洲岛；(e)，(f) 漳州

中国知名海岸线景观

（1）亚龙湾。位于我国最南端的热带滨海海南三亚。沙滩延伸约 8km，建立有热带风情的亚龙湾国家旅游度假区。亚龙湾集海洋、沙滩、阳光、绿色、新鲜空气旅游要素于一体，山海连绵，沙滩洁白、海水清澈、海底有珊瑚礁，自然风光优美、热带海洋性气候，气候宜人。

（2）东寨港红树林。位于海南琼山东寨港国家级自然保护区，是国内最大的海上森林。列入国际重要湿地名录。由野菠萝树奇形怪状树根和枝干为主构成红树林景观。海水的低潮期可看到红树林的根部和泥地，高潮期看到红树林的树冠；东寨港海岸的潮汐，半日潮（每天 2 次潮水涨落）和每月的大潮和低潮，潮水涨落程度差异使红树林景观变化无穷。

（3）昌黎黄金海岸。位于河北省东北部秦皇岛昌黎县，海岸线长 52km，沙丘、沙堤、泻湖、林带和海洋生物等构成沙质海岸自然景观。昌黎黄金海岸自然保护区是国家级海洋类型自然保护区。沙质海岸分布有 40 余列沙丘，最高处达 44m，陡缓交错的沙丘，绵延无尽的沙滩和碧蓝的大海、构成了罕见的海洋大漠景观。

（4）涠洲岛。位于广西北部湾海域，为年轻的火山岛。火山熔岩与海蚀、海积地貌，火山喷发堆积和珊瑚沉积融为一体。

（5）舟山群岛。位于长江口以南、杭州湾以东的浙江省北部海域，有大小岛屿 1339 个，呈北东向延伸。海岛礁岩奇石林立，水山相连，风光秀丽，气候宜人。有天佛国普陀山、海上雁荡朱家尖、海上蓬莱岱山、东海观音山、黄龙岛、桃花岛等著名岛景。

（6）漳州。位于福建省漳州滨海地带，由 2600 万年至 700 万年间火山喷发的玄武岩构成典型的火山地质地貌景观。火山口保存完好，有罕见的无根喷气口群、气孔柱群及由140万根巨型六边形玄武岩柱组成的柱状节理群，有各种海蚀地貌和多处优质沙滩。建有漳州滨海火山国家地质公园。

（7）维多利亚海湾。位于香港岛与九龙半岛之间。海底多为岩石，泥沙较少。维多利亚海湾港阔水深，宽度从1.2~9.6km，平均水深为12.2m，是香港的主要港口。

2.2.4.4 泉、泉华、地热水景观

A 美国黄石涌泉

因地表以下仅3英里就埋着地下熔岩，黄石公园集中分布有众多的热泉、间歇泉、泥坑、喷气孔等地热奇观，罕见的间歇泉，火山喷气孔和相伴的地面震动。由于含有丰富的矿物质含量、藻类对光干扰，黄石公园的热泉和热湖呈现蓝、橘黄、红等鲜艳、明亮的色彩。公园有150处间歇泉，猛烈地喷发蒸汽的热泉，从地表空隙喷出水蒸气和其他气体的喷气孔，有具有硫磺味的杂黏土和石块浓稠液体的热泉，有引起地面震动和很响的吼声的干间歇泉。

B 九寨–黄龙河湖钙华景观

四川省阿坝松潘的九寨沟–黄龙寺高山湖泊群，地处青藏高原东缘岷山山脉南段的高山峡谷区，发育着高寒环境下以方解石、文石为主的泉华淀积物的泉华景观。钙华彩池群与周边岩溶洞穴、瀑布群，冰川角峰刃脊、冰斗、冰碛物冰川遗迹，茂密的原始森林、奇花异草，藏族民风民俗等景观的融合，构成集地质奇观、雪原风光、高山峡谷、民族风情于一体的旅游地质景观域。

黄龙沟总长6.5km（图2.2.12），顺沟而下，钙华滩流形成成百上千、层层叠叠、千姿百态、色彩艳丽的泉华彩池。沟谷分布8群2300多个形态各异的钙华彩池，边石坝彩池、钙华瀑布、钙华洞穴，规模宏大，造型奇特。质纯的钙华呈灰白–银白色，泉华池色彩随所含杂质而变化，池水呈现红、橙、黄、绿、青、蓝、紫各色，斑斓陆离，五彩缤纷。

九寨沟分布有泉华形成的114个湖泊，四周高山封闭。钙华池与泉华流滩、泉华瀑布，遗迹周边的峰柱、洞穴，森林及冰川地貌景观融为一体。

2.2.5 显示现代地质环境的地质形迹

2.2.5.1 风化、风蚀景观

A 新疆克拉玛依乌尔禾雅丹风蚀景观

雅丹景观命名地新疆克拉玛依乌尔禾的雅丹地区，又称为风城。因人迹罕至，地貌酷似街道建筑结构的断壁残垣，故又被称为“魔鬼城”（图2.2.13）。

古罗布泊有“敦煌魔鬼城”之称。展布长约25km古道疏勒河谷，惟妙惟肖地造型相似于世界各种建筑风格缩影的雅丹丘峰景观突兀耸立，密布林立，形态各异，规模宏大，气势浑雄，肃穆而神秘。

B 西澳大利亚南博格尖峰石阵

西澳大利亚珀斯南博格尖峰石阵，在离近海岸，漫漫黄沙起伏沙漠中的石灰岩石柱群。石柱数以千计形似尖塔式的石笋，高低粗细悬殊，高者可达4~5m。犹如布阵的古战场，被称为“尖峰石阵”（图2.2.14）。

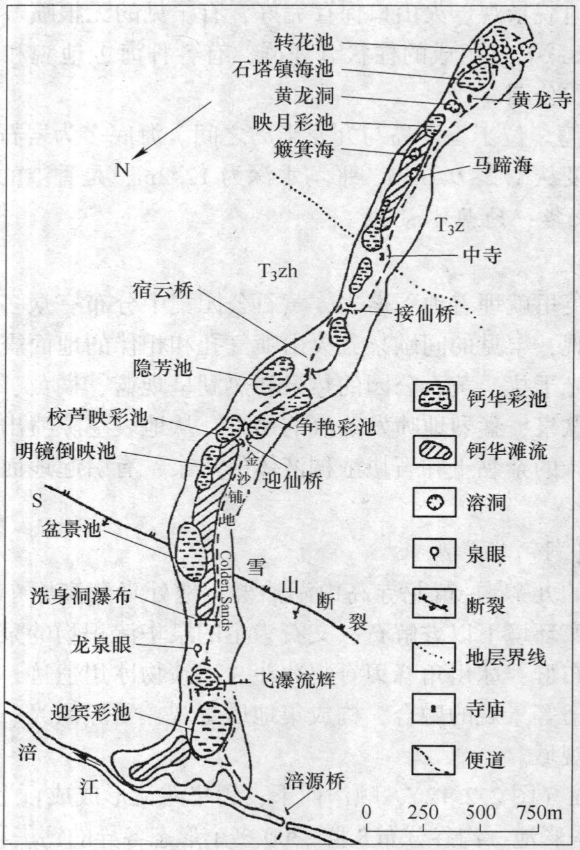

图 2.2.12 九寨沟钙华景点分布图

图 2.2.13 新疆雅丹风蚀景观

图 2.2.14 南博格“尖峰石阵”

2.3　基于地质遗迹品牌的旅游地质文化

基于地质属性的旅游地质文化是纪实旅游地质资源/景观属性的旅游地质文化。在旅游地质资源/景观中，地质属性是地质体固有的地质特征、是客观的，而更具旅游价值、更具旅游地质品牌文化意义的是基于地质属性的地质遗迹的品牌、经评定认定的地质遗产品级及其特质。

2.3.1　地质遗迹品牌文化

基于地质属性的特质，地质体具有一定的地质遗迹价值。通常只是以其地质域的地质属性在地质历史中的代表性、典型性进行类比认定。当地质遗迹的价值越来越被世人关注后，逐渐形成了规范性的地质遗迹地质遗产评价的准则/标准及其评定方法。地质遗迹有的作为遗产/遗迹保护区，有的认定为国家公园及风景名胜区。20世纪联合国教科文组织推出《世界遗产公约》，确定世界遗产标准，推出《世界地质公园》地质遗迹/遗产标准。能列入《世界遗产名录》、《世界地质公园》名录的地质体地质遗迹为具有世界级品牌的地质遗迹。

有关地质遗迹品级的认定，我国具品牌价值、具高品级特色的地质遗迹，除包含于《世界遗产名录》、《世界地质公园》等世界级品牌外，还包含于地质遗迹保护区、国家风景名胜区、国家旅游景区、国家地质公园、国家矿山公园等国家级品牌。

地质体地质景观地质遗迹的品牌，除了现代的表征地质遗迹品级的诸多名录外，中国历史上淀积有许多知名的、著名的地质遗迹的品牌。如以地质体/地质景观为主体的“三山五岳”，“桂林山水”等名山名水；以矿产矿业为主体的“盐都”、“锡都”、“瓷都”；以古生物、古人类遗址为主体的地标性地史遗迹；以生态地质环境衍生的“坎儿井”、“都江堰”等人类地质工程遗迹。构成了以“名”（知名品牌）为标志的地质-矿产-地质品牌文化。这些“品牌”性地质遗迹大都列入了近代遗产、公园、风景名胜、旅游景区等名录中。

伴随地质遗迹“品牌”的形成过程和认定，淀积了深厚的基于地质遗迹的地质遗迹品牌文化、旅游地质文化。

地质遗迹旅游地质文化是有关记载地球/地质形迹的旅游地质文化精品。是以地质体地质景观属性的认知为基础，对地质遗迹的纪实性、释义性、观赏性融为一体的旅游地质文化。

2.3.1.1　纪实性地质品牌文化——层型剖面（金钉子）

全球层型剖面“金钉子”永久性标志，确立了地球历史中特定时限的全球地层对比标志。

A　金钉子

作为全球年代地层单位界线层型剖面和点位的典型或标准，在一个特定的地点和特定的岩层序列中，确定和识别全球两个时代地层之间的界线的唯一标志称为“金钉子”。国际地层委和地科联目前正式公布的65个“金钉子”中，中国有10个：黄泥塘金钉子（浙江省常山县，达瑞威尔阶），长兴灰岩金钉子（浙江长兴煤山，古生界和中生界的标准化石)，花垣排碧金钉子（湖南省花垣，寒武系），蓬莱滩金钉子（广西来宾，二叠系），古丈金钉子（湖南古丈，寒武系），王家湾金钉子（湖北宜昌夷陵区，奥陶系赫南特阶），黄花场金钉子（湖北宜昌，中–下奥陶统暨奥陶系第三个阶），长兴阶金钉子（浙江省长兴县，二叠系长兴阶），碰冲金钉子（广西柳州，石炭系维宪阶），寒武系金钉子（浙江江山市，寒武系江山阶）。

B 浙江常山层型剖面

位于浙江常山遗存有盛产古生物、发育完好的古生代地层，具典型性、标志性的古生物地层遗迹，岩溶地质景观遗迹。拥有两枚地球历史中特定时限的全球地层对比标志。“金钉子”层型剖面为特色：

（1）中国第一枚“金钉子”——常山县黄泥塘奥陶系达瑞威尔阶界线层型剖面。

（2）中国第十枚“金钉子”——全球年代地层单位界线层型剖面和点位寒武系江山阶“金钉子”。

C 长江三峡层型剖面

长江沿岸长江三峡峡谷和岩溶地质地貌遗存有距今29亿年前的最古老变质岩基底，自晚太古宇以来完整的地层、古生物、构造剖面。有国内外著名的震旦系标准剖面，王家湾奥陶系赫南特阶标准层型剖面、黄花场中奥陶统底界暨大坪阶底界界线层型剖面和点位“金钉子”。

2.3.1.2 纪实性地质品牌文化——寒武系生命大爆发

在地球生物的源头上，能为人类提供地球历史早期生物演化细节的古生物群实例，表征地球生物出现的寒武纪早期海洋动物群，被称为“寒武纪生命大爆发”。迄今为止全世界仅发现有3处生物群：

（1）澳大利亚的伊迪卡拉动物化石群（以水母类为主，距今5.8亿年前）。

（2）中国的澄江动物群（距今5.3亿年前）。

（3）加拿大的伯吉斯页岩动物群（距今5.1亿年前）。

其中澄江动物群是目前世界上所发现的生物软体保存最好、动物类型最多、时代最古老的动物群。

2.3.1.3 纪实性地质品牌文化——恐龙化石

恐龙是爬行动物中一个庞大家族，生活在2.25亿年前至0.65亿年前，长达1.5亿年之久，于晚白垩世突然全部绝灭。发现恐龙化石的产地很多，且多以恐龙化石遗迹地建立了恐龙博物馆或旅游景区。

我国发现的恐龙化石产地多且很有特色。主要分布在黑龙江嘉阴恐龙化石，四川自贡恐龙化石群及四川盆地其他地区恐龙，广东南雄盆地恐龙化石群，山东诸城、莱阳恐龙化石，内蒙古二连浩特盐池和查干诺尔等恐龙化石群，广东南雄恐龙化石，山西天镇恐龙化石，河南西峡、内乡恐龙化石，新疆准噶尔盆地（奇台将军戈壁和吉木萨尔）恐龙化石，广西抚绥恐龙化石，浙江永康恐龙化石，贵州兴义鱼龙化石，云南禄丰恐龙化石群，云南富源鱼龙化石。

以四川自贡恐龙化石群和云南禄丰恐龙化石群最为著名，建立了恐龙博物馆。

（1）四川自贡恐龙化石群。四川自贡石大安寨自贡恐龙“博物馆”有中侏罗纪恐龙及其他脊椎动物化石200多个个体，1万余件骨骼化石，分属18个属，21个种。有恐龙、龟鳖类、鳄类、翼龙类、鱼类、两栖类、似哺乳爬行类，门类多，保存完好，被誉为“恐龙群窟”、“恐龙公墓”。恐龙化石集聚的沙河坝有中侏罗纪不属蛇颈龟的龟类，迷齿两栖类动物化石，有“肩棘”和恐龙皮肤化石等。

自贡恐龙博物馆与美国国立恐龙公园、加拿大恐龙公园并称为世界三大恐龙博物馆。

（2）黑龙江嘉荫恐龙山。黑龙江嘉荫县龙骨山白垩纪晚期地层中遗存有恐龙、鱼、鸟、龟、蜥、鳄等动物的珍贵化石遗迹。嘉荫恐龙山是我国最早发现并出土平头鸭嘴龙恐龙化石的遗址。

（3）河南南阳西峡恐龙蛋化石。河南西峡恐龙蛋化石呈带分布，呈窝产出，原始状态保存完好，是恐龙繁衍兴盛时期的遗迹，总埋藏量估计有2.5万枚。在西峡恐龙蛋化石发现前，世界仅发现503枚恐龙蛋化石。西峡恐龙蛋化石景观成为观赏及科考价值皆佳的旅游地质景观。

（4）南非金门高地恐龙胚胎化石。南非约翰内斯堡奥兰治马卢蒂山下的金门高地，迷人的宏伟壮丽的高山，险峻的砂岩峭壁、色彩斑斓壮丽的岩石景致，保存有1.9亿年前的、最古老的恐龙胚胎化石。对研究恐龙的生长发育过程具有重要价值。

（5）贵州兴义贵州龙动物群。贵州兴义三叠系碳酸盐地层锥状峰林峰丛岩溶地质景，盛产海生爬行动物化石，以贵州龙动物群化石和锥状岩溶景观为特色。贵州龙动物群是海生爬行动物及鱼类组成的脊椎动物群，主要有真鳍龙类的兴义欧龙、胡氏贵州龙、幻龙属未定种、海龙类、鱼龙类等海生爬行动物和东方肋鳞鱼、兴义亚洲鳞齿鱼、贵州中华真鳄鱼、刘氏比耶鱼等鱼类属种。顶效和乌沙是中国三叠纪海生爬行动物群的独特罕见的贵州龙化石地。

2.3.1.4　纪实性地质品牌文化——爱尔兰巨人堤

北爱尔兰的东北海岸由紧密集聚的约4万根石柱组成长8000m，犹如石阶、石堆的巨型景观，被称为巨人堤道、巨人之路、巨人堤。柱体多为六角形，也有四角形、五角形，柱体高十余米，有的达28m。为火山活动时，玄武岩柱状节理（图2.3.1）。巨人堤被列入世界文化遗产。

图2.3.1　巨人堤玄武岩柱状节理

2.3.1.5　纪实性地质品牌文化——雅鲁藏布大峡谷旅游地质文化

雅鲁藏布江发源于喜马拉雅山北麓杰马央宗冰川，全长2057km，是世界上海拔最高的大河。雅鲁藏布江自西向东流经藏东南的米林、林芝、墨脱地区，江水绕行海拔7782m的南迦巴瓦峰，形成巨大的似马蹄形转弯的雅鲁藏布大峡谷。大峡谷具有典型性、多样性、地域性的旅游地质景观。巨大的大峡谷中包含有低级次的曲流和峡谷，形成壮丽的多级次的曲流群与峡谷群，构成奇特的自然景观（图2.3.2）。

图2.3.2 雅鲁藏布大峡谷

（1）世界最深最长最窄壮观险峻的大峡谷。雅鲁藏布大峡谷长496km，海拔在4000m以上，平均深度5000m。流经南迦巴瓦峰与加拉白垒峰之间地段峡谷仅21km，深达5138m。峡谷入口（大渡卡村）海拔2880m至出口（巴措卡村海拔155m）落差达2725m，平均坡降5.49‰。加拉白垒峰之间，峡谷深达5138m，最深河段底抗峡，岸壁陡峭，乃至绝壁直立，最窄处江面宽仅35m。从南迦巴瓦峰到下游的平距40km的希让村（海拔560m），高差达7222m。峡谷横断面呈V字形或U字形。

（2）完整发育的雪山冰川系列景观。有季风型海洋性温性冰川。冰川从高山冰雪地带伸入到亚热带的常绿阔叶林中。雅鲁藏布大峡谷河段两侧有海拔7000m以上的山峰5座，6000m以上的山峰12座，5000m以上的山峰50余座。南迦巴瓦峰四周有49条冰川，加拉白垒峰四周有9条冰川，岗日嘎布山有37条冰川。加拉白垒峰东坡列曲冰川，从海拔4700m雪线延至海拔2850m，念青唐古拉山东段北坡卡钦冰川长达33km，帕隆藏布上游的来姑冰川长达35km。山谷冰川、冰斗冰川、悬冰川、冰蚀与冰川堆积形态万变，冰川滑移、雪山崩落/雪崩频发且强烈壮观。

（3）巨大瀑布成群、连续展布。瀑布成群，常呈现多级落差、多级叠置，飞瀑倾泻。大峡谷的顶端加拉、八玉、冷多、背崩、多雄曲等峡谷两岸大瀑布呈群。大峡谷主河段的峡谷河道上有4处大瀑布群，其中一些主体瀑布落差在30~50m。

（4）温泉、热泉众多。温泉水温多达五六十度，更高者达七八十度，最高可达85℃。有喷泉、矿泉。

（5）湖泊成群。大小形态各异的湖群嵌布于峡谷不同高程、不同景观的雪山、丛林、热带雨林部位。

（6）独特的地质构造景观。大峡谷展布于印度板块和欧亚板块碰撞闭合的雅鲁藏布江板块缝合线，分布有特提斯洋壳的蛇绿岩套、构造混合杂岩。有印度地块的元古宙古老变质岩，有欧亚板块岛弧环境下的古生代、中生代火山-沉积岩系，有巨大的花岗岩带。

（7）具有强烈的新构造运动景观。地壳强烈抬升，河流快速下切，地形陡峻而复杂，雪崩、滑坡、泥石流发育；地震滑动剧烈且频发。冰川刨蚀的U形谷和流水侵蚀的V形谷并存。

（8）立体气候、立体生态、生物多样性独特、典型。有丰富的稀有生物资源，有世界上濒临绝种的古老物种生息繁衍；从低山到高山热带、亚热带、温带、寒带气候，从河谷热带雨林到高山寒带草甸、高山冰雪带植被垂直分带在大峡谷同地域展布。有近五千种高等植物、千种野生动物，构成植物多样性、动物多样性的动植物宝库。

（9）独特的原始的地域民族文化，门巴族和珞巴族风情。

2.3.2 世界自然遗产地质遗迹品牌旅游地质文化

2.3.2.1 世界自然遗产——中国丹霞旅游地质景观文化

A 中国丹霞旅游地质景观

我国南部，广泛展布着侏罗纪白垩纪至第三纪以红色砂、砾岩层为主的红色岩系/红色砂岩，地层厚大稳定，产状平缓，垂直节理裂隙网络发育。在温湿气候环境下，红色地层抬升，沿垂直节理裂隙系统经风化和流水侵蚀，形成红色暖色调，陡峭的赤壁、方山，孤立的石山石和奇岩怪石为特色的红色峰峰林峰丛丹霞景观。以我国广东省北部丹霞山最为典型。从20世纪20至30年代，我国地质学家相继提名“丹霞层”、“丹霞地形”、“丹霞地貌”，成为一类独具特色的地质地貌景观类型。丹霞山是丹霞地层和丹霞地貌的命名地，也是“中国丹霞”世界自然遗产提名地。

世界上丹霞地貌主要分布在我国、美国西部、中欧和澳大利亚等地，以我国分布最广、发育典型、类型齐全、形态丰富、风景优美，已发现650多处。中国的广东韶关丹霞山、金鸡岭，江西的贵溪、弋阳、宁都，湖南新宁，福建的武夷山、泰宁、永安，浙江的永康、新昌，安徽齐云山，贵州的赤水、广西的桂平白石山，四川的江油、灌县青城山，陕西的凤县赤龙山，云南的玉龙-老君山，都有典型的丹霞地貌。有许多丹霞景观是我国重要的风景名胜区、旅游景区、名山旅游地：

（1）广东丹霞山丹霞景观，20多座岗丘临江拔起，色泽丹红。

（2）福建崇安县的武夷山丹霞景观，36座峰峦雄踞九曲溪畔，形成“曲曲山回转，峰峰水抱流”的丹霞山水，深邃幽奇的洞穴景观，是古代道教活动的中心，建有众多的寺院，摩崖石刻，为现今旅游胜地。福建丹霞景观发育，还有福建冠豸山、福建邵武将石丹霞地质景观。

（3）安徽齐云山，因以“一石插天，直入云端，与碧云齐”而谓称齐云。

（4）甘肃麦积山、崆峒山丹霞地质景观，下白垩统三桥组紫红色砾岩、角砾岩构成的奇峰怪崖数十个，山上洞穴遍布，怪石遍地，自古就是“山川雄秀甲于关塞”的名山。

（5）云南西北部高原丹霞景观，玉龙黎明丹霞、兰坪罗古箐丹霞、剑川石宝山丹霞具有高原丹霞，与冰川作用叠加特征。

此外，还有浙江的江郎山、烂柯山和方岩，贵州梵净山、四川灌县青城山，四川乐山凌云山，河北承德棒槌山、双塔山，广西金秀水源林丹霞地质景观。

B 中国丹霞世界自然遗产

2010年8月1日，中国丹霞经联合国教科文组织世界遗产委员会列入世界遗产名录。中国丹霞包括湖南崀山、广东丹霞山、贵州赤水、福建泰宁、江西龙虎山和浙江江郎山，典型地代表了从“青年早期”、“青年期”、“壮年早期”、“壮年期”、“老年早期”到“老年期”的中国丹霞地质地貌景观特征。

C 中国丹霞典型性旅游地质景观文化

广东丹霞山

广东省韶关市丹霞山丹霞地质地貌景观集中分布于长老峰、海螺峰和宝珠峰丹霞山约 $180km^2$。丹霞山由中生代晚白垩世河湖相红色岩系红色砂砾岩侵蚀构成赤壁丹崖的红层峰林，以峰林状赤壁丹崖地貌为特色。丹霞山被称为中国红石公园。

丹霞山位于山间盆地中，有380多座高300~400m的石峰、石堡、石墙、石柱，组成错落有致、形态各异的赤壁丹崖柱林峰群。

丹霞山以赤壁丹崖为基本景观要素，由方山悬壁、群峰、岩洞、巷谷、碧水景观组合的赤壁丹崖，类型齐全典型、造型丰富优美。是丹霞地质地貌类风景名山的典型代表。

丹霞山是中生代红色岩系生成、抬升、夷平、剥蚀地质过程、生态地质环境演化的典型地质遗迹。红色岩系距今约7000年隆起为陆，距今约600万年以来，古剥夷面又间歇式抬升和流水下切，剥蚀风化造型的典型性生态地质地貌景观（图2.3.3）。

丹霞山在地质地貌学术研究中具有典型性、代表性、多样性和不可替代性：是丹霞地貌的命名地。丹霞山区的红色岩系是华南地区丹霞组地层对比的标准地层。

丹霞山的热带亚热带生态地质环境条件，遗存了植被群落的多样性的准南亚热带雨林和天然次生林，野生动物的栖息繁衍场所。丹霞山有悠久丰厚的历史文化，丹霞山遗存有新石器时代的遗址；石窟禅寺遗存达80多处，摩崖石刻和碑刻130多处荟萃；有隐岩幽洞悬棺。是岭南著名的宗教圣地，其中别传寺被誉为岭南10大禅林之一。

图2.3.3 广东丹霞山丹霞景观

湖南崀山

崀山丹霞地貌从青（幼）年期、壮年期至老年期的遗迹均有发育。典型的壮年期峰丛-峰林地貌的代表模式地。

崀山丹霞的成景岩层为晚白垩世砾岩、砂砾岩组成的陆相红色碎屑岩系，网格状垂直节理发育，与地层岩性层理共同制约丹霞景观发育（图2.3.4）。

崀山丹霞景观以密集式圆顶，“身陡、麓缓、顶平”为基本造型，楔状、墙状块体、柱体与线状谷地组合的峰丛-峰林丹霞为特色。造型多姿多彩，由紫霞峒、扶夷江、骆驼峰、牛鼻寨及八角寨等5个景区组成。有天下第一巷，八角寨鲸鱼闹海，将军石，骆驼峰，天生桥，辣椒峰等组成的“崀山六绝”奇观。

图 2.3.4 湖南崀山丹霞景观

贵州赤水

贵州省赤水丹霞，在茂盛、湿润、温和的竹海、桫椤等亚热带森林生态系统中，白垩系嘉定统夹关组的厚层长石石英砂岩为主体地层，发育并保存了连片面积大、类型众多、典型的艳丽鲜红的丹霞陡崖绝壁、方山、石柱、沟谷、凹槽、穿洞与幽深的丹霞峡谷、丹霞飞瀑、湖泊以及流水侵蚀而形成的马蹄形陡崖、壶穴，古崩塌体、崩石、洞穴、奇山异石组合成形态万千、却又协调融合、壮观而秀美，丹霞发育早期阶段的山原峡谷-丹霞型地质地貌景观。

赤水丹霞“丹山、碧水、翠林、飞瀑”独具特色，丹霞崖壁、丹霞石峰石柱高大，峡谷深切，阶梯式瀑布群，壮观的十丈洞丹霞瀑布高 76m、宽 80m。静态与动态融合的赤水丹霞景色绮丽，充满神秘与生机。

福建泰宁

泰宁丹霞景观以峡谷、曲流、洞穴，奇峰、石柱丹霞石景，与河湖水景奇妙融合的神奇灵秀水上丹霞为特色，展现活跃造型的青春期丹霞奇观。

泰宁武夷山山脉中的大金湖丹霞景观由赤壁丹崖、方山、尖峰、石柱、石墙、深切曲流、巷谷、峡谷组合成造型奇异的块状山地、峰林、峰丛，崩落堰塞湖、瀑布，蜂窝状洞穴、壶穴，石钟乳丹霞景观，与蜿蜒于赤石翠峰间的上青溪、金龙谷、金湖水体山光水色辉映，呈现“水上丹霞”奇观。奇峻的金饶山花岗岩地貌景观有石柱石峰，峰顶奇石石蛋、风动石。

有“汉唐古镇、两宋名城”的美誉、历史悠久的泰宁古城与精美的丹霞景观为邻。积淀有明代民居建筑全国重点文物保护单位“尚书第建筑群”等历史文化遗迹。

江西龙虎山

江西鹰潭市龙虎山丹霞成景岩性为中生代紫红色河湖相厚层状砾岩、砂岩组成的碎屑岩系，伴有火山岩系。构造切割，流水冲刷侵蚀成景作用使红色岩系岩石解体、崩塌，形成石墙、石崖、石柱、石峰、石寨峰丛峰林，单面山、猪背山，蜂窝状洞穴，天生桥、石门、一线天等造型的丹霞景观，构成从幼年期、壮年期到老年期丹霞地貌的完整序列。

龙虎山群峰绵延数十里，上清溪（泸溪）绕山转峰，丹霞与溪河相互辉映组成山水交融碧水丹山的山水画卷（图 2.3.5）。

龙虎山密集的崖洞、石窟、摩崖石刻，悬棺群和古崖葬遗址；依穴而建的寺观，道教建筑上清宫和嗣汉天师府，曾建造的道观 80 余座、道院 36 座，彰显了龙虎山“道教第一山”源远流长的道教文化和道教发祥地。

图 2.3.5　江西龙虎山丹霞景观

浙江江郎山

江郎山位于浙江省江山市石门镇，面积 11.86km^2。主景区由三石峰、十八曲、塔山、牛鼻峰和仙居寺等五部分组成，是闻名遐迩的旅游胜地，以典型的丹霞地貌景观、雄伟奇特的“三爿石”著称（图 2.3.6）。

图 2.3.6　浙江江郎山丹霞景观

江郎山海拔 500m 的陡崖上，屹立三爿高约 319m 的砾岩丹霞孤峰郎峰、亚峰、灵峰“三爿石”，最高点海拔 819m；巨石长度与高度逾 200m，形似刀砍斧劈的石笋天柱，亚峰、灵峰间巷谷仅 3m 宽，称“一线天”。有海螺峰、郎峰仙道、石隙奇观一线天、神笔峰、倒影湖、会仙岩、仙居剑瀑、须女湖、虎跑泉、十八曲等景观。景区森林覆盖率达到 86%，拥有国家重点保护野生植物 22 种、国家一级保护动物 5 种和国家二级保护动物 20 多种。

江郎山有千年古刹开明禅寺、千年学府江郎书院。有白居易、陆游、辛弃疾等名人诗作。辛弃疾诗：“三峰一一青如削，卓立千寻不可干；正直相扶无依傍，撑持天地与人看”；白居易诗：“安得此身生羽翼，与君来往醉烟霞”，有明代理学家湛若水摩崖题刻“壁立万仞”；伟人毛泽东手书体“江山如此多娇”摩崖石刻。

江郎山位于三省边界的廿八都古镇，始于唐代，繁盛于明清，遗存至今。频繁战争、屯兵、移民，使总共一万人口的廿八都成为有132个姓氏，9种方言的“方言王国”和名副其实的“百姓古镇”。依山傍水、缘溪而建的民居，其建筑风格多样，集浙式、徽式、闽式、赣式、苏式、云贵，甚至欧式于一身；其雕刻精美，乃融木雕、石雕、砖雕于一体；其民俗淳厚，耕读传家，小小古镇竟有两个孔庙，孔庙中保存了400多幅彩色壁画。

2.3.2.2 世界自然遗产——三江并流旅游地质景观文化

位于青藏高原与云贵高原过渡带横断山脉的怒江、澜沧江、金沙江源于青藏高原，在滇西北三江并流南北长300km以上、东西宽75km左右（最窄地段三江相距仅64km），江山高差在3000m以上。因其位于板块构造缝合线这一特殊的地质构造环境，条状高山与纵谷紧密并列，线状褶皱断裂构造与岩带复合伴生，造就了标记新构造运动地球演化地质事件的地质构造形迹和地域特色凸显的雪山冰川、峡谷、岩溶泉华、新构造运动特色旅游地质景观。

以地质景观为基础，生态环境多姿多彩，自然景观景色秀丽，民族风情文化奇异独特，保存完美的原始风貌构成了世界自然遗产的三江并流旅游景观。

A 雪山冰川旅游地质景观

雪山冰川旅游景观系列。现代雪山冰川-消亡中雪山冰川-古雪山冰川遗迹景观组合。代表性的现代雪山冰川有梅里雪山、明永冰川，趋于消亡中的雪山冰川有白茫雪山、玉龙雪山，古雪山冰川遗迹有甲午雪山、千湖山。

雪山冰川旅游地质景观。低纬度、高海拔的海洋性冰川。海拔4000m以上季节性积雪山峰百多座，海拔4500m以上山体几乎终年积雪，海拔5000~6000m的山峰22座，超过6000m的山峰7座。

梅里雪山及明永冰川

现代雪山冰川。梅里雪山由海拔6000m以上的6座雪峰和21条冰川组成，卡瓦格博峰海拔6740m。是三江并流带海拔最高最为壮观的雪山冰川（图2.3.7）。

卡瓦格博峰下的明永冰川，是北半球低纬度最南端现代冰川，冰雪盆、冰斗、冰瀑、冰塔林、冰裂缝、冰洞、角峰、刃脊、槽谷广布，其最前端的冰舌到达海拔2660m的森林地带，冰川夏季退缩，冬季下延，消长速度快，冰川年平均运动速度达500m以上，是运动速度最快的冰川之一。

梅里雪山是藏传佛教圣地，是藏区八大神山之首。

白茫雪山

现代雪线附近趋于消亡的雪山冰川。主峰海拔5429m，略高于现代雪线。

现代雪线附近完整而清晰的雪山冰川消融过程的景观结构。完整的冰川形态类型以及冰川微地貌的立体空间景观结构。高差相对不大的雪山冰川、冰斗、刃脊、角峰、U形谷、冰川沉积物，开阔圆滑的U形、双U形谷地上覆盖着绿色植被，显得十分幽雅恬静（图2.3.8）。

甲午雪山

消亡的雪山冰川遗迹景观（图2.3.9）。冰雪消融遗留下来的雪山基座，冰川地貌、

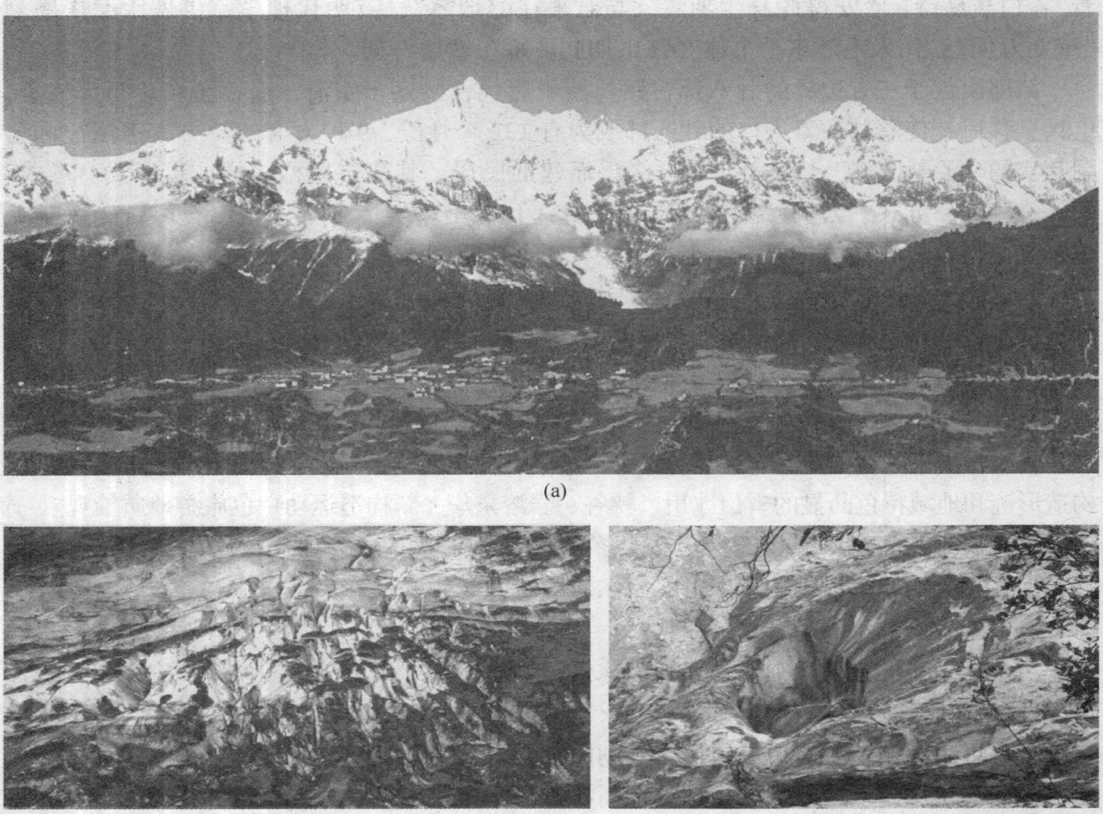

(a)　(b)　(c)

图 2.3.7　梅里雪山和明永冰川

（a）梅里雪山瓦卡格博峰；（b）冰川中的网格状冰裂缝；（c）邻近冰舌部位的冰洞

(a)　(b)

图 2.3.8　白茫雪山

（a）冰川角峰刃脊与双 U 形谷景观结构；（b）角峰刃脊与双 U 形谷组合

冻土。雪山顶部的刃脊、角峰连绵林立。冰雪消融后的雪山基座角峰峥嵘，其下为风化剥蚀寸草不生的流石滩、岩屑坡，在稍低凹斜坡处形成流沙锥，显现了冰川消亡初期的冰原荒漠景象。岩屑坡下为冻土带，冻融丘、高山植被、湿地，呈现了冰川消亡后的生机。

季节性积雪凸显地质构造景观，当季节性积雪铺衬第三系红色砂砾岩时，更显出地质构造及不同岩性抗风化差异性特征。

(a)

(b)

图 2.3.9 甲午雪山

（a）冰雪消融后的雪山基座呈现由角峰、刃脊、流石滩、冻土/湿地/草地组成的古雪山冰川垂直分带遗迹景观；（b）冰雪消融后的雪山冰川基座角峰

千湖山

（1）高原面上雪山冰川消融后的古雪山冰川遗迹（图 2.3.10）。

（2）雪山冰川消亡的冰川湖群：冰川湖数百水体星罗棋布的展布于千湖山高原面/夷平面上，海拔约 4000m、延伸约 50km，宽 3~5km；水体小者数平方米，大者数百平方米；三碧海、碧沽天池为代表性冰川湖群。

（3）千姿百态的古冰川遗迹。冰蚀湖、冰碛湖、冰斗湖与冰川残山、冰碛物、冰川漂砾组成类型结构完美的古冰川遗迹。

（4）冰川湖群与周山植被组成古冰川原生态遗迹。冰川遗迹伴湿地、草场、原始森林、高山珍奇花卉，原生态山野秀丽优雅。

(a)

(b)

图 2.3.10 千湖山古雪山冰川遗迹

（a）雨雾轻拂中的冰川角峰和冰川湖；（b）古冰川刃脊、角峰与冰川湖相伴

B 峡谷旅游地质景观

金沙江虎跳峡

雄伟的金沙江虎跳峡，峡谷全长约 20km，峡谷江面一般宽 30~60m，最窄处仅 20 余米，共 18 处险滩，峡谷江面总落差 213m，平均千米落差达 10.65m。从谷底到雪山之巅，

岭谷相对高差达3000余米（图2.3.11）。分上、中、下虎跳峡。

峡谷景观与冰川景观并存：虎跳峡峡谷江岸悬崖峭壁、角峰、刃脊、冰斗、U形谷、侧碛等冰川地貌发育；峡谷南岸陡峭，相对较平直单一；北岸坡为一复式古冰川群。

冰川作用与河流深切的U-V套谷：峡谷在U形谷地之上，叠加V形谷地的U-V套谷形态，为在冰川作用基础上，叠加侵蚀作用而发展起来的冰川-新构造运动U-V套谷地质景观。

崩塌体与奇石构成奇石滩：上虎跳峡由于北岸岸坡的构造岩块、冰碛岩块的崩塌堆积，崩塌体造就了现今峡谷狭窄、“虎跳石”等崩塌岩块盘踞江谷的上虎跳峡地质奇观和奇石滩的唯一性、独特性。

图2.3.11　金沙江虎跳峡

碧壤峡谷

金沙江支流宁静优雅的峡谷。谷坡陡峭、谷底平缓，峡谷狭窄处宽仅一二十米；谷岸陡立，高逾千米，呈一线天；隐蔽于绿荫中，幽谷宁静，古木参天，绿荫叠翠；为宁静优雅的绿色峡谷（图2.3.12）。

平缓地层制约稳定的陡立悬壁：峡谷陡直岸壁碳酸盐类岩石层理及层间平缓破裂面发育，丛草、低矮灌木沿其生长，形成多层状条带状绿色条带，犹如绿色长城。

大型节理带制约峡谷发育：陡立大型节理带发育，制约峡谷发育。

尼汝峡谷

金沙江支流洛吉河谷中，尼汝峡谷奇草异花繁茂，古树叠翠，谷底宽而露边滩；峡谷陡壁群瀑倾泻于泉华瀑幔，苔藓地衣类附着其上，绚丽多彩的彩瀑（图2.3.13）。

怒江峡谷

江河沿岸板块缝合线构造-岩浆-变质带与侵蚀纵向深谷融为一体，宏大醒目的条带景观：紧密排列的宏大构造带、断裂构造带、直立岩层带、构造岩带、长条状沉积-变质-岩浆岩岩块、岩体。

延伸稳定的峡谷景观：峡谷南北向延长约550km，平均深度大于2500m，峡谷稳定宏

(a)　　(b)

图 2.3.12　碧壤峡谷
（a）谷岸陡立一线天；（b）制约峡谷发育的地层层理

图 2.3.13　尼汝峡谷的彩色泉华瀑幔

伟，河面狭窄，岸壁多陡峭、多嶂谷河段，河谷纵深降比大，多激流险滩、汹涌澎湃（图 2.3.14）。

怒江峡谷中的曲流河段盆地丙中洛

怒江大峡谷上游宏大平稳延伸的大峡谷中丙中洛异常曲流状河段（图 2.3.15）。与其相伴在大峡谷中形成四面环山的丙中洛盆地/平缓台地，成为峡谷中的绿洲。怒江弯流内弯的边滩，向东为缓丘，再向东山体渐高，形态上犹如山龟，曲流景色绚丽。

(a) (b)

图 2.3.14 怒江峡谷

(a) V形峡谷；(b) 江谷崩石

图 2.3.15 怒江峡谷中丙中洛曲流

C 新构造运动旅游地质景观

三江并流新构造运动地质景观

喜山期构造旋回金沙江、怒江、澜沧江三江呈峡谷与条状山体紧密并列，延伸数百千米。高山巍峨、山脉纵列、峡谷深邃，岭谷相间、雪山冰川、珍稀动植物、立体生态。

板块构造缝合线形迹：主体构造为特提斯-喜马拉雅断裂系；显示洋盆曾经存在，因碰撞而消亡的深海硅质岩、蛇绿岩套，杂砾岩、混杂岩。

岩浆岩带、变质岩带、断裂构造岩带组成宏大的构造带，年轻的造山系、横断山脉。

三江并流分道扬镳的金沙江——长江第一湾

金沙江、澜沧江、怒江向南流入云南呈三江并流，至北纬 27°10′左右，怒江、澜沧江继续并列南流，而金沙江至丽江县石鼓镇却转向北北东形成夹角 30°的 V 形大转弯（图 2.3.16），然后几经转折东流，成为长江上游，与怒江、澜沧江分道扬镳，构成醒目的“万里长江第一湾”。V 形大转弯河段，河道宽缓、心滩边滩众多。

(a)

(b)

图 2.3.16　长江第一湾景观

（a）金沙江“长江第一湾”遥感图像；（b）丽江石鼓金沙江 V 形大转弯

滑坡崩塌景观

三江并流带滑坡崩塌泥石流灾害地质景观众多，显示了该地域生态地质环境脆弱性（图 2.3.17）：

金沙江岸虎跳峡滑石板滑坡壁景观，1996 年丽江大地震后，下虎跳峡大型滑坡遗留醒目滑坡遗迹。

福贡匹河怒江东岸岸坡崩石崩落于福贡匹河中学院坝，形成飞来石（崩石）景观。

金沙江岸金沙江断裂带糜棱岩碎裂岩带风化剥蚀呈流沙锥体流沙裙。

D　泉华旅游地质景观

由涌泉、泉华台地、泉华瀑布、泉华堤、泉华锥景观组合成岩溶泉华景观系列。

(a)

(b)

(c)

图 2.3.17 三江构造活动性景观

(a) 下虎跳峡滑坡遗迹；(b) 福贡匹河飞来石（崩石）景观；(c) 金沙江岸流沙锥体流沙裙

泉华旅游地质景观泉华形成距今约 6000 年至 5000 年，至今仍继续有泉华形成。堤状、锥状泉华景观，成群成带异彩奇观，结构有致。

白水台泉华旅游地质景观

泉华台地景观。冷泉形成的碳酸盐泉华台地；泉华台地总体处于泉华萎缩、衰退阶段；发育中的新月形梯田状泉华池群——“仙人遗田”；显示泉华形成过程的涌泉—平湖—泉华池—幔瀑—泉华斜坡构成完整结构的泉华景观（图 2.3.18）。

(a)

(b)

图 2.3.18 白水台泉华景观

(a) 发育中的泉华幔瀑；(b) 新月形梯田状泉华池

下给温泉泉华旅游地质景观

多涌泉中心、锥、堤有序组合的泉华景观结构。热泉形成成群泉华堤和泉华锥，堤、锥成群成带，呈现排列有序泉华锥、堤、涌泉组合；泉华台地总体处于萎缩、消亡阶段。

形态各异的泉华锥群。保存完好的锥状泉华群呈馒头状、蘑菇状、尖锥状、截锥状、圆盘状及复合锥状泉华锥，高可达数米，形态多变，多呈群产出（图 2.3.19）。

天生桥泉华旅游地质景观

裂隙状涌溢为主体的堤状泉华：泉华堤平面上形成北窄收敛，南撒开呈帚状；泉华堤长逾百米，高 60 余米、宽 20~30m 的，堤下河床穿流，并有热泉涌溢。热泉裂隙状溢流，裂隙状和点状涌泉复合发育。堤状泉华台地总体处于萎缩、消亡阶段。

(a) (b)

图 2.3.19 下给温泉泉华景观

（a）蘑菇状及尖锥状泉华锥；（b）叠层圆盘状泉华

泉华“天生桥”：泉华淀积发育同时，导致河床移位改道形成的泉华天生桥。

E 高原丹霞旅游地质景观

高原丹霞旅游地质景观系列：赤壁方山、峰林峰丛、石柱、陡崖景观组合。

平缓红色岩系为高原丹霞旅游地质景观成景岩性：成景岩石为以石英砂岩为主体、以紫色、砖红色为标志色的古新系红色岩系。

丹霞景观成片展布，各有相对稳定的残缺夷平面：高原面上由剥蚀作用兼有冰川作用构成的赤壁方山、峰林丹霞景观。

丹霞景观以岩性差异及生态地质环境差异而呈现景观的地域特色：丽江黎明方山赤壁、龟裂状千龟山，柱状佛陀峰。

红色砂岩岩系为成景岩系：由剥蚀作用兼冰川作用构成的赤壁方山、峰林丹霞景观（图 2.3.20）。新近系红色岩系方山赤壁连座峰丛，与其下石鼓群变质岩系呈双层结构。

图 2.3.20 丽江玉龙黎明丹霞景观

方山赤壁峰林丹霞地域特色凸显：赤壁拔地而起，直落谷地，龟裂状、柱状屹立。变色垂帘状色带显成景岩性所含岩类导致赤壁色调变异。

2.3.2.3　世界自然遗产——美国黄石公园旅游地质文化

A　美国黄石公园旅游地质景观

黄石国家公园简称黄石公园，地处美国西部北落基山和中落基山间的熔岩高原，位美国中西部怀俄明州的西北部，包括相邻的爱达荷州和蒙大拿州局部，面积达 8956km²。1872 年 3 月 1 日建立成为保护野生动物和自然资源的国家公园，是世界第一座国家公园，1978 年列为世界自然遗产。

黄石公园集天然森林、野生动物栖息地，间歇泉集中地带、峡谷、瀑布、温泉，活火山于一体。是一个活动着、进行中的复合地质作用特色旅游地质景观域（见图 2.3.21）。

图 2.3.21　美国黄石国家公园地质景观

黄石公园分 5 个区：西北部以石灰石台地景观为主的马默斯温泉区（热台阶区）；东北部为西部原始景观的罗斯福区；中部为峡谷和瀑布景观的黄石大峡谷区；东南部为湖光山色景观的黄石湖区；西南部为遍布间歇喷泉、温泉、气雾、热水潭、泥地和喷气孔景观的间歇喷泉区。

B　特色地质景观

（1）黄石河。黄石河贯穿整个黄石公园，黄石河切穿山脉，河水陡急，形成气势磅礴的黄石大峡谷，形成 130m 高的上瀑布和 100m 高的下瀑布两道壮丽的瀑布。黄石河从黄石公园南部流经 965km 汇入北达科他州的密苏里河。

（2）黄石湖。长约 30km，宽约 24km，湖岸蜿蜒曲折，绵延 180 多公里，深 60~90m，湖水清澈。湖内温泉星罗棋布，水温极高，是美国最大的高山湖。

（3）黄石大峡谷。黄石湖流出的河水，在钓鱼桥和高塔之间约38km地带形成险峻黄石大峡谷。峡谷深400m，宽约500m，长约32km。峡谷水气弥漫，峡谷岸壁的风化火山岩呈现白、黄、绿、蓝、朱红等各种颜色。

（4）下黄石瀑布。黄石河的下黄石瀑布飞流直下大峡谷谷底，落差94m，是尼亚加拉大瀑布的2倍。

（5）上间歇泉盆地。黄石国家公园的上间歇泉盆地，是世界上温泉和间歇泉最多的地方，有1万多处地热奇观。

（6）开阔火山岩高原上，有山峦、石林、冲蚀熔岩流和黑曜岩山等地质奇观。

C　特色地热奇观

温泉热泉喷泉

黄石公园有3000多处温泉、泥泉和300多个定时喷发的间歇泉，是全世界最著名的地热景观。数以千计的沸泉和大湖深潭，上百个喷射着沸腾水柱的间歇泉，不断喷涌沸腾。一些间歇泉的水柱直径1.5~18m，高度45~90m，持续数分钟，至一小时。

间歇泉

（1）狮群喷泉。狮群喷泉由4个喷泉组成，水柱喷出前发出像狮吼的声音。

（2）蓝宝石喷泉，其水色碧蓝。

（3）老忠实泉因很有规律地喷水而得名。

泥坑、泥泉

灼热的、各种颜色的黏稠泥浆在彩泥泉、泥泉、泥火山以及泥糊泉中翻滚沸腾，并迸发巨响。

“龙口”泥浆温泉，泉眼在一个山洞口，滚动出泥浆，并发出低沉的轰鸣声。

地下熔岩/地热

黄石地下浅部，热流和熔岩活动极为活跃。3300m以下高温高压的地下熔岩为地下水提供了充足的热能和喷涌地表的能量，提供了丰富的地热。

老忠实泉

从它被发现到现在的100多年间，始终如一的“忠实”，每隔33~93min喷发一次，每次喷发持续四五分钟，水柱高40~60m，从不间断。每次喷出热水约20t，水温大约93℃。

大棱镜温泉

大棱镜泉直径超过110m，大棱镜中心的蒸汽温度高达93℃，从里向外，因水温不同、繁衍生息的“嗜热菌”细菌不同，呈现出蓝色、绿色、黄色、橙色、橘色和红色等颜色同心圆的变化。

热喷泉“蒙玛地热泉区”

黄石公园以数量繁多的热喷泉、大小间歇喷，标志地热活动。

蒙玛地热泉区，热气腾腾的泉水持久地涌溢，新旧交替的泉眼，老的热泉留下略显灰暗的热泉矿积层，新的泉眼不断形成鲜艳的泉华，形成大片层层叠置的边石坝热泉矿层。

D 野生动物栖息地

黄石公园栖息有300多种野生动物（包括60多种哺乳动物）、18种鱼和225种鸟。灰熊、棕熊、美洲狮、灰狼、金鹰、驼鹿、麋鹿、白尾鹿、美洲大角鹿、北美水野牛、巨角岩羊、羚牛、羚羊等2000多种动物在这里繁衍生息。以熊为其象征，园内有200多头黑熊，100多头灰熊，250多只狼，是美国最大的野生动物庇护所和著名的野生动物园。

黄石湖中有16种鱼，周边山林草地有天鹅、鹈鹕、大雁、野鸭、鹤、苍鹭等300多种鸟类。

E 生态特征

黄石公园森林覆盖率达85%，在黄石公园的气候环境和水土条件下，树木具有极强的生命力和衍生能力。黄石公园广布千姿百态、郁郁葱葱的森林。

扭叶松是生命力极强的树种，是覆盖黄石公园绝大部分地域的树种。扭叶松树的直径1.2~2.4m，树高30m，树龄平均175年，扭叶松紧密排布，生长茂密。

龙胆松是另一种分布广泛的树种，具有极强的适应能力，成长速度极快，能在各种各样的气候土壤条件下生长。

美洲云杉和亚高山银杉也广泛分布，树呈高大的塔状，树冠繁茂。

F 活跃的地质作用景象/地质奇观

黄石国家公园现今是一个活跃的地质作用地域，热泉、间歇泉、喷泉、喷气、沸腾的泥泉，地震，地表隆起等地壳活动迹象异常频繁。

间歇泉与热泉

广布黄石公园的3000多个间歇泉，喷气孔和温泉、热泉、喷泉、泥泉，显示黄石公园有强烈而蕴藏丰富、巨大的、活跃着的地热和能源。

黄石火山

黄石火山位于怀俄明州西北部，以黄石湖西边的西拇指为中心，为占地近9000km^{2}的黄石火山巨大火山口。距地面约8km，其下埋藏着直径约70km、厚约10km的岩浆库，巨大的岩浆库还在不断地膨胀。据研究，黄石火山在过去210万年中，总共爆发过3次，喷发周期为60~80万年，现今距上次喷发已有64万年。

地面隆起

美国黄石公园深部岩浆库的活动，导致地面大幅隆起。研究资料显示，从1923年至今，黄石公园部分地区的地面上升了70cm；从2004年起，隆起速度最快的每年约7cm；2007~2010年地面隆起速度大幅降低，每年隆起1cm或者更少。黄石可能处于隆起和稳定的周期变化中。

水热爆炸

高温地热区地下水温水压骤然变化时，导致极其猛烈的水热活动，产生水热爆炸。爆炸时，巨大声响伴随夹带大量泥砂的汽水流射向空中；爆炸后的地面遗留深度不等的坑穴；坑内及其周边多有喷气孔、沸泉，并在周边散落堆积爆炸所携带的水、岩石碎片、石块、泥浆。

地震活动

黄石公园每年大约发生3000次地震。2008年12月6日至2009年1月8日，黄石湖周边地区发生了大约900次地震。

G　生态地质环境博物馆

黄石国家公园拥有极其丰富的地质地貌景观，火山地热景观，间歇泉和热泉、沸泉，黄石河大峡谷，黄石湖，原始森林，野生动物，火山活动形迹。是高度浓缩的生态地质环境博物馆，是十分独特、十分珍贵的特色旅游地质景观域。

文化遗迹显示黄石公园的文明史可以追溯到12000年前，是人类与自然和谐发展研究的样本。

据1872年3月1日的美国国会法案，黄石公园“为了人民的利益被批准成为公众的公园及娱乐场所”，同时也是“为了使她所有的树木，矿石的沉积物，自然奇观和风景，以及其他景物都保持现有的自然状态而免于破坏”，诞生了世界上“第一个国家公园”。成为地质景观有效利于、有效保护、服务于人类的典范。

思 考 题

2-1　从旅游地质文化的视角，是否可把纪实性旅游地质文化理解为是对旅游地质体地质属性、地质景观的客观“写真”。

2-2　纪实性旅游地质文化是否可理解为显示地质遗迹属性的真实描述，是地质遗迹旅游地特质旅游品牌塑造的基础。

3 释义性旅游地质文化

3.1 基础地质知识与释义性旅游地质文化

释义性旅游地质文化主要是对地质体旅游地和含地质要素旅游地的地质体、地质景观、成景地质作用等其地质属性、品质进行解释、解说的旅游文化。

释义性旅游地质文化常常是旅游地品质的诠释。既是旅游景区进行深层次开发的源流，又是旅游景区展示旅游地品质的产品。同时也是提供旅游者到该旅游地旅游、认知地质文化、增长知识、启迪智慧的重要信息。

释义性旅游地质文化对旅游地地质内涵信息的发掘、释义和展示，有助于将常人不熟悉的地质专业知识转化为社会化的非专业大众/游客易于理解的旅游景区文化，引起对旅游地的关注，从旅游地吸取地球奥秘信息增强旅游地旅游效应。

释义性旅游地质文化是基于旅游地地质环境条件实体，将旅游地地质内涵、科学价值展示给旅游者的石体文化、地体文化的主体，是科考性科普性旅游地质资源实现社会化的重要方式。释义性旅游地质文化也是观赏性旅游地质资源、商品性旅游地质资源创建相关联的旅游文化的必不可少的地景文化、天地文化、人地文化旅游文化组成。

释义性旅游地质文化是由纪实性旅游地质专业性文化引申扩展成的科普性大众化文化。

释义性旅游地质文化可分为两大内容：一是应用基础地质知识释义纪实性旅游地质文化基本内容；二是应用基础地质知识释义地质体地质景观的成景地质作用，地质体/地质景观的形成、造型和衰亡过程、地球生命过程，激励人类认识地球、关注地球、爱护地球。

3.2 基于基础地质知识的释义性旅游地质文化

3.2.1 地质作用旅游地质文化

3.2.1.1 地球层圈结构

由于组成地球的物质、物态具有异质性、不均匀性，地球总体具有圈层结构。地球圈层结构按地面的上下分为外部圈层和内部圈层。从外部向内核分别为：

（1）外部层圈：

1）大气圈。地表以上到16000km高空。

2）水圈。地球表层呈液态或固态水的河湖、冰川、海洋及地下水分布的层圈。

3）生物圈。地球表面生物存在和活动的范围。

（2）内部层圈

1）地壳。地球莫霍面以上的固体硬壳岩石圈上部薄壳，主体为硅铝质硅酸盐类岩石。

约占地球体积0.5%。

2）地幔。地球莫霍面以下至古登堡面间层圈。主体为镁铁质硅酸盐类岩石。约占地球体积82%。

3）地核。古登堡面以下至地心。主体为含铁镍硅酸盐熔融态。

地壳是地球岩石圈的固体硬壳体。地壳主体由硅酸盐类组成，但其岩石类别在地壳各部位千差万别；地壳厚薄在地壳各部位差别甚大，海洋部分（洋壳）平均厚7km，而陆地部分（陆壳）平均厚达37km，中国的青藏高原厚达70km。

3.2.1.2 地球演化及其遗迹

A 地球演变五大阶段

根据现今的地质研究成果、地球演变历史从老到新经历了五大演变阶段：

（1）太古代。地球刚形成，没有陆地，一片汪洋。

（2）元古代。出现陆地的雏形。

（3）古生代。地球出现古老生命的历史阶段。

（4）中生代。地球生命发展承前启后的阶段。

（5）新生代。地球生命发展的新时期。

地球发展的地质时期以地层单位宇、界、系、统、阶，及所对应的地质时代宙、代、纪、世、期，采用五级划分年代地层单位和地质时代单位。

B 地球演变七个地质构造旋回

已知的地球46亿年的地质作用演化过程，历经了全球性的构造运动剧变和缓变交替出现的七个构造旋回，以我国幅域上代表性的构造运动为例：

（1）太古代旋回：距今25~30亿年。

（2）元古代旋回：距今23亿年吕梁运动，18亿年的五台运动。

（3）震旦-加里东旋回：距今8亿年的晋宁运动，4亿年的加里东运动。

（4）海西（华力西）旋回：上古生代末的海西运动，距今2.5亿年。

（5）印支旋回：三叠纪末的印支运动，距今2.27亿年。

（6）燕山旋回：白垩纪末的燕山运动，距今0.65亿年。

（7）喜马拉雅旋回：新生代的喜马拉雅运动。

每一构造旋回都形成一套由当时古地理环境所决定的地层岩性及古生物沉积岩建造、岩浆岩建造和变质岩系；形成一套由构造运动的特点及卷入的地层岩性特点所决定的构造形迹（褶皱、断裂、节理、断块、隆起、陷落、沉降、裂谷）。

每一构造旋回的沧桑巨变特征都由地质构造形迹所记录，现今仍留存的地质构造形迹（地质遗迹）。由于地球上不同地域处于不同的构造环境（如板块构造的不同部位，板块构造发育的不同阶段）：

（1）同一时代的地质构造旋回，不同地域会呈现不同特点（如有的为陆，有的为海；有的为火山活动，有的宁静，有的动荡）。

（2）同一地域又可分为次一级的不同地质环境，并形成不同特色的次一级的地质构造形迹。

（3）有的早期构造旋回的产物较稳定而得以保存，而有的早期构造旋回的产物卷入后一个构造旋回，或被包容、或被改造、或被彻底改变、或被后一构造旋回的构造形迹叠加而复杂化。

地质遗迹中具有地质发展史代表性的地质遗迹作为代表地球发展的自然遗迹。依据地质遗迹的代表性、重要性可对其加以划分。

C 地质年代

地球发展演化历史阶段、地质事件时间、地质体形成年代时间。用记载地球发展的地质证据综合成地球演化时间序列的地质年代作为地质年代时间标尺。

地质体/地质事件确定的主要依据：

(1) 岩层的层序、地层古生物组合及演化序列。

(2) 地质体/岩体、地层岩石单位的接触交切关系。

(3) 地质体/岩体地层单位的同位素年龄。

地质年代通常用具有一定对应关系的地层时代单位、年代地层单位、岩石地层单位，并作为地质年代的时间单位（见表 3.2.1），并用此统一全球、地域、局部的地质体/岩石地质单位划分对比的标尺——地质年代表（见表 3.2.2）

表 3.2.1 地质年代时间单位序列

单 位	年代序列				
地质时间单位	宙	代	纪	世	期
年代地层单位	宇	界	系	统	阶
岩石地层单位	大群	群	组	段	层

D 地球形状

(1) 地球形状：表面有隆起凹陷起伏的近似梨形体。

(2) 地球面积：$51000 \times 10^4 km^2$，其中海洋占 70.8%，陆地占 29.2%。

(3) 地球平均半径：6371km。

(4) 地球赤道半径：6378.137km。

(5) 扁率：1/298。

(6) 陆地平均高度：825m。

(7) 大陆最高山峰：8844.43m。

(8) 海洋平均深度：-3800m。

(9) 最深海沟：-1103m。

地球表面海陆并存，地面起伏最大高差 20km。

3.2.1.3 地质作用

地球、地壳/地体内部总是处在相对的不平衡状态下，其外部也受到宇宙的干扰，地球的构造、物质组分、地表形态都处在不断的变化状态中，这就是地质作用。可以产生地质作用的主导因素分为内部地质营力引起的内生地质作用和外部地质营力诱发的外生地质作用。

A 沉积作用

(1) 沉积作用。在地表地质环境条件下，分布于地表的各类岩石经风化、剥蚀、分离、解体，在原地、或搬运到异地，停留、积聚、淀积，组成新的岩石的过程称为沉积作用。

表 3.2.2 地质年代简表

地质时代				距今年龄值/Ma
宙	代		纪	
显生宙 PH	新生代 Cz		第四纪 Q	2.60
			新近纪 N	23.3
			古近纪 E	65
	中生代 Mz		白垩纪 K	137
			侏罗纪 J	205
			三叠纪 T	250
	古生代 Pz	晚古生代 Pz	二叠纪 P	295
			石炭纪 C	354
			泥盆纪 D	410
		早古生代 Pz	志留纪 S	438
			奥陶纪 O	490
			寒武纪 ∈	543
元古宙 PT	新元古代 Pt		震旦纪 Z	680
				1000
	中元古代 Pt			1800
	古元古代 Pt			2500
太古宙 AR	晚太古宙 Ar			2800
	中太古宙 Ar			3200
	古太古宙 Ar			3600
冥古宙 HD				4600

注：据全国地质委员会《中国区域年代地层（地质年代）表》说明书（2002）简化。

（2）地层古生物。古生物，是地质历史时期曾经生活在地球上的生物。一般指第四纪更新世及其以前的生物。大部分古生物已经绝灭。

古生物化石是保存于古生物生存时代的地层岩石中，地质历史时期的生物遗迹/遗体。

地层古生物是地质历史时期古地理环境中，特定的地层岩性与古生物的相依相伴组合。因其各时代生物演化特定性，地层古生物被作为地层时代划分对比、地质环境判别的证据。

B 岩浆作用

岩浆侵入作用

（1）岩浆。地壳深部高温高压条件下，富含挥发份、熔融的潜在流动状态的硅酸盐熔融体。

（2）岩浆作用。地壳深部潜在动态的岩浆熔融体，因其平衡环境的构造场条件改变时，岩浆向构造薄弱带/空间运移，或侵入、或喷溢，岩浆分异，形成岩浆/硅酸盐组成的岩浆岩过程称为岩浆作用。岩浆侵位到地下凝结成岩的为侵入岩；岩浆喷发或溢流到地表凝结成岩的为喷出岩（如火山岩、熔岩）。

火山活动

火山是地球深部岩浆活动喷溢于地表的产物。火山有地质发展过程中形成的古火山，也有现今火山活动的活火山，都是地壳运动的景象。

火山活动有一套火山通道、火山锥、火山口规律组合的火山机构。有呈现一定结构构造的火山喷发堆积物，形成火山弹、绳状枕状熔岩，熔岩台地；相伴生的火山口、火山锥，火山温泉、湖泊。现代活动还有火山喷溢壮观景象。

火山喷发的形式有中心式、裂隙式和混合式，又分为活火山、休眠火山、死火山。

C 变质作用

处于相对稳定状态下的地壳岩石，在其地质环境条件改变，超过其保持岩石状态的物理化学条件，原有的岩石改变其状态（岩石结构、岩石组分、矿物组合、岩石形状），以适应新的地质环境条件。这种过程称为变质作用。地质环境条件的变异可由于强烈的地壳运动改变构造应力场、热力场、物质场，可由于深部岩浆活动形成高温高压地质环境条件，岩浆作用或地下水地下热液携带的矿物质交代原有矿物岩石，从而形成新的矿物岩石——变质岩。

D 成矿作用

矿床

矿床是在特定的成矿环境、成矿地质作用下，形成可供人类开采利用的天然元素矿物、矿石聚集地段、含矿地质体。这种地段以含有具经济价值的矿床矿体矿物为标志，有显示矿床产出地质环境条件的含矿围岩、含矿构造；产状形态、地质特征各异的矿体和围岩构成了含矿地质体。

古采矿、古冶炼、古矿业遗址遗迹

矿床被古代人类开采利用残留的遗址或遗迹，有矿床开采遗留的坑道、采场、采空区、废弃物等古采矿场地遗迹；有矿石加工、选矿、冶炼、提纯遗迹；用矿石矿物或提纯粗加工矿产品烧制瓷器等制品的古矿业遗迹。

3.2.1.4 内生地质作用

A 构造运动/地壳运动

引起地壳中的地层、岩石的变形、变位地质作用通称构造运动。构造运动具有明显的地域性、时限性、阶段性，并且形成一套与构造运动方式、强度相关联的地质构造系统/现象。构造运动有的是缓慢的变化过程，也有的是剧烈的突发式、爆发式的突变过程。地球历史上的构造运动，总体上具有旋回式的构造旋回阶段性、规律性、演变性。相应地，在地球上形成了一整套地壳构造旋回的产物，如构造形迹、构造层、沉积建造、岩浆建造、地质构造单元、地质构造体系。

B 地质构造

地质构造运动导致地层、岩石变形变位的产物、现象。常见的地质构造如褶皱（背斜、向斜、穹窿）、断裂（水平断层、正断层、逆断层）、推覆构造、断陷、隆升、掀斜。形成千变万化的地质构造形迹。

C 地质形迹

地质体或地壳中的地层、岩石块体在地质应力作用下，产生的空间变异、内部结构变异及形变变异的景象。

D 新构造运动

通常把新生代以来的地质构造运动通称为新构造运动。但是，更多的把第四纪以来的、现今的地质构造运动称为新构造运动，把现今仍在活动着的地质构造称为活动性构造。

E 板块构造

板块构造是有关地壳运动、地质构造的学说，是以板块构造的理论对地壳运动、地质构造的解释与研究。板块构造学说相关的地壳运动、地壳发展的主要学说有早期的大陆漂移说、海底扩展说；板块构造学说是建立在近代有关地球科学的地球资源卫星有关地球的遥感信息、地球物理探测、深海钻探、现代全球地质对比、现代岩石矿物测试技术等一系列地球科学研究成果基础上的有关地球构造运动、构造形迹以及地球发展的学说。

F 地震

地震是地壳活动、地应力聚集后突发性释放的一种特殊方式。强烈地震可导致地面变形破坏，形成地震断裂带，形成地裂缝、地陷，甚至山体崩落，河道堰塞成湖。伴随强烈的地壳快速颤动，可导致建筑物坍塌、设施破坏等一系列危及人类生命财产的地震遗迹。

3.2.1.5 外生地质作用

A 风化作用

处于地表状态下的岩石，在地表生态地质环境下，改变了岩石形成和埋藏时的原始物理化学状态。受水、光照、大气、温度、湿度、生物以及地质构造影响下的结构构造变异，岩石崩裂、破碎、分解、破坏、解体析离，经搬运再淀积堆积/沉积形成与原始岩石迥然不同的新的岩石。这就是岩石的风化作用。随着岩石风化作用的进展，由岩石组成的地质体/地质景观也随之发生变化。

按岩石性状、风化作用的因素，风化作用可分为物理风化、化学风化和生物风化三种类型（常常是复合的作用）；风化作用强度与岩石所处的生态地质环境、地形条件、岩石性质、气候（特别是降水、温度及湿度）相关。

岩石风化作用形成风化壳，形成崩塌滑坡、泥石流及残坡积、堆积体；同时，改变原始地质体的地形地貌地质特征。

B 侵蚀作用/剥蚀作用

侵蚀作用是对岩层的机械破坏作用、风化作用（化学的、生物的）、溶蚀作用、淋蚀作用、磨蚀作用等许多地质作用的总称。剥蚀作用与侵蚀作用近似，但除包含侵蚀作用的含义外，还强调揭露、裸露和搬运作用。由剥蚀作用形成的地形地貌称为剥蚀地貌。

侵蚀作用通常是多侵蚀地质作用要素作用的总和。但常常以某一侵蚀主导要素形成特色性的地质地貌景观。

(1) 在潮湿气候或水环境下，易溶性碳酸盐类地层岩性形成岩溶地质景观。红色砂岩类地层岩性形成丹霞地质景观。缓倾斜地层岩性在垂直节理裂隙系统制约下，形成林柱状地质景观。不同岩类的地质体形成形态差异的侵蚀山岳景观。

(2) 在干燥或干旱气候环境下，形成风蚀地质景观、雅丹地质景观。

固结程度较差的地层岩石，在水的淋蚀作用下形成峰林峰丛林柱状土林、沙林等淋蚀地质景观。

地壳脉动作用、间隙抬升明显地区，形成多级夷平面，碳酸盐地层岩性展布区形成洞穴景观，江河形成阶地。

C 流水地质作用

（1）江河是陆地上沿着线形谷槽流动的水流。大的称江、河，小的称溪、涧，从其源头至入江口或入海口可分为河源、上游、中游、下游、河口五个河段。地表凹地、盆槽中聚集的水体，小者为池，稍大为湖，更大的全球性水域为洋。江河湖海因水在其流动中侵蚀、搬运、堆积作用形成流水地质作用。一般而言，河流上游段以侵蚀（底蚀强）、搬运作用为主，中、下游段及湖海，以侧蚀、搬运、堆积为主。

（2）山地江河，因地形相对陡峻，水流速较快，地形多变，多直线状河道峡谷、瀑布等江河景观；平原江河，因地形相对平坦，水流缓慢，多迂回曲状、辫状水系江河景观。

湖泊按其成因分为构造湖、火口湖、冰川湖、风蚀湖、堰塞湖、岩溶湖、泻湖、海成湖及人工湖等；按其湖水矿化度，分为淡水湖、半咸水湖、咸水湖。

（3）滨海，指陆地与海洋连接部位海岸线邻近海滨海（湖）岸地带，由于波浪、水流、洋潮汐等水的营力作用下所形成滨海（湖）岸特有的海（湖）滩、海（湖）蚀崖、海（湖）蚀台、海（湖）蚀穴、海潮等景观；泥沙质岸型、基岩型、平原型、珊瑚礁型、红树林型等海岸景观。

珊瑚礁主要由造礁珊瑚与充填在其间的珊瑚碎屑（含少量的其他生物碎屑）组成。

江河因水的地质作用溯源侵蚀或河谷深切的差异，常常形成异常河段。如峡谷、瀑布、阶地、河道拐弯曲流等地质景观。

在承压状态下，地下水形成泉、涌泉、温泉景观；富含矿化物质的地下水在环境突变时形成泉华景观。

D 山岳重力地质作用

山地环境下，当处于山坡坡向与地层产状或断裂裂隙产状结构面基本一致的同向坡时，在重力作用下，同向坡上的岩体、堆积物易产生崩落滑坡；当山地结构面富集水或松散堆积物富含水，易发生滑坡崩塌泥石流；当滑坡体崩塌体泥石流堆积体阻塞河道水体形成堰塞湖景观。

3.2.1.6 第四纪地质地貌景观

地貌——地球外貌形态，是漫长地质作用形迹叠加第四纪地质作用所展现的现今地球面貌，即现代地表形态是地壳内力作用形成的岩石经外力作用雕凿成的地质体景观，是地质作用的综合景象。地质作用是地貌景观的基础和决定性因素，地貌是地质作用与地质作用产物景象的总和。由此而言，地貌是地质地貌的简称，地质地貌景观是地质景观的基本组成。

A 陆地

陆地是地壳表面岩石覆盖的部分。陆地高低起伏，可分为平地、高原、山地、丘陵、盆地。大体以海拔高程划分，海拔低于600m，相对高差小于100m广阔平坦的地区称为平原；海拔高于600m，相对广阔平坦的地区称为高原。通常海拔高于500m，切割深度200m以上的地形段为山岳或山地；海拔低于500m，相对高程200m以下起伏地形称为丘陵。

B 山地/山原

山地景观以其海拔与相对高程可划分成极高山、高山、中山、低山。山地景观要素包括山顶、山坡、山麓（山脚）。山地景观以成景岩性及成景作用可主要划分为侵蚀作用、岩溶作用、淋蚀作用三类景观。

C 江河海洋及湖泊

海洋是地壳表面水体覆盖的部分；江河湖泊是陆地上水体覆盖的部分。

D 盆地

陆地上中间低，四周为山环绕的盆状地形。

E 雪山-冰川景观

雪山为终年积雪的高山、极高山。积雪终年不化的严寒高山上，不断增厚的积雪压实下层积雪，结晶成冰粒，融合成坚冰。高山斜坡及谷地的雪冰在自重负荷和后缘压力下向下蠕性滑移，形成冰河——冰川。冰川移动时对冰川谷地斜坡岩石的刨蚀、搬运、堆积，称为冰川地质作用。

（1）现代雪山冰川景观为现代雪线之上，终年积雪不化的雪山冰川。

（2）消亡中的雪山冰川为现代雪线附近趋于消亡的雪山冰川。

（3）古冰川为雪山冰川消亡后遗留的古雪山冰川遗迹。

雪山冰川的组成有粒雪盆、冰斗、冰瀑、冰塔林、冰裂缝、冰洞，角峰、刃脊；U型谷；冰川堆积的冰碛砾石和冰水沉积物，冰川地貌、冻土；冰川湖群。

3.2.2 地质形迹旅游地质文化

3.2.2.1 地质体

地质体——由一定的岩石矿物组成的地质单元、地质矿体。无论是不同成因、不同形态、不同地域、不同类型、不同景观的地质体，都可划分为特征、属性差异的单元，如矿物岩石单元、地质单元。即地质体可按属性划分为次一级的地质单元。

3.2.2.2 三大岩石类型

地球表层的地壳由岩浆岩、变质岩和沉积岩三大岩类所组成，火成岩约占地壳总质量的65%，变质岩约占27%，沉积岩仅占8%左右。在陆地上，沉积岩覆盖了陆地面积的75%，火成岩和变质岩仅覆盖了大陆面积的25%。

沉积岩、岩浆岩、变质岩三大岩类因其成岩作用不同、岩石结构构造不同、造岩矿物不同、产状形态不同、破裂形式不同、抗风化能力不同，再加上产出的地理环境条件的不同，在相似的环境下不同岩类形成不同的景观特征。

A 沉积岩

沉积岩是由成层沉积的松散沉积物固结而成的岩石，包括碎屑岩（砾岩、砂岩、粉砂岩、泥岩、页岩、冰碛岩），化学岩（岩盐、石膏、石灰石、白云质灰岩、生物灰岩等）。沉积岩最显著的特征是成层性，即层理构造。在层层叠置的沉积岩石中，常保存着地球生命演化史中遗留下来的生物化石及其环境气候的记录。沉积岩经历了构造运动后，在地表条件下，风化、侵蚀形成了特征各异的地质地貌景观。

B 岩浆岩

岩浆岩又称火成岩，是地壳深部的岩浆在地下或喷出地表后冷却凝结而成的岩石。岩浆岩形成温度一般较高（多在700~1500℃），高温高压下形成的岩浆岩多成结晶质，快速成岩时呈玻璃质。岩浆岩有深部岩浆侵位形成的，也有由先成岩石经过超变质作用、强烈交代作用、混合岩化作用形成的。岩浆岩以其岩浆活动方式、定位空间及岩石产状分类，可分为侵入岩类、喷出岩类。以其岩浆岩的岩石化学成分的差异可分为铁镁质、超铁镁质岩类、花岗质岩类，基性岩、中性岩、酸性岩、超基性岩等岩类。

（1）花岗岩类岩石是深成-浅成酸性侵入岩，侵入体常呈岩株或岩基状，大小不一，从数平方千米到数百平方千米。岩石化学成分中，二氧化硅（SiO_2）含量多在65%以上，主要由石英、长石及少量黑云母等深色矿物组成，岩石多浅色，质地较坚硬。

（2）玄武岩是基性喷出岩类，广泛分布。颜色多为暗黑色，略带紫灰或暗绿色。岩石化学成分中二氧化硅（SiO_2）含量为45%~52%，主要矿物成分为基性斜长石、辉石，不含或少含石英。岩石一般呈细粒致密状。玄武岩中常有大量气孔，为后期方解石或玛瑙等矿物所充填。玄武岩为幔源物质沿深大断裂溢出或断裂交叉部位成中心式喷发，水下喷溢时具枕状构造，陆相喷发一般呈块状构造、枕状构造，有的形成柱状原生节理、火山锥。如云南腾冲火山群、黑龙江五大连池火山群。

C　变质岩

变质岩是由早期先成岩石经过变质作用所形成的岩石。变质岩的原岩可以是火成岩、沉积岩、变质岩等各类岩石。其岩性常常继承或保留有原岩特征，同时，又由于叠加了变质作用，形成新的变质矿物和变质结构构造，并以变质程度的差异，新的变质岩类可与原岩的特征差别很大，甚至面目全非。

3.2.2.3　地层古生物

（1）地层剖面。对追溯地质历史有重大研究价值的各时代、各类型的地层剖面，包括标准地层剖面（地层层型剖面）、地层界线（层型）剖面和岩相地层剖面。

层型剖面是具地壳演化发展特定阶段的地质发展史、生命起源、生物演化标志的地层剖面/标准地层剖面，可作为地层划分对比标志。

标志地球演化、发展阶段的典型代表性标准地层剖面，可作为地层、地质时代划分对比的特定标志，又称为金钉子剖面，有极高的地质科学价值。具有全球意义的层型剖面、地质时代地层剖面界线的断代界线（点），被国际地质科学联合会确定为全球层型剖面和点。是具有国际上地质科学国际品牌的珍品，是全球性的地质遗迹/地质景观。

（2）古生物化石。地质发展史中一个重要的组成就是古生物的演化史，它与其产出的地层岩性组成的地层古生物既是标志地质生态环境、地质年代的重要例证，又是重要的旅游地质景观；有特殊的古生物化石，具有很高的观赏价值，亦是重要的旅游商品资源。如恐龙化石、鸟类化石、古象化石、大型三叶虫，大型直角石、硅化木等。

3.2.2.4　地质景观

一定地域中的地质体、地质现象和地质作用景物的集合与表现。按地质作用的类型可分为内生地质作用地质景观、外生地质作用地质景观、内生与外生地质作用的复合地质景观。

内生地质作用的地质景观如板块构造形迹、岛弧系、大裂谷、造山带。显示出地壳运动引起原有地质体形变的地质构造形迹。

外生地质作用的地质景观如侵蚀地貌、堆积/沉积地貌、峡谷、瀑布、沙漠、洞穴。

是内生地质作用的地质构造形迹在地表地质环境条件影响下，外生地质作用导致原有地质构造形迹/景观被侵蚀、剥蚀、淋蚀，原有地质体被破坏、析离、分解搬运后从新沉积/堆积形成地质体的地表形态——地貌景观。

复合地质景观的实质是地质景观与地貌景观的复合体，是地质地貌景观。通常，习惯性地将内生地质作用景观简称为地质构造景观，将外生地质作用景观及复合地质景观统称为地貌景观。

3.2.2.5 地质构造形迹景观

沧桑演变是地壳升降的表象。地壳升降有突发式的，如地表陷落。更多的则是缓慢的升降。地壳升降形成许多显示升降过程产物的地壳运动遗迹景观。江河两岸的河流阶地，湖泊干涸的湖岸台地，构造剥蚀的夷平面、高原面，延伸稳定的峡谷或江河间出现蛇曲状河段，都是地壳升降运动遗迹景观。这些景观当有较佳的生态地质环境时就形成了有观赏和科学意义的旅游景观。

地史时期地质演化历史中形成的地质构造，实质上，地质构造景观是以原有内生地质作用的地质构造现象为主体，外生地质作用叠加了景观造型、显示地质演化时期地质构造景象的地质构造地貌景观。如褶皱、断裂、含矿地质体的地质地貌景观。

地球构造旋回、沧桑演变，在不同的构造阶段在不同的构造域，形成了规模各异的、各种各样的地质构造形迹。典型性、独特性的地质构造形迹常常科考性科普性与观赏性兼优。

A 构造山景观

背斜山景观

背斜山是褶皱构造作用使地层上凸隆起，核部地层相对老，两翼地层相对新；两翼地层产状相背倾斜的背斜构造形成的山地，如神女峰背斜山。

向斜山景观

向斜山是由向斜构造形成的山地。其外形是一种下凹的，其核部由新地层组成，两翼地层相对核部地层较老，两翼地层产状相向倾斜的山地。

褶皱构造形成后的长期风化作用中，由于背斜轴部节理、断裂发育相对破碎，而向斜核部的岩性相对较硬时，背斜轴部往往易于背斜谷而向斜轴部则易于向斜山（图4-6）。

单面山景观

单面山是在单斜构造上山体沿岩层走向延伸的山地。山体的两坡不对称，常常是一坡陡且短（切层坡），一坡缓而长（顺层坡）。

猪背山景观

猪背山是在岩层产状倾角较大的单斜构造上，岩层较坚硬、走向较平直的地层所构成的单面山中，形成山体两坡（切层坡、顺层坡）均较陡，并且近似等长、形如猪背脊的山岭。

断块山地景观

断块山是因地壳的断块活动隆起而形成的山体。其山坡陡峭成崖（多为断层崖），山脚线平直，多形成断层三角面，并常有山脊走向的延伸突然中断。

山体断块沿两条或多条断裂隆起而形成的山地为地垒式断块山又称地垒山，如我国西北阿尔泰山、天山，华北恒山、五台山、华中庐山。

山体断块沿大断裂一侧隆起而形成的山地为掀斜式断块山。如大兴安岭和阴山是蒙古高原掀升的边缘；太行山是山西高原掀升的边缘；泰山、沂蒙山也是沿断裂一侧隆起成山的。

桌状山景观

桌状山又称方山，指山顶平如桌面，四周陡崖围限的山地。在地层产状水平或平缓的沉积岩分布区，当山顶覆盖坚硬的岩层，强烈的侵蚀作用沿垂直节理裂隙进行时，常易形成似桌状方山。

B 构造湖盆景观

断陷湖盆景观

断陷湖是由断层的一盘或二断层间的地块向下陷落形成低地积水而成湖盆。通常，断陷湖泊平面形态简单，湖岸线较平直，岸坡多陡直；湖群分布有一定规律性，多个狭长状湖盆沿着区域大断裂呈串珠状产出。国内著名的断陷湖盆地貌景观如青海省的青海湖、四川西昌的邛海、内蒙古的呼伦池等。云南中部沿南北向小江断裂带，由北而南依次分布着青水海、阳宗海、抚仙湖、星云湖等串珠状湖泊。世界著名的是东非大裂谷中的湖群。

向斜坳陷湖盆景观

由向斜坳陷或地壳缓慢下降形成向斜状凹地积水而成的湖泊，这类湖泊一般面积较大，形态多样，如湖南洞庭湖、江西鄱阳湖。

塌陷湖景观

在地表塌陷洼地中积水形成的湖泊。常见于碳酸盐地层、含膏盐岩石等可溶性岩类岩层，受岩溶作用导致地表岩溶塌陷积水成湖。

C 构造崖景观

构造崖是因构造原因，使山坡陡峻成崖，主要是断层崖。部分为直立岩层带形成的陡崖，一般坡度大于70°至直立（悬崖绝壁状），且大多呈直线状延伸。若是追踪断裂或圆弧形状断裂，则呈弧状陡崖地貌景观。断层崖的高度为几米至几百米不等。

断层崖景观

悬崖绝壁伴随着地形突变，山海线状相接是地壳升降运动遗迹。那些规模宏大、延伸稳定、两侧地形反差极大的险雄、陡峭的断层崖带构成了气势宏伟的景观，形成名山名水旅游景观的重要组成。江西庐山西部的龙首崖、东部的五尧峰，云南昆明滇池西岸的龙门陡崖（普渡河断裂带的断层崖）都是知名的旅游景观。美国西岸（加利福尼亚州）的圣安德烈斯大断裂、中国的郯庐深大断裂都是著名的断裂景观。

直立岩层带景观

直立岩层带也称陡立岩层带，由产状直立的地层组成的构造带，常伴有挤压构造形态，通常为强烈挤压作用所形成的狭长构造带。当其组成岩性抗风化能力强时，常呈突出地表，稳定延伸的墙状景观，滇西北三江并流带常见构造岩旅游景观。

节理景观

侵蚀/剥蚀作用沿由密集发育的节理带或大型节理带发育，形成山体较为陡峭的山地景观。

3.2.2.6 挤压碰撞拉张构造旅游景观

在板块构造板块接壤常形成挤压、碰撞、拉张等的构造带，板块缝合线，大陆裂谷旅游景观。

宏大的全球地质构造奇观中，板块缝合线、大陆裂谷以及以其存在而依附的自然景观，是跨地域，乃至跨洲境的，气势宏伟的地球演化及地质遗迹旅游景观。由地幔上隆，地壳拉张而形成大陆裂谷，各地史时期的裂谷形成不同的地质景观。

如果将大陆裂谷视之为地球表面的“伤痕”，那么可把板块缝合线造山带视为地球表面的“伤疤”，它们都是地壳活动、地壳块体间相互碰撞或分离的地壳活动的杰作，是标志地球形成的地质景观。加之其奇异的地貌，特有的生态、生物是极具科学性和观赏性的旅游景观。

3.2.3 近代地质活动景观文化

3.2.3.1 火山景观

火山是地球深部岩浆活动喷溢于地表的产物。火山有地质发展过程中形成的古火山，也有现今火山活动的活火山，都是地壳运动的景象。火山活动有一套火山通道、火山锥、火山口规律组合的火山机构；有呈现一定结构构造的火山喷发物，火山弹、绳状枕状熔岩等组成火山景观。近代活动的火山喷溢景象，常常保存完好的火山口、火山锥、火山温泉、湖泊。

环太平洋的洋陆接壤地带，海底火山喷溢不断向上叠加增长，出露于洋面，显露出火山岛。形成许多著名的火山岛群。

A 活火山

地球上有上千座活火山，主要集中分布在板块边缘地带，活火山是地壳深部岩浆由熔岩穿透地壳，上升溢流到地面或喷出于地表而形成的特殊山体。火山经常成群出现成火山群。活火山喷溢活动，熔岩流咆哮奔流，火山灰、火山碎屑、火山弹伴滚滚浓烟爆炸喷薄于高空，伴之雷鸣般声响与地震，形成壮丽的奇异的令人恐惧而又神往的地质景观。

现今众多活火山集中分布于环太平洋和地中海–喜马拉雅山两个全球性活动构造带。世界著名的活火山，如日本、冰岛多火山之国，如现今还在不断地溢出岩浆倾入大海的夏威夷群岛。火山景观保存完美、自然生态环境优美的第四纪火山群是重要的火山旅游景观。美国的夏威夷火山圣海伦斯火山、菲律宾的皮图博火山、意大利西西里岛的埃特纳火山，我国的黑龙江五大连池，云南腾冲火山热海都是知名的火山旅游景观、旅游观光胜地。

世界著名的意大利维苏威火山，公元 79 年 8 月 24 日爆裂式突然强烈喷发，火山灰、火山渣冲向高空，火山区掩埋了庞贝等 3 个城市。近来发掘的庞贝城，成为著名的火山景观旅游胜地。

B 休眠火山

火山爆发具有一定的周期，休眠火山具有间歇性频发活动的特点。西昆仑山的阿什库勒盆地阿什火山（也称卡尔达西火山）1951 年 5 月 27 日突然发生火山喷发。长白山火山，自 1597 年苏醒到 1702 年的 105 年间，连续爆发了三次。

C 泥火山

泥火山活动是常有大量气体伴泥和岩石碎屑喷出，有时也因气体燃烧而出现冲天火焰，有的还伴有地鸣和微震。其喷出物常堆积成各种大小的泥火山锥，高度一般不足10m，直径数十余米。泥火山的喷发现象是地下较深部碳氢气体等高度聚集，喷溢于地表。目前泥火山存在中国、俄罗斯、乌克兰、美国、墨西哥、新西兰等少数国家。

3.2.3.2 地震遗迹景观

地震是现今地壳活动、地应力聚集后突发性释放的一种特殊方式。强烈地震可导致地面变形破坏，形成地裂缝、地陷，甚至山体崩落，河道堰塞成湖；伴随强烈的地壳快速颤动，可导致建筑物坍塌、设施破坏等一系列危及人类生命财产的地震遗迹。这些地震遗迹构成地震遗迹景观，地震遗迹的保存和展示，可形成地震遗迹旅游景观。

与构造地震活动有关所留下的各种地震地质作用和地震效应形迹的地震遗迹，主要包括地裂缝、同发型滑坡、崩塌、地表堰塞湖、陆地沉没，城镇、村落、房舍及桥、塔等建筑设施被破坏，甚至劈山移石，地面鼓包、喷水涌沙等景观现象。除了新近发生的地震留下的地震遗迹多较清晰外，时代愈久远的地质遗迹，只有大震的遗迹残留，且多模糊。

地质遗迹主要分布在地壳与洋壳交接、板块接壤的新构造运动活动性区域性断裂带，如环太平洋地震带、地中海-喜马拉雅地震带。

3.2.3.3 地质灾害遗迹景观

崩塌、滑坡、泥石流、发育于山高坡陡，区域地质构造复杂，板块交汇碰撞或大地构造单元交会的区域性断裂构造带，接近强烈活动的新构造运动带，频繁地震活动带。

地陷，地表陷落。多因岩溶发育地区地下浅表部位岩溶塌陷、岩溶空洞导致地表陷落；或因地下开采采空区引起地表陷落。有的地陷在地表是突发性的，可造成深逾百米，直径逾10m的地坑（有的称其为“陷坑”），如美国佛罗里达州的地陷。

滑坡、崩塌、泥石流是山地常见的一种重力地质事件，是欠稳定地质体在重力与水的作用下，产生崩落、滑移、搬运的地质灾害景观，特别是活动性构造制约的山地自然环境受到工程干扰时，易于诱发突发性、短暂性、破坏性，常与暴雨关联的地质景象。因滑坡、崩塌、泥石流对地质生态环境及人类生命财产的危害性，通常将其列为地质灾害。

（1）滑坡，是指斜坡岩体或土体沿着某一软弱面（带）整体下滑的地质现象。

（2）崩塌，是指地形陡峭山坡上的岩石岩块在自身重力作用下，整块地突然向山下滚落和坠落。

（3）泥石流是山区含有大量泥沙、石块等固体物质并具有强大破坏力的特殊洪流。

崩塌、滑坡、泥石流具有其典型的景观要素及其景观结构特点。

滑坡崩塌泥石流的诱发因素和发育特征多是复合因素综合发育。以各地的地质地貌条件气候条件而异。我国西南山地多因暴雨而致地质条件复杂；华南和中南高山丘陵区，主要以风化壳滑坡、碎岩土滑坡多见；高纬度、高海拔的青海、西藏、新疆北部、黑龙江等以融冻滑坡为主。

3.2.4 陨石及陨石坑景观文化

陨石是宇宙星空中的星体穿过大气层降落到地面的残余体。陨石从天空落坠落到地面的陨击作用形成一套陨石撞击特征的陨石坑、撞击变质矿物、撞击构造形迹陨石等组成的陨石及陨石坑景观（图 3.2.1）。

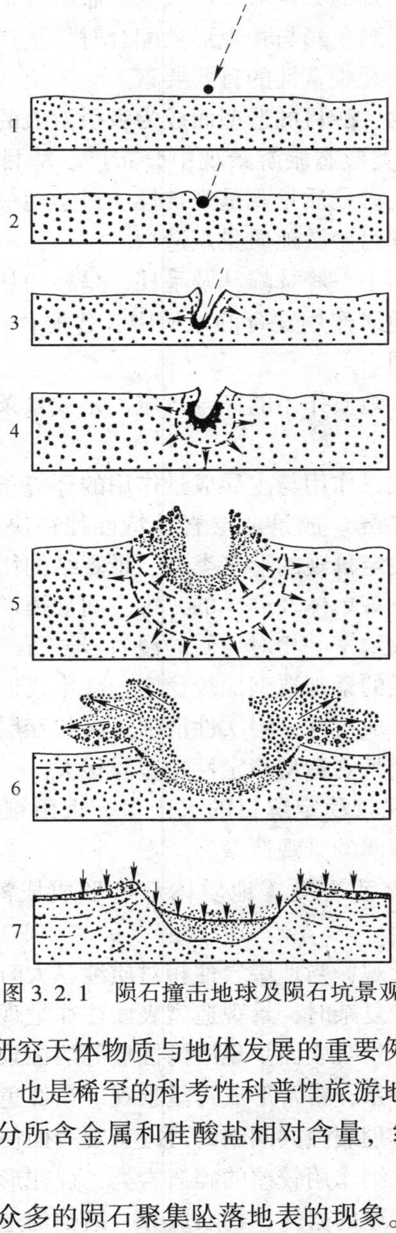

图 3.2.1 陨石撞击地球及陨石坑景观

陨石和陨石撞击构造是研究天体物质与地体发展的重要例证。陨石既是具有太空及天体关系研究意义的地质现象，也是稀罕的科考性科普性旅游地质景观。

（1）陨石。陨石按其成分所含金属和硅酸盐相对含量，结合内部结构划分为铁陨石、石-铁陨石和石陨石。

（2）陨石雨。陨石雨是众多的陨石聚集坠落地表的现象。

（3）陨击坑。陨击坑是陨石坠落地面撞击地表岩石形成的低凹低地及周边环形高地。

3.3 基于地质景观造型的释义性旅游地质文化

3.3.1 景观造型——旅游地质景观的首要标志

旅游景观的诸多属性中，让人首先感知景观存在、感知景观的总体印象的是其形态，也就是景观造型。

在各种景观组合而成的广阔的大自然中，人们的旅游观赏，首先是以景观造型而感知景观、识别景观，获得美感。当色彩与景观形象配合时，景观造型就成为人们鉴赏景观的首要印象和标志，成为旅游景观观赏性的首要要素。

林柱状景观，以其特殊的、醒目的造型而成为吸引游人的旅游景观。林柱状旅游景观是按形态/景观造型划分的各类形态旅游景观中分布广、醒目、吸引力强的旅游景观。在林柱状旅游景观中，林柱状旅游地质景观是观赏性、科学性最为兼优的旅游景观。

宏伟山体、险峻峡谷，都为旅游地质景观造型。

形形色色的地质景观造型中，峰林峰丛及呈柱、呈林的林柱状地质景观，是较为稳定的溶蚀、淋蚀、侵蚀性外生地质作用发育的地域中，普遍存在的以景观造型为主要特征，观赏价值较高的旅游地质景观。

旅游地质景观造型是成景地质作用的综合效应，是成景条件、成景过程、成景产物的综合体。

景观造型因景观的基础成景作用与主导成景作用的环境条件、成景作用过程、景观保存环境稳定性的差异而有所差异。成景地层岩性特性往往决定景观的结构类型及其稳定性；成景构造系统特性往往决定景观的形态类型。景观结构往往从景观的表面形态特性而显示；景观形态类别常常从景观单体及群体的三维空间规模产状形态组合关系而显示。

与花岗岩类类似的较坚硬致密、相对均质的侵入岩岩石，其景观造型往往与其发育的构造裂隙系统关系密切，形成的景观造型比较稳定。新生代近代火山喷发成景作用的景观造型由喷发作用的类别而定。成层性、层次性清晰，层状互层状构造发育的沉积岩及其浅变质岩类景观造型复杂多样，景观造型稳定性也差异很大。

火山成景作用造型，呈现较稳定醒目的火山口、火山锥、熔岩平台、熔岩流、堰塞湖、火山弹等火山活动特征鲜明的景观造型。

碳酸盐类、碎屑岩类、玄武岩类等地质体都可形成成浑圆状或类峰林峰丛状山体造型。

碳酸盐类常常形成岩溶景观，当地层岩性相对质纯厚大时，景观造型表面常常相对平滑；地层岩性组合及结构构造复杂时，景观造型表面往往呈现凸凹不平粗糙状。成景岩石的岩性及节理裂隙发育差异，景观表面呈现溶沟蚀痕等溶蚀景象的明显差异。

内陆湖相碎屑岩类红色岩系，常常形成丹霞景观。当红色岩系交错层理发育时，多层次层理、交错层理和层间微节理裂隙共同制约丹霞景观表面往往形成龟纹状景观图案。

内陆湖相、河湖相成岩固结作用较差的碎屑岩类，往往形成形态复杂的景观造型，而且景观造型极不稳定。成景岩系的岩性、物质成分、结构构造的差异，导致蚀余沙体沙柱景观表面结构差异。在林柱体形成的淋蚀过程中，林柱体的表面形成含膏盐的泥质壳，保护林柱体的稳定性。

地质景观造型是地质景观旅游吸引力的重要因素，是观赏性旅游地质景观的观赏价值的极为重要的标志性特征。

因此，在旅游地质景观的研究中，景观造型是旅游地质景观分类的重要标志/原则。基于景观造型的旅游地质景观分类既容易操作、客观、直观，容易获得认同感，又有利于景观评价，还有助于旅游地开发中，地域景观特色的构建。

3.3.2 旅游地质景观的成景地质作用

3.3.2.1 成景地质作用

旅游地质景观形成的地质作用过程称为旅游地质景观成景地质作用，简称成景作用。一个地域中，地质景观的形成是漫长的多构造旋回产物的总和。从旅游地质的视觉出发，旅游地质景观的成景作用主要指现代地质景观的形成决定性阶段，亦即现代地质地貌格架现今地质景观的形成过程，特别是旅游地质景观造型的地质作用过程。

旅游地质景观成景地质作用要素主要包括：

(1) 成景基础因素：现今地质景观成景造型的基础地质环境要素。

(2) 成景作用因素：景观造型的营力及过程/事件要素。

(3) 成景的景观要素：景观造型的类别及其景观要素组合结构、稳定性要素。

3.3.2.2 景观基础成景作用

地质景观的基础成景作用主要指旅游地质景观、具旅游价值的地质体或地质现象（成景岩组）形成的最原始（基础）阶段的地质作用。例如，沉积岩类地层岩石的沉积-成岩作用过程，变质岩类的变质作用过程，岩浆岩类岩石及岩石单元的侵位或喷发作用过程；构造地质作用使岩层或岩体变形变质以及现今地质体地质形迹空间展布格局、地质环境条件的地质作用过程。旅游地质景观基础成景作用是形成旅游地质资源及旅游地质景观的地质构造基础，是形成旅游地质单元、旅游地质景观系列、旅游地质资源/景观类型的基础，是形成同一地域旅游地质资源/景观丰度与品质的基础条件。

旅游地质景观基础成景作用，是形成旅游地质单元的基础。例如，构成丹霞旅游地质景观单元基础的红色砂岩分布区，构成火山旅游地质景观单元基础的火山机构，构成线状旅游地质景观单元基础的强烈的构造挤压带。

3.3.2.3 景观主导成景作用

旅游地质景观主要是第四纪以来的或现今的地质-地貌的综合体，它是在基础成景作用形成的地质格局、地质体、地质景观、地质基础上的景观造型过程。旅游地质景观造型是在原生和后生或多种叠加地质作用综合过程的结果。旅游地质景观造型的诸多因素中，必然有某一阶段由某一作用起着主导的、决定性作用。因此，可以是一个或多个主导地质作用的产物。也就是说，要辩证地看到在漫长的地质历史中，不同的阶段有不同的成景主导地质作用，其并不是唯一的，是可变的。对旅游地质景观而言，旅游地质景观造型的主导地质作用时段就是旅游地质景观主导成景作用阶段，可以是十分漫长的地质历史过程中的瞬间景象，而且还处在不断演变的过程，还不是景观造型的终极结果。因此，处在地壳活跃时期和活跃地域的旅游地质景观，同一主导地质作用时段成景作用产物也可能还处在千变万化之中。

现今旅游地质景观，通常是在基础成景作用阶段后，叠加主导成景作用阶段而成景。例如，红色砂岩建造基础成景作用是形成丹霞旅游地质资源的成景基础，而红色砂岩受构造作用并抬升裸露地表剥蚀淋失作用则是丹霞旅游地质景观造型的主导成景作用。又如，巍峨的高山、深切的峡谷构成的名山大川旅游地质资源/景观，名山大川的组成岩石形成景观基础之后，断裂构造地质作用形成的构造格局，新构造运动和剥蚀侵蚀作用则是塑造其景观造型的主导成景作用。

部分旅游地质景观，其基础成景地质作用即为其主导成景作用，基础成景地质作用即形成旅游地质景观的造型。如近代火山喷溢作用形成的火山旅游地质景观成景作用即属此类。现今地质景观往往是基础成景作用和主导成景作用的耦合体。诸如，强烈的、年轻的新构造运动造山带地质地貌景观，年轻的火山活动形成的地质地貌景观。

中国西南边陲横断山系，金沙江、澜沧江、怒江三江旅游地质景观带就是以特提斯构造作用、印度板块碰撞挤压欧亚板块为基础，以喜马拉雅运动为主导成景作用时期形成的南北向条带状“三江并流带”旅游地质景观。著名的中国东北部五大连池旅游地质景观，西南部云南腾冲火山热海旅游地质景观则是由近代火山喷溢作用为基础成景作用的产物。其基础成景作用与主导成景作用是耦合的。

在基础成景作用形成的原始地质体的基础上，经过后期复合地质作用过程，旅游地质景观主导成景作用产物即为现今人们见到的自然景物、景象。

3.3.3 旅游地质景观的景观造型类别

地质景观往往受地层岩性及地质构造制约，呈现不同岩类的不同景观造型。如碳酸盐类的岩溶景观，红色砂岩岩系的丹霞景观，黄土高原的黄土林景观。

然而，有一些景观造型却不受岩类的制约。如峡谷景观、一线天景观；柱状景观、林柱状景观；河流的曲流、大拐弯景观；海岸的海蚀景观；山体群落的峰林峰丛景观。

不同成因的相似造型景观往往具有相似的观赏效果、旅游价值。

以景观的三维空间特征，典型性旅游地质景观造型可划分为块状体、条状体、柱状体、管状体等。

（1）块体状/斑块状/近等轴状旅游地质景观：侵入体（岩基、岩株）；火山机构（火山口、火山锥、火山及其周边火山岩、火山口湖）；断块山；断陷湖盆；构造穷窿、洼地。

（2）条状/板条状旅游地质景观：

1）地质构造景观：断裂带；断裂群、构造岩带、构造崖/谷地；线状褶皱带；直立岩层带；岩脉矿脉。

2）地质地貌景观：条状山地、脊状山地；峡谷；河谷谷地；地缝；海蚀崖；海岸/海滨沙滩；冰川、冰川谷地、冰川刃脊等。

（3）柱状（以垂向延伸为主）旅游地质景观：峰丛、峰林、孤峰、林柱体、冰川雪山角峰、天坑。

（4）管状（以水平延伸为主）旅游地质景观：滚筒状、卷筒状构造、岩溶洞穴、溶洞、海蚀洞穴。

（5）面状旅游地质景观：水域、山原、高原、平原、草原草地、沙漠。

（6）峰石奇景景观：奇峰、怪石。

3.3.4 林柱状旅游地质景观

不同成因的地质景观，从其旅游价值而言，同类形态的地质景观具有极其相似的观赏价值；从大众旅游、观赏旅游的角度，地质景观形态特别被旅游者注目，相同形态类型的地质景观常具有相似的观赏效果。地质景观中林柱状景观是一类广泛分布、形态相似、观赏价值相似，单体呈柱、总体呈林的林柱状旅游地质景观。例如碳酸盐类溶蚀而成的石林景观，红色砂岩类侵蚀、蚀余而成的丹霞柱体，石英砂岩类侵蚀、蚀余而成的石英砂岩峰林景观，胶结疏松的沉积岩淋蚀而成的土林景观，都具有柱状、林状景观特征的观赏价值。因此，杨世瑜提出了林柱状地质景观的概念用来概括具林柱状形象的地质景观，将单体呈柱、整体呈林柱状的地质景观称为林柱状地质景观，是一类极具观赏价值的旅游地质景观。

3.3.4.1 林柱状地质景观成景条件

（1）岩性：相对稳定均质的地质体。

（2）构造：缓倾斜或近水平地层岩性，格状、棋盘格状菱形格状断裂节理裂隙系统，垂直结构面，地壳缓慢上升相对稳定单元。

（3）主导成景地质作用：天水或地表水沿垂直节理裂隙系统侵蚀、溶蚀、淋蚀。

3.3.4.2 林柱状地质景观主要造型类别

（1）密集高大林柱群：1）碳酸盐类：云南昆明石林岩溶林柱群；2）石英砂岩类：张家界武陵源侵蚀林柱群；3）松散岩类：云南元谋土林淋蚀林柱景观。

（2）稀疏林柱：花岗岩石林、玄武岩石林、丹霞石柱景观。

（3）低矮林柱：海岸海蚀林柱、沙漠风蚀林柱。

（4）孤柱：丹霞孤柱，广东丹霞山阳元石、云南玉龙黎明擎天柱。

3.3.4.3 林柱状旅游地质景观普遍性

林柱状旅游地质景观按形态又可细分为笋状、剑状、针状、塔状、蘑菇状、峰林状、峰丛状及其组合形态；按其成景岩类又可分为石林、土林、沙林。林柱状地质景观可成单体呈现，也可呈群体，成规模宏大的峰林峰丛景观；可由岩溶作用、侵蚀作用、淋蚀作用、风蚀作用形成。

世界上有许多著名的旅游景观就是林柱状地质景观（图 3.3.1）。中国云南昆明石林岩溶型碳酸盐类岩石林柱状景观；湖南张家界石英砂岩林柱状景观；澳大利亚岩塔沙漠林柱状景观；美国科罗拉多大峡谷中的林柱景观；美国布赖斯峡谷呈红、淡红、黄等色彩的石塔石柱景观；美国怀俄明的火山熔岩型魔鬼塔景观；土耳其格雷梅火山岩林柱状景观。

中国的许多风景名胜区、旅游景区有以林柱状地质景观为主体的，也有含林柱状地质景观的。云南昆明石林、湖南张家界、云南元谋土林为规模宏大、相对密集的林柱状地质景观。四川兴文、浙江淳安、福建永安鳞隐、湖北宜昌、重庆市万盛、湖南龙山洛塔、海南仙安、贵州兴义万峰、桂林阳朔地质景观域为岩溶石林/峰林地质景观。广东丹霞山、广西资源、福建大金湖、江西龙虎山、安徽齐云山、云南玉龙黎明、河南云台山、湖南郴州飞天山等丹霞地质景观域都含有林柱状景观。安徽黄山、河北秦皇岛柳江、内蒙古克什克腾、黑龙江伊春市汤旺河、江西三清山花岗岩地质景观域含有花岗岩林柱状地质景观。安徽八公山、河北涞源白石山、山东枣庄熊耳山地质景观域含有岩溶型林柱状地质景观。云南元谋土林、陆良沙林、元江膏林、西藏阿里扎达土林、黄土高原黄土柱地质景观域淋蚀型林柱状地质景观。

3.3.4.4 林柱状旅游地质景观造型的地层岩性制约性

断裂构造带与地层岩性耦合控制林柱状地质景观的发育空间。成景岩性差异、节理裂隙系统差异与侵蚀淋蚀作用差异的综合机理，塑造了特色各异的林柱状林柱体造型。

图 3.3.1 林柱状旅游地质景观示例

（a）湖南张家界石英砂岩峰林；（b）昆明石林岩溶峰林；（c）重庆万盛岩溶石林；
（d）贵州兴义万峰林岩溶峰林；（e）广西桂林岩溶峰林；（f）云南元谋土林；
（g）西藏阿里扎达土林；（h）云南丽江黎明丹霞柱

林柱状旅游地质景观造型的最大特征是柱体的形态、柱体的顶尖以及其组合结构。地层岩性或构造的差异，制约柱体造型（图 3.3.2)。

(a)

(b)

(c)

图 3.3.2 受岩性层理制约的柱体顶部造型

(a) 昆明石林；(b) 云南元谋土林；(c) 云南陆良沙林

较均质厚大的碳酸盐林柱状柱体尖端造型往往呈尖顶状，如昆明石林剑状林柱。

相对松散、垂向岩性及结构变化的含砾砂泥质林柱状柱体造型通常分为两类。一是质地均匀较细的砂泥质柱体常常呈尖顶状，整个柱体呈尖锥体；二是质地变化大的含砾石、砂砾岩类柱体当地表岩性为砂砾岩或含铁质风化壳时，柱体尖顶常常呈平顶状，整个柱体垂向变化较大，呈塔状、城堡状；当地表有较好的盘根错节的植被时，则常常在柱体顶部呈具有“保护伞”的柱体；颗粒粗细或成分、色调呈厚层至块状互层状成景岩系，平缓的互层与垂直的节理裂隙系统的配置，构成了城堡式、堡垒式、碉堡式层次清晰/刚柔并蓄的景观。

3.3.4.5 柱状节理制约的柱状景观

柱状节理构造制约的柱状景观多见于厚层状基性熔岩中，规则的多边形长柱体、柱体断面多种形状，柱体上部断面多略小于下部断面，多为六边形柱体，柱体垂直熔岩层面——冷却面。

柱状节理景观多见于熔浆均匀缓慢冷却收缩形成。熔岩台地岩石风化侵蚀作用，柱状节理形成的柱状景观往往具有极佳的观赏价值。如北爱尔兰柱状节理形成玄武岩柱体的“巨人堤”景观，山东旺村玄武岩柱状体景观，浙江东新昌玄武岩柱状体景观。

3.3.5 线状旅游地质景观

与直立的林柱状地质景观不同，有醒目的、在地面上呈线状延伸的，峡谷、一线天、地缝、曲流、大拐弯等不受地层岩性制约、特色鲜明的旅游地质景观。

3.3.5.1 峡谷·一线天·地缝旅游地质景观

峡谷，特别是深切的岸壁陡峭的峡谷；有的峡谷、箐沟呈观天犹如一条线的“一线天”；有的陡峭的箐沟、峡谷呈狭窄深幽的“地缝”。它们往往不受岩石类别的制约，主要受稳定下切的侵蚀作用的制约。

A 峡谷景观

峡谷是由于新构造运动抬升过程中，河流不断底蚀下切或冰川不断向下刨蚀，形成两岸山势陡峭、狭窄且深的谷地——峡谷景观。峡谷两岸山势陡峻，中间狭窄且深的线状沟谷或河道，狭谷、宽谷可交替出现。在线性断裂构造发育的山地河段，峡谷发育多见，按其横断面形态，呈现V形谷、U-V套谷、嶂谷、“一线天”多种型式。

（1）V型谷：谷坡陡峻，山谷断面呈V形的河谷。在构造抬升速率较大，河岸岩性较坚硬的山地常见，如怒江大峡谷、雅鲁藏布江大峡谷、长江三峡。谷坡由坚硬岩石组成，并且地面抬升速度与河流下切作用协调一致时，易形成V形谷，如澜沧江峡谷、怒江峡谷、黄河龙门峡、四川大渡河金口大峡谷、太鲁阁峡谷。若两岸岩性软硬不一时，常形成不对称V形谷，如怒江峡谷六库段。长江三峡西起奉节白帝城，东至宜昌南津关，由西陵峡、巫峡、瞿塘峡组成，全长200多公里，河谷深切、两岸山峰秀丽。

（2）U形谷：峡谷断面呈U形，壁陡而谷底较宽。

（3）U-V套谷：峡谷的上部呈U形，下部呈V形的U-V复合套谷。是在冰川U形谷的基础上，在谷底底部叠加河流下切作用，在峡谷横断面上呈现上部为U形冰川刨蚀谷，下部为V形河流侵蚀谷，显示了地壳抬升，谷底下切过程中，峡谷景观成景作用的复杂过程和继承性叠加成景作用。如金沙江虎跳峡峡谷、雅鲁藏布江大拐弯峡谷是典型U-V套谷旅游景观。

（4）嶂谷：谷坡陡直，深度远大于宽度的深而窄的峡谷。新构造运动强烈抬升，垂直节理发育、地表水持续侵蚀下切的山区河段易于形成。如香格里拉翁水峡谷，怒江双腊瓦底嶂谷。

B　一线天 · 地缝景观

峡谷，特别是深切的岸壁陡峭的峡谷，峡谷两侧山体悬崖峭壁如刀削陡峭、幽深而窄长，谷底抬头观天犹如一条线的“一线天”狭缝；陡峭的箐沟、峡谷呈狭窄深幽时（又称“地缝”）。一线天、地缝往往不受岩石类别的制约，多沿构造线稳定下切的侵蚀作用所制约。

一线天景观众多，如桂北-湘南地区资江-八角寨丹霞一线天群，河北野山坡百里峡谷，福建永安桃花洞、天姥山，安徽九华山、黄山，北京云蒙山，广东西樵山。

福建永安桃源洞“一线天”，长 120m，高 30~40m，规模巨大，险峻、深邃，两侧岩壁像刀削剑劈一样。峡内最窄处仅容一人通过。

北京云蒙山“一线天”、九华山天柱峰“一线天”、苍岩山“一线天”等不胜枚举。地缝，如湖北恩施地缝、重庆奉节天井峡地缝。

C　著名峡谷旅游地质景观

地球上峡谷众多，著名的大峡谷如：雅鲁藏布大峡谷，科罗拉多大峡谷，怒江大峡谷，金沙江虎跳峡峡谷，秘鲁科尔卡峡谷，尼泊尔卡利甘代克峡谷，玻利维亚皮拉亚峡谷。

3.3.5.2　曲流、大拐弯旅游地质景观

曲流、大拐弯都是河流河道大角度转弯，乃至拐弯改变流向而逆向流淌。

大拐弯是区域性构造变异制约下的河流大拐弯，拐弯相对单一，常显示宏伟气势。

曲流是地段性、局限性河道环境地质变异、河道于二急流河段间相对缓流的河段；海滨、湖滨草地，草场草地及草原连续蛇曲状拐弯曲流。常显示优雅宁静的态势。

思 考 题

3-1　从旅游地质文化的视角是否可把释义性旅游地质文化理解为从地质基础知识诠释旅游地的地质品质及内涵。

3-2　结合你的旅游经历及释义性旅游地质文化，选择一依旅游地地质景象引伸地质景象的成景地质作用，通过旅游地质文化诠释地质景象/地球生命过程。

4 观赏性旅游地质景观文化

4.1 地质景观与旅游地质文化

4.1.1 地质景观观赏性地质文化

4.1.1.1 地质景观观赏性

地壳是地球发展的地史画卷，地球演化/地球运动的记录。地壳运动的地应力使组成地壳的地质体变形、褶皱、断裂、位移。将地壳划分为不同块（如板块）、不同的地质构造单元/构造域、不同的地质景观。地壳结构具有时空域的概念，即具有不同部位地质构造单元/空间域/空间尺度，地壳演化的不同地质旋回/构造层的时间域/时间尺度。地质构造域/单元具有时空域/时空尺度。

地壳的同一地域中，由时间域和空间域的耦合，物质、物态、地层岩石、地质构造形迹等显现特定地域的特定地质景观。这些特定的地质景观组成了具有不同观赏价值的旅游地质景观域/旅游地。

由于地质体时间域和空间域的耦合，晚期地质单元可以包容早期地质单元，早期地质块体/单元可因地应力的抬升/挤压/推覆而穿插/叠置于晚期地质块体/单元间，构成时空域耦合的地质景观单元耦合关联的观赏性。

地质景观单元的耦合关联造就了旅游地质景观地域单元的地域特有性、特色性，乃至一些地质景观的地域唯一性、罕见性。造就了地质景观内涵的丰厚性，造就了旅游地质景观单元差异性、观赏及科考旅游价值的特色性、旅游地质景观的观赏性。

4.1.1.2 观赏性旅游地质文化

地质景观作为旅游景观综合体的重要组成，形成了相应的旅游地质景观文化。

旅游地质景观是人类生存的地质环境中客观存在的综合体，旅游地质景观文化是对景观的内涵或外延及其审美认知的表述。

观赏性旅游地质景观是内生地质作用、造山作用与外生地质作用的综合景观造型作用产物。

地质景观的自然性、普遍性、优美性，既是人类生存的生态环境组成，也是人类文明、人文景观构建的重要源泉。景观孕育文化，借景抒情，成就景观文化。观赏性旅游地质文化是人类文明的重要组成内容。

地质景观的纪实性、释义性文化，记述和解释地质景观的属性和内涵，观赏性旅游地质文化着重从地质景观的形体来赏析地质景观，通过观赏性与景观性的关联、与地域地质环境的关联赏析山水景观、石体与石景，形成观赏性地质文化。

以地质景观形体——山水而滋生的山水文化、地质景观文化；以“石”——地球表面、人类生存环境中存在的物质、景观，石体石景衍生了地质景观观赏文化，也衍生了大量的就石而生的石体石景观赏文化。通过地质景观的观赏而产生的山水文化、石体石景文化是人类对地体感受的最原始、最丰富、最具美感的地体文化淀积，是最直观最富观赏性的旅游地质文化。

4.1.2 地质景观衍生旅游地质文化

4.1.2.1 基于地质景观属性的旅游地质文化

从地质作用产物与旅游景观的角度而言，地质景观是地质地貌的共拥体，二者是具不可分割性的旅游景观实体。旅游地质景观具有一定的地质实体及地质景象；具有一定形体；具有一定的/独立属性的单元；具有一定的观赏价值，科考价值；是具有旅游价值的地质单元。

地质遗迹、地质形迹、地质景观、人类生存的生态地质环境，是人类共同拥有的财富，地质体地质景观成为人类观赏探索地球的内容最丰富、内涵最神秘的最基本的对象。与此同时，也形成了丰富多彩的地质文化。

地球演化史、地质构造形迹决定了地质景观属性。地质景观的旅游资源属性构成了旅游地质景观的最基本特征和属性，也构成了基于属性特征的旅游地质文化。

旅游地质景观的最基本属性是观赏性和科学性。从旅游的角度，旅游地质景观的科学性主要是通过对景观的观赏而获取，也可以说科学性寓于旅游地质景观的地域性、观赏性、异质性、层次性、变异性、综合性、兼容性等诸多属性中，具有相应的旅游地质文化特征。

A 旅游地质景观时空展布地域性造就地域性旅游地质文化

景观具有一定空间展布的地域，旅游地质景观总是依附于一定的景观域（景域）。

特定的地域性旅游地质景观具有旅游景观的不可移置性，形成了旅游地质景观的极强吸引力和景观“垄断性”的旅游地质文化。

旅游地质景观地域的空间性和地域的特殊性，地域性的地质景观特征，构成了旅游景观的特色旅游地质文化。

受特定的地域生态地质环境制约，旅游地质景观带有强烈的地域特色。如中国南方与北方、东部与西部区域地质环境的差异，造就了迥然不同的旅游地质景观及自然旅游景观的地域性特色。山水旅游景观在北方浑厚，而在南方山清水秀；北方茫茫草原，雪山冰川，而南方水域连绵、青山绿水。

地域性制约因素使同类地质景观在不同地域呈现特色差异旅游地质景观。由碳酸盐类地层岩溶作用构成的旅游地质景观，只有在南方温湿气候环境下的滇黔桂岩溶发育区，才形成峰林峰丛景观优美、岩溶洞穴景观多姿多态，景色奇秀。

同类旅游地质景观在不同地域的旅游价值差异，往往在不同地域形成不同效应的旅游地质文化。

B 旅游地质景观的景物、景象观赏性造就观赏性旅游地质文化

地质体景物、景象的可观赏性是旅游地质景观的最基本的、最特有的特性。旅游地质景观的观赏特性使旅游者能得到的观赏愉悦和观赏的领悟程度决定了旅游地质景观的

价值。

地球活动导致地壳演化的沧海桑田演变，造山运动导致的地质地貌的复杂多变，地层岩性矿物岩石的规律展布，形成多姿多态的山河原野图案。矿物岩石及其风化作用产物导致残坡积物、土壤特征差异，加之依附于地质环境条件的植被，使地质景观绚丽缤纷，构成了旅游地质景观从景观造型、景观色彩到景观内涵的观赏性，具有鲜明的美学观赏特征的观赏性。

旅游地质景观具有的美学特征，如地质景观的形象之秀丽，色彩之绚丽、结构之协调自然，造型之奇异，能给人以审美的愉悦，能通过对旅游景观的观赏得到美的享受，使人通过景观美的观赏起到美化心灵、启迪思维、陶冶情操的旅游地质文化效应。

旅游地质景观的美学特征是地质景观观赏性的决定因素，美学特征越浓郁越突出，观赏性越强，知名度越高，品牌效应越好，旅游吸引功能越强，旅游效益功能越好。

C 旅游地质景观单元异质性与多样性造就多样性旅游地质文化

由地质体的物质、矿物岩石、结构构造的地域性决定了旅游地质景观单元的异质性。而异质性的存在，构成了旅游地质景观类型及其观赏价值的多样性。旅游景观中地质体、景象或景观单元的均匀程度、景观结构复杂程度所体现的异质性是旅游地质景观的重要特征。

地质地貌景观中峡谷山地与平原景观、海洋与陆地景观、江湖与雪山冰川景观类型具有天壤之别。景观域中以生态地质环境为制约因素，地质地貌的不同类型，生物多样性，植被多样性，人文活动叠加或人文景观的多样性，它们构成了景观的多样性，增添了旅游地质景观的多样性。

D 旅游地质景观结构层次性造就层次性旅游地质文化

地质构造的构造级次、序次，系列的明显性、规律性，构造期次、阶段形迹的时空性，地质体矿物岩石组合的地层岩性单元序列，使地质体地质构造、景观结构具特有的层次属性。特定的地质景观层次性蕴含了层次性的旅游地质文化。

E 旅游地质景观稳定性与变异性造就变异性旅游地质文化

地质作用的过程，除了短暂的、强烈的突变型地质事件过程外，通常地质演变是缓慢的、漫长的，大多数地质构造是相对稳定的。在地球历史中，与人类生存的短暂历史阶段相比，地质景观主体是稳定的。但在地质构造活跃的局限性地段，脆弱性的旅游地质景观则显出程度不等的变异性。

全球性气候变化影响雪山冰川景观呈现雪线上升、冰川退缩的现象。区域性地壳抬升，山地夷平、河谷深切，峰林峰丛景观不断演化；泥沙质成分组成的岩层/堆积物受淋蚀作用形成的林柱状地质景观造型易于变异，乃至坍塌消亡。

在海侵作用的持续下，21 世纪初，澳大利亚南部海岸的著名风景区 12 门徒石柱中的一条高 45m 的石柱突然坍塌，坠入印度洋中。12 门徒石柱的 9 条，如今只剩 8 条（见图 4.1.1）。

位于菲律宾保和岛中部卡门附近巧克力山，为 1268 个高 40~120m 浑圆状山顶的峰林状圆锥形小山丘群。雨季时山草丛生色彩呈翠绿，而炎热的 2 至 5 月份的旱季里，山草晒干变成褐色“干草堆”，俯看群山酷似咖啡色巧克力堆（图 4.1.2）。

图 4.1.1 12门徒石柱坍塌前后景观对比

图 4.1.2 菲律宾卡门巧克力山

F 旅游地质景观综合性与兼容性造就综合性旅游地质文化

旅游地质景观是景观域中各种旅游景观要素的综合体，多样性的旅游地质景观要素在同一景观域的综合呈现、相互关联，成景地质作用因素的相互融合。旅游地质景观中的景物/景象是该景域中诸景观组成因素的溶融总和。不同的旅游地质景观类型或不同成景地质作用的景观类型在景观域中互相兼容存在，呈现旅游地质景观类型兼容性。

景观域中景观要素的综合性和兼容性共存是旅游地质景观的特性。景观类型的包容性和叠加性使旅游景观层次、类型多样化，蕴含了深厚的旅游地质文化源泉。

4.1.2.2 地质景观衍生旅游地质景观文化

源于旅游地质景观而产生的旅游地质景观文化，通过旅游地质景观文化传播旅游地质景观之美，构成地质体地质景观旅游地的吸引力、感染力，以此而吸引游客。通过旅游景观美对观赏者的心灵震撼，营造与旅游地质景观协调的人文旅游景观文化，形成地质-自然-人文复合旅游景观。在生态地质环境景观中增添了与景观环境相协调的地域文化、民族文化，增强了旅游景观的特色旅游文化。许多名山大川旅游景观就具有这样的复合旅游景观文化。如桂林山水、江南水乡、北国风光。

名山大川、旅游地质景观，既是旅游观光的游览地，也是旅游地质景观文化之源。优美奇异的旅游地质景观不仅形成旅游地质景观文化，如游记、摄影作品、影视作品。且以旅游地质景观为样本、原型，在生活环境中塑造诸多的人文景观，如园林中的石景。

我国古代的文学作品至现代文学艺术都有丰富的旅游景观文化。代表性的如《诗经》、《山海经》、《史记》、《大唐西域记》、《水经注》、《入蜀记》、《梦溪笔谈》、《西游记》、《瀛涯揽胜》、《徐霞客游记》、《桃花源记》、《永州八集》、《游峨眉山记》、《游黄山记》、《登泰山记》、《游禄山记》。

流传甚广的唐诗宋词中，多有旅游地质景观激发催生的情景交融、扣人心弦的诗词。如李白《望庐山瀑布》。

中国的四大名著中，多有以地质景观自然景观为题材的情景，多有以石为题材的内容。如就“顽石”引出的石头记，就水泊梁山演绎的水浒传，就崇山峻岭历经艰险的西游记，就大好山河演绎的三国演义。四大名著中的许多自然景观的原型或相仿的景观成为游客关注的旅游景观文化。

4.1.2.3 地质景观文化衍生旅游地质景观文化

近代的主题公园建设中，有许多山水景观主题公园将大自然中优美的旅游地质景观浓缩移植仿造于公园之中。如 1989 年深圳华侨城兴建的“锦绣中华”园，展示了中国知名的旅游景观，其中有敦煌莫高窟、乐山大佛、石林、黄山、泰山、长江三峡、漓江、西湖、黄果树瀑布。湖北宜昌的“长江三峡微缩集锦”。

近代的影视作品中，常常借各类地质景观作实景渲染烘托剧情艺术效果。相应的地质景观也因影视借景而提高其知名度。如电影《阿诗玛》中借景昆明石林岩溶峰林景观的“阿诗玛”石柱，成为石林旅游景区倍受游客垂青的旅游景观。

4.1.3 地质环境衍生旅游地质景观文化

4.1.3.1 生态地质环境衍生地域地质文化

不同地域千差万别的地质环境条件，造就了不同地域基于地域特色生态地质环境条件的特有的、独特的旅游地质景观文化。地质地貌环境条件与自然条件的组合，造成人类生存环境的差别，形成不同特色的地域文化、民族文化。特定生态地质环境中地质景观与人文景观的融合，造就了由生态地质环境所衍生的地域旅游地质文化：

(1) 雪山冰川旅游地质景观地域的雪域文化。

(2) 江河深切、岭谷陡峭峡谷旅游地质景观的峡谷文化。

(3) 江河突跌的瀑布文化，蜿蜒漫流的曲流文化。

(4) 火山喷溢、火山机构旅游地质景观的火山景观文化。

(5) 温泉、热泉涌溢喷气温泉旅游地质景观的温泉文化。

(6) 陆地与海洋接壤地带的海岸景观文化、海岛文化、沙滩文化。

(7) 茫茫沙漠的风蚀景观文化、雅丹文化、沙文化。

(8) 广阔高原、平原、草原的原野文化。

(9) 侵蚀山地侵蚀旅游地质景观的山水文化、丹霞文化、峰丛景观文化、湖盆文化、湿地文化。

(10) 碳酸盐地层岩溶作用岩溶旅游地质景观的峰林峰丛景观文化、岩溶洞穴文化、石林文化、天坑文化。

4.1.3.2 生态地质景观环境变异文化

地质构造的多旋回性，造就了不同地质构造时期、不同地质构造类型的地质形迹的地质遗迹景观。一个个不同地质构造旋回的地质景观系列、一簇簇同一地质作用形成的地质景观系列，这些地质构造形迹组合成显示地球演化地质发展史的地史画卷、地球海陆变迁的沧桑演变文化。

在数亿年或数千万年的地史画卷上，继承性第四纪新构造运动、活动性构造叠覆的地质作用景象展现了现代地球生命活力的生态地质环境变异景观文化：

（1）活火山及间歇性火山喷溢景观。

（2）地热及温泉景观。

（3）山体分裂、河流改道、地面沉降、河湖干涸地体变异景观。

（4）崩塌滑坡泥石流景观。

（5）地震地质景观。

（6）江河入海口陆地增生景观。

（7）海洋潮汐拍岸景观。

4.2 山水景观文化

4.2.1 源自地质体的山水景观文化

人类生存繁衍的陆地上，山地起伏，江河流淌，构成大自然山水相伴相依的山水景观。它不仅是人类生态地质环境所依，也是人类文明的所依。人类从山水中获取生活所需，也从山水中认识自然，领悟知识，创造文化。“山水”中山泛指大地，水泛指水域；“山水文化”泛指有关山水的文化，描绘大自然/山水的文化，借山水以抒情的文化。

山水文化始于人类观赏大好河山，从大自然的美好景色触景生情所积淀的文化。大自然的山水之美是客观存在的自然景观，但观赏者不同的审美视觉、不同的文化、不同的经历、不同的体验、不同的素养、不同的情怀，可衍生出万种风韵、意蕴万千的山水诗歌、山水书画、山水游记等山水文化。

中国的历代文学作品中，淀积了丰富的山水文化。魏晋南北朝、唐宋时期是山水文化极为繁盛的时期，如陶渊明、张九龄、孟浩然、王维、李白、杜甫、柳宗元等人的山水文化作品。其后，山水文化得到了不断地丰富、发展、繁荣。而且，山水文化从书画扩展到园林文化、庭院文化中、扩展到建筑、雕塑、陶瓷工艺品等广阔的领域中，成为现今珍贵的文化遗产。许多优美的山水景观之地，自然景观得到珍惜保护，其间创建了与之相融的人文景观。自然景观与人文景观的交融，许多山水景观成为名山名水，成为旅游胜地，成为现今的自然遗产、自然遗产与文化遗产的双遗产，成为国内外众所瞩目的风景名胜区、旅游景区。

从山水之基底依托地质体而言，山水文化可视为地质文化。从山水文化源于游览观赏，又由旅游而得传播，山水文化又是旅游文化。如《桂林山水》、《徐霞客游记》。因此，山水文化也是旅游地质文化。

（1）《徐霞客游记》。明代地理学家、旅行家徐霞客（1586~1641），遍游名山大川，足迹遍及今日的江苏、浙江、山东、河北、山西、陕西、河南、安徽、江西、福建、广东、广西、湖南、湖北、贵州、云南等地，30 年考察涉及各地的地理、地质、水文、植物、人文等，对岩溶独有研究。后人将其游记整理成的科学与文学融合的《徐霞客游记》，为珍贵的科考旅游文化。

（2）桂林山水。谈论山水文化，桂林山水就是山水文化中典型山水景观。桂林山水以山清水秀的峰林峰丛和溶洞岩溶景观为特色；山，拔地而起，水，蜿蜒流淌，石奇洞幽景美；加之浓郁的人文景观山水文化，享有“桂林山水甲天下”的美誉。

（3）昆明大观楼长联

“触景生情”，由景观观赏而激发人的灵感，产生极其优秀的艺术创作，古今中外皆有之。地质景观为基础的山水赏析而涌发佳作的山水文化亦是如此。昆明大观楼长联就是代表性的山水文化。

乾隆年间名士孙髯翁登滇池湖畔大观楼楼阁上，有感而作的 180 字大观楼长联，上联写滇池风物，下联记云南历史，被世代流传称颂。长联为：

五百里滇池奔来眼底，披襟岸帻，喜茫茫空阔无边。看：东骧神骏，西翥灵仪，北走蜿蜒，南翔缟素。高人韵士何妨选胜登临。趁蟹屿螺洲，梳裹就风鬟雾鬓；更苹天苇地，点缀些翠羽丹霞，莫辜负：四围香稻，万顷晴沙，九夏芙蓉，三春杨柳。

数千年往事注到心头，把酒凌虚，叹滚滚英雄谁在？想：汉习楼船，唐标铁柱，宋挥玉斧，元跨革囊。伟烈丰功费尽移山心力。尽珠帘画栋，卷不及暮雨朝云；便断碣残碑，都付与苍烟落照。只赢得：几杵疏钟，半江渔火，两行秋雁，一枕清霜。

4.2.2 地质景观名山名水文化

4.2.2.1 名山旅游地质景观

“名山”是指人类活动中人类文明与地质体、山体融合的人文-地质形迹。显示了人类喜好自然、融于自然，借助地质体抒发情感、记载历史，人类与自然和谐的人类文明。

在众多地质名山中，许多都是具有旅游功能的旅游地质景观。就山体岩石类型而言，岩浆作用的花岗岩类名山如我国安徽黄山、陕西华山，安徽九华山、南岳衡山、浙江雁荡山（流纹岩）、普陀山等。超变质作用形成的岩石山岳地貌景观如山东泰山、崂山，安徽天柱山等。球形风化的花岗岩地貌景观，如海南的天涯海角、南天一柱、东南沿海花岗岩丘陵以及辽宁千山的“无根石”。

现今列入世界自然遗产、文化遗产、自然文化遗产或世界地质公园的地质体、山体，正逐渐崛起成为地质名山，地质体旅游地，如中国南方喀斯特、中国丹霞的地质山体及地质景观。

A 喜马拉雅山

喜马拉雅山

位于青藏高原南侧的喜马拉雅山脉是宽 200~300km、长 2400km、海拔超 6000m、由高峰林立的平行山脉群组成的宏大弧形山脉。包括 40 多座海拔高逾 7000m、终年积雪的山峰。喜马拉雅山是印度板块和欧亚板块碰撞的年轻造山带，是地质构造复杂、活动性构造发育、侵蚀作用强烈、地质地貌景观多样的地质景观带。其主峰珠穆朗玛峰是世界最高峰。山体伟岸肃穆神秘，是对世界登山者们最具吸引力的地方，也是科考旅游者最具挑战性的旅游地。

珠穆朗玛峰

喜马拉雅山主峰珠穆朗玛峰位于中国和尼泊尔接壤的喜马拉雅山脉之上，简称珠峰，又称圣母峰，尼泊尔称为萨加玛塔峰，也称为“埃非勒斯峰”。终年积雪，海拔高8844.43m，为世界第一高峰。珠峰山体呈巨型金字塔状，威武雄壮，地形险峻（图4.2.1）。

图 4.2.1 金字塔状珠峰山体

南迦巴瓦峰

主峰高7782m，棱角分明的三角形峰顶，雅鲁藏布江绕雪峰呈马蹄形大拐弯，从谷底到峰顶呈现热带到极高山冰雪的气候和生物生态分带，被称为通天之路，神灵居所圣地。

雅鲁藏布江

发源于喜马拉雅山中段北麓杰马央宗冰川，长2057km，是世界海拔最高的大河。雅鲁藏布江沿板块缝合线、自古生代末期以来长期活动的、规模宏大的雅鲁藏布江深断裂带发育。

雅鲁藏布大峡谷

雅鲁藏布江流至藏东南，围绕海拔7782m的南迦巴瓦峰作马蹄形大拐弯、下切深达5138m的大峡谷。

尼泊尔萨加玛塔国家公园

萨加玛塔国家公园（Sagarmatha National Park）位于尼泊尔加德满都东北的索洛昆布地区，珠穆朗玛峰南坡。国家公园遍布形态各异的冰川、河流和山脉以及稀有的动植物物种。除珠穆朗玛峰外，还有海拔7000m以上的山峰6座。公园入口处海拔仅2805m，气候宜人；周边群山气势雄伟、山上积雪终年不化；从下到珠穆朗玛峰顶构成层次分明完整的生态系统；麝鹿、雪豹、小熊猫及鸟类，动物品种多达118种。萨加玛塔是印度板块与欧亚板块碰撞隆起最高的地区，是世界地学界和登山爱好者最感兴趣的地区之一，是知名旅游胜地。

B 阿尔卑斯山

欧洲最高山，多瑙河、莱茵河发源地。横跨奥地利、斯洛文尼亚、列文敦士登、法国、瑞士、德国、意大利。西起法国东部，东至奥地利维也纳，山脉呈弧形长1200km，平均海拔3000m，最高峰勃朗峰海拔4810m，山峰延绵起伏，山巅白雪皑皑。

从中生代至新生代经历地壳塑性变形的过程。阿尔卑斯造山运动及阿尔卑斯推覆构造使阿尔卑斯山成为喀尔巴阡山脉、亚平宁山脉、比利牛斯山脉的交汇点，是群山中最高最雄伟的山峰。

阿尔卑斯山是新生代构造运动阿尔卑斯运动、喜马拉雅运动的典型代表，是年轻的褶皱山脉，是欧洲许多著名河流的发源地。

阿尔卑斯为著名的冬季旅游胜地，勃朗峰是阿尔卑斯最大的旅游中心。

C 安第斯山

安第斯山纵贯南美大陆西部的委内瑞拉、哥伦比亚、厄尔多瓜、秘鲁、玻利维亚、智利、阿根廷。全长9000km，世界最长山脉。有许多海拔6000m以上终年积雪的山峰。最高峰阿空加瓜山海拔6959m，是世界最高死火山；安第斯山有40多座活火山，尤耶亚科火山高6723m，是世界最高的活火山。

安第斯山脉断续分布数千千米的中央地堑构造；巨型铜矿床采矿深度达1200m。

安第斯山是古老悠久的美洲印第安文化发祥地之一。

D 埃特纳火山

位于意大利、地中海最大岛屿西西里岛，欧洲最大、最高、最活跃的活火山。其常年喷烟吐火的危险区，仍吸引大批游客。

火山周长150km，海拔3340m；下部巨大盾型火山，上部为300m高的火山渣锥，火山锥体积至少有350km^3。主火山口周围有200多个小火山锥。文献记载可追溯至公元前475年。距今2400多年间，喷发200多次，是地球上记载的喷发最悠久的火山之一。

1669年喷发持续4个月，喷发量达$7.8\times10^8m^2$；1979年喷发熔岩流长达13km，宽1km；1980年夜间喷发烟柱高达千米；2002年10月28日大规模喷发。

4.2.2.2 中国著名宗教名山旅游地质景观

人类文明历史淀积的地质景观与人文景观融合的地质名山景观甚多，如著名的五岳和佛教、道教名山（见表4.2.1）。

表4.2.1 中国著名宗教名山旅游地质景观

名称		位置	主要地质景观	人文景观
五岳	北岳恒山	山西浑源	灰岩山地，断层峡谷景观	悬空寺等18胜景
	中岳嵩山	河南登封	变质岩构造，剖面山地景观	少林寺等寺庙
	南岳衡山	湖南衡山	花岗岩和变质岩，灰岩山地，泉、瀑布景观	佛寺、帝王文遗迹
	东岳泰山	山东泰安	变质杂岩（花岗岩）山地，断块山景观	世界人文、自然双遗产，帝王封禅、佛道教庙宇
	西岳华山	陕西华阴	花岗岩山地，断崖景观	园林庙宇

续表 4.2.1

名称		位置	主要地质景观	人文景观
宗教名山	五台山	山西五台	变质岩山地景观	佛教名山
	普陀山	浙江舟山	花岗岩山地，滨海景观	佛教名山
	九华山	安徽青阳	花岗岩山地，瀑布景观	佛教名山
	峨眉山	四川峨眉	沉积岩，玄武岩山地景观	佛教名山
	武当山	湖北丹江口	变质岩山地景观	道教圣地

4.2.2.3 中国三山五岳名山旅游地质景观

A 三山五岳

中国名山众多，首推三山五岳。因三山五岳展布于华北平原及其邻近，高大且雄伟、高耸而险峻。又因光辉灿烂的华夏文明聚集地，凝聚了浓郁的中原文化，是我国古代文化发源地之一。加上三山五岳位于华夏文明开发较早地域，历代帝王、文人墨客游览朝拜祭祀、赋诗作画，是佛、道两教圣地，各门派宗教山岳崇拜，僧人道士修炼、善男信女仙客朝山膜拜，成为源于中国古代、极具吸引力和知名度、名扬中外的中华大地三山五岳名山。成为自然景观美兼具佛、道人文景观的风景名胜区。

“三山”指安徽黄山、江西庐山、浙江雁荡山；“五岳”指山东泰山（海拔 1545m）、湖南衡山（海拔 1290m）、陕西华山（海拔 2155m）、山西恒山（海拔 2016m）、河南嵩山（海拔 1492m）。

集历代对三山五岳的推崇，三山五岳有各种形容：就山之景观气势，泰山雄伟、华山险峻、衡山烟云、恒山奇崛、嵩山萃秀；泰山雄、衡山秀、华山险，恒山奇，嵩山奥；泰山巍峨陡峻，气势磅礴，被尊为五岳之首。“东岳泰山之雄，西岳华山之险，北岳恒山之幽，中岳嵩山之峻，南岳衡山之秀”；“恒山如行，泰山如坐，华山如立，嵩山如卧，唯有南岳独如飞”。孔子曾叹“登泰山而小天下”，杜甫曾言“会当凌绝顶，一览众山小”。

三山五岳有各种山岳崇拜旅游文化：“三山”，意为三神山，“神仙”居住的地方；“五岳”，“岳”意高峻的山，五岳为群神所居。中原东、南、西、北、中的五座高山为“五岳”，每“岳”尊奉一位“岳神”。道教视五岳为道教名山，尊奉五岳岳神，东岳泰山“齐天王”，南岳衡山“司天王”，西岳华山“金天王”，北岳恒山“安天王”，中岳嵩山“中天王”；嵩山“佛、道、儒”三教荟萃，“天、地、人”竞相生辉，“山、寺、貌”互补争艳。

五岳又是封建时代帝王的加封之地。帝王们常以雄伟险峻的大山为祥瑞，常在峰顶上设坛祭祀，举行盛典。秦始皇曾亲临泰山祭祀；汉武帝始创“五岳”；唐玄宗、宋真宗封五岳为王为帝；明太祖尊五岳为神；汉宣帝定天柱山为南岳；明代定恒山为北岳。

B 五岳名山

东岳泰山

泰山位于山东中部，平地拔起，山势雄伟，气势磅礴，主峰玉皇顶海拔 1532m，为五岳之首。

据同位素年龄测定，组成泰山的泰山群是我国最古老的深度变质岩石之一，山体主体岩石为形成于27亿年前元古代泰山期和傲徕山期闪长岩花岗岩类，玉泉顶花岗闪长岩形成已有26亿年。距今约亿年的燕山运动，混合花岗岩侵位，泰山隆升呈穹窿状突起，并产生多方向的交叉断层系统；三、四千万年前的“喜马拉雅”运动泰山迅速上升，奠定基本轮廓，新构造运动形成断块山地。形成奇峰绝壁、峰峦耸立的类花岗岩侵蚀地质景观。

泰山是五岳之长、五岳独尊，是祭天的场所，是历代帝王视为江山永固的象征，秦始皇封禅泰山，汉武帝，唐高宗、唐玄宗、宋真宗、清康熙帝、乾隆帝相继在泰山举行封禅大典，到泰山封禅朝拜不下百次；文人名士所书颂文上千篇；泰山又是中国儒道两教授经论道的圣地，庙宇名胜遍山。现今山上还有古寺庙22处、古遗址97处、历代碑碣819块、摩崖石刻1018处。著名风景名胜有天柱峰、日观峰、百丈崖、仙人桥、五大夫松、望人松、龙潭飞瀑、云桥飞瀑、三潭飞瀑等（见图4.2.2）。

泰山具有丰富的自然美、深厚的文化内涵。具有雄、奇、险、秀、幽、奥、旷的自然美的形象特征。泰山于1987年被列入世界自然文化遗产名录。

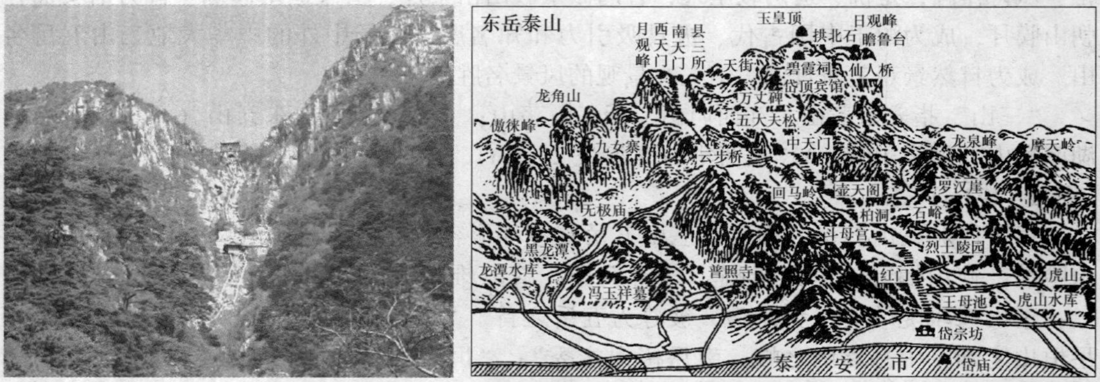

图4.2.2 东岳泰山山势示意图（据徐泉清）

南岳衡山

衡山位于湖南中部西临大断裂带，山体崖壁呈千仞之势，高耸云天之外，群山有72峰，南北连绵88km。主峰祝融峰海拔1290m。衡山有10洞、15崖、38泉、25溪、9池、9潭；方广寺下有黄沙、白沙、黑沙瀑布群。衡山古木参天，终年翠绿，自然景色秀丽，有“南岳独秀”的美称。

南岳衡山的历史极其悠久，自汉武帝，历代王朝祀典相沿。东汉年间道教于衡山开坛，梁天监元年佛教进入南岳，南岳衡山逐渐发展成了“十大丛林、八大茅庵”的佛、道二教圣地。历代高僧仙道云集，建有两百多座庙宇寺庵道观，遗留下几十座古刹。南岳庙是衡山最大的殿宇。

自然景观与人文景观的融合，祝融峰之高、藏经楼之秀、方广寺之深、水帘洞之奇，称为衡山四绝（见图4.2.3）。

西岳华山

华山位于陕西华阴。北临渭河平原和黄河，南依秦岭，主峰落雁峰太华极顶海拔2160m。

图 4.2.3 南岳衡山景观

华山在前寒武系变质基底上，燕山期侵位花岗岩株，经断裂构造加叠、风化剥蚀，形成高耸的华山五峰：东峰“朝阳”、南峰“落雁”、西峰“莲花”、北峰“云台”、中峰“玉女”。东峰朝阳峰峰顶斜削、绝壁千丈，南峰落雁峰东西二顶布泉池洞，西峰莲花峰三面临空、悬崖万仞，三峰鼎峙，又称“天外三峰”。云台、玉女二峰相辅于侧，36 小峰罗列于前，虎踞龙盘，群峰挺秀，险峻称雄（图 4.2.4）。

图 4.2.4 华山旅游景观

华山以险峻著称，素称“奇险天下第一山”、“华山天下险”。“自古华山一条道”，华山天险自青柯坪向上至莲花坪，有华山“五险关”：一险千尺幢、二险百尺峡（回心石、惊心石）、三险老君犁沟、四险擦耳崖、五险苍龙岭，为天下闻名的极险之道。

华山脚下西岳庙是历代帝王祭祀的神庙，创建于西汉，至今仍保存着明、清以来的古建筑群。华山是国家级风景名胜区。

北岳恒山

恒山位于山西，东跨太行山、西衔雁门关，东西延伸 250km，山峰绵延，号称 108 峰。恒山分东西两峰，东峰天峰岭、西峰翠屏峰，以金龙峡分开，双峰对峙，浑水中流。最高峰天峰岭，海拔 2017m。

恒山基底为前震旦纪变质岩系，历经多构造旋回，形成断块山，北坡断距千米。恒山中部为深大断裂横切，浑河沿其形成绝壁峡谷，两旁绝壁，刀削斧劈，极为幽深。

恒山怪石争奇，古树参天，以地险，山雄、寺奇、泉绝称著。恒山主要景点为集中于主峰附近的恒山十八胜景。今尚存朝殿，会仙府，九天宫，悬空寺等十多处。建于恒山金龙口西崖峭壁的悬空寺，始建于北魏晚期，在陡崖上凿洞插悬梁为基，楼阁间以栈道相通，有殿宇楼阁 40 间，别具一格。

恒山自然奇观与文化奇迹融合为国家级风景名胜区。

中岳嵩山

嵩山位于河南登封，为秦岭东段北支余脉，东西绵延 75km，是黄河与淮河的分水岭。嵩山面积 450km^2，以峻闻名，峻极峰，是嵩山最高峰。

嵩山出露有 25 亿年以来的太古界到元古界、古生界、中生界和新生界的地层剖面；三次前寒武纪构造运动形成的角度不整合界线，角度不整合界面与底砾岩十分清楚；是 23 亿年前的嵩阳运动，18. 5 亿年前的中岳运动和 5. 7 亿年前的少林运动的命名地。嵩山历经燕山运动、又经喜马拉雅运动加叠，构成褶断块状山格局。

嵩山主体被少林河横切成东西二峰（太室山和少室山）。东峰太室山雄浑高大，主峰海拔 1440m；西峰少室山山势陡峻、层峦叠嶂，由 36 峰组成，主峰御寨山海拔 1512m，气势磅礴。少室山又以“峰奇”、“石怪”、“景秀”、“路险”四大奇观著称。“嵩山太室如龙眠，少室似凤舞，三十六峰，峰峰有名、峰峰有典，层峦迭嶂，雄浑奇秀，林壑优美，寺庙林立，古迹棋布，素有‘上有七十二峰，下有七十二寺’之说”。自然景色奇丽，奥妙无穷（见图 4. 2. 5）。

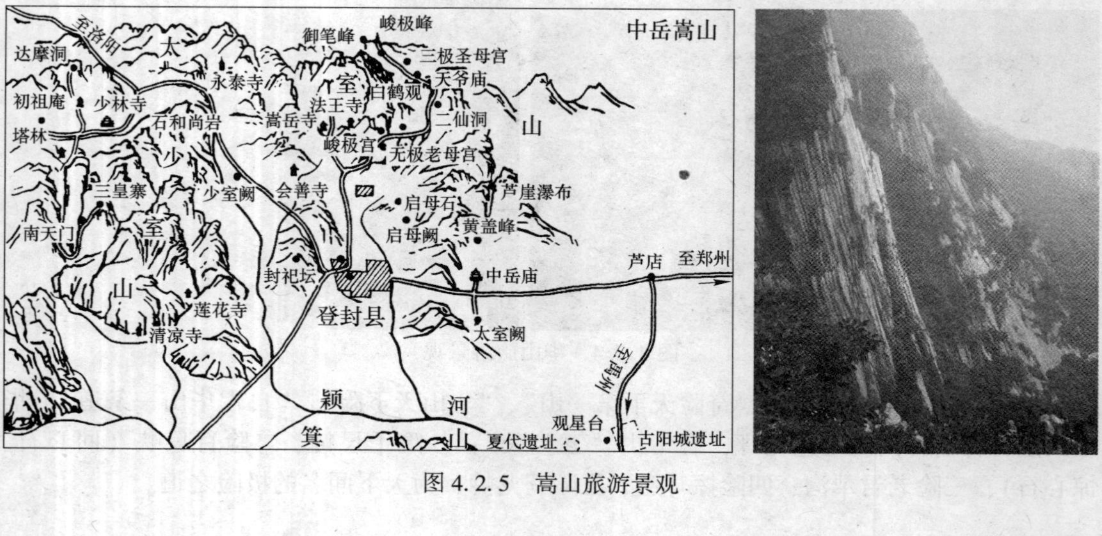

图 4. 2. 5 嵩山旅游景观

嵩山自东周周平王东迁洛阳，尊嵩山为中岳。有自然景观四十余处，人文景观十余处。现存驰名的有中岳庙、少林寺、塔林等。嵩山东端中岳庙，是我国最早的道教庙宇；嵩岳寺塔建于北魏，为我国现存最古老的砖砌佛塔；嵩阳书院是我国宋代四大书院之一。嵩山五乳峰北麓少林寺，在魏孝帝主持下建成于公元495年（宋建武二年），是我国佛教禅宗发源地，也是我国少林拳的发源地，中华武术的发源地之一。被誉为“佛、道、儒”三教荟萃，“天、地、人”竞相生辉，“山、寺、貌”互补争艳。

嵩山于1982年，列入第一批国家级风景名胜区。河南嵩山国家地质公园2004年2月13日列入世界地质公园。2007年5月8日，嵩山少林景区批准为国家5A级旅游景区。

4.2.2.4 藏区八大神山

中国藏族聚居地区雪域高原有尊称为神山的八大神山：冈仁波齐，梅里雪山卡瓦格博峰，喜马拉雅，苯日神山，墨尔多神山，阿尼玛卿山，尕朵觉沃，雅拉香波神山。

其中的梅里雪山卡瓦格博峰，冈底斯山主峰冈仁波齐，阿尼玛卿山，尕朵觉沃又称为藏传佛教四大神山。

岗仁波齐山峰形似圆冠金字塔，终年积雪，经常白云缭绕，在阳光照耀下峰顶光芒闪耀，极显神圣，是朝圣者和探险家的神往之地。

4.2.2.5 中国桂林山水旅游地质景观文化

A 桂林山水

桂林山水是中国南方岩溶锥状峰林峰丛景观中山水相依、山清水秀的典型性、地域性、地标性的代表。是与昆明石林齐名的中国南方岩溶景观的精品品牌。

桂林山水展布于气候温湿的中国南方岩溶发育区，江河水系成网、断裂系统发育、碳酸盐类广布且层厚质纯。从桂北百色田东到桂西南南宁玉林峰丛峰林岩溶景观呈片带发育，其中段桂林附近岩溶盆地的岩溶景观尤为完美，从桂林到阳朔沿漓江两岸峰林孤峰与江河相伴相映，展现了锥状峰林峰丛岩溶景观“甲天下”的桂林山水秀丽景色样本。“山青、水秀、洞奇、石美”为桂林山水浓缩；“桂林山水甲天下”赞誉四方（见图4.2.6）。

桂林阳朔漓江河段堪称桂林山水的标型。桂林至阳朔漓江河段蜿蜒83km，以锦绣河山著称于世的桂林山水酷似青龙带，蜿蜒于万点峰丛间，奇峰倒影、飞瀑深潭，宛如一幅绚丽多彩的画卷。漓江河段展现了峰林峰丛造型与盆地/谷地组合的宽广型岩溶地质地貌秀美景观。“桂林山水甲天下，阳朔山水甲桂林；群峰倒影山浮水，无山无水不入神”，彰显了阳朔桂林山水自然风光的典型性。

B 桂林山水发育特点

桂林岩溶盆地面积7000km^2，纯净石灰岩巨厚达两三千米，为桂林山水的形成奠定了较为稳定均匀的岩石类型。

（1）地层层理平缓，垂直节理裂隙发育，垂直与水平裂隙系统配套，地壳抬升相对稳定，利于形成岩溶管道系统时，易于溶蚀形成地下岩溶洞穴、地表穿洞天生桥。桂林阳朔一带达2000多个洞穴。

（2）桂林地区发育近南北向和北东向、北西向组成的地域性线性构造系统，是岩溶溶蚀作用发育的优选方向，构造交会部位为岩溶发育程度高强部位：

1）漓江桂林山水带总体呈近南北向延伸。

2）峰林、峰柱、孤峰常沿构造线排布。

(a)

(b)

(c)

图 4.2.6 桂林山水

（a）山水相依相映的峰林峰丛；（b）人地谐和的山水盆峰林峰丛；（c）精致的溶蚀景观

3）岩溶七星岩等洞穴沿构造线发育。

4）在特定地域中峰林峰柱高度相似，常似夷平面或地层界面制约。

5）疏林状、圆锥状峰林、孤峰、峰柱/石峰多沿江沿洼地边缘；密林状峰丛峰林多稍离江岸。

（3）岩溶形态类型常集中呈现：

1）桂林市区中的孤峰群为独秀峰、伏波山、象鼻山、驼峰山。

2）桂林市区中的多层状多道状溶洞群为七星岩、芦笛岩、龙隐岩、风洞。

3）桂林溶洞群中的石钟乳钙华群。

碳酸盐类岩石在富水及水动态系统发育的环境中的易溶蚀性，发育断裂裂隙网络提供的动态水运移通道，不仅加速了碳酸盐类岩石的分解溶蚀，而且地表上下岩石沿裂隙网络的快速溶蚀性，易导致石山的剥离崩塌，石峰与洼地、沟谷凸凹景致随岩溶作用进展而凸显；随地壳的间歇式抬升而呈现山、水、洞的立体层次展现。在山水景象中，溶蚀作用为主体的山水，山峰形态较简单而平稳秀俊；分解崩落发育部位山水形态复杂雄伟，石峰峭壁林立，其下部多崩石堆叠；间歇抬升显著部位多悬壁断崖、水平洞穴众多，立体岩溶景观层次分明。如桂林七星岩、芦笛岩溶洞洞穴内洞穴层层；独秀峰、伏波山、叠彩山峰柱群多姿多态、山上有洞；象鼻山穿洞通河。

洞穴成群。七星岩的5个出口连接45个洞。主洞长达814m，贯穿着八大厅堂，洞穴长3km，分为三层，洞穴崩陷成的中层大洞厅堂高27m，宽48m。光明山有芦笛岩、大岩、飞丝岩、穿岩贯穿穿洞。

C 桂林山水特色景观

（1）桂林山体似塔呈林，与其间平地、河流、相互辉映。漓江两岸峰丛、阳朔峰林、象鼻山、叠彩山、伏波山、独秀峰、龙隐岩和龙隐洞、芦笛岩、七星岩、冠岩等皆为岩溶精品景观。

（2）桂林阳朔漓江河段。

（3）七星岩、芦笛岩溶洞群。七星岩上下层洞穴，上旱下水，长逾千米，高差25~35m，竖洞相连。洞内景点40余处，摩崖石刻数十件。

（4）独秀峰、伏波山、叠彩山峰柱群。

（5）象鼻山、驼峰山、试剑石奇峰群。象鼻山位漓江与桃花江汇流处，山形酷似伸象鼻于漓江饮水，长108m，宽100m，山体占地1.3万平方米。有云峰寺、舍利塔、普贤塔、水月洞。

（6）穿洞。阳朔的月亮山和明月洞，桂林穿山的月岩，坪山的穿岩。

D 桂林山水文化

桂林是两千多年历史文化古城，文化底蕴丰厚。桂林山水作旅游地开发久远。

历代诗人描绘桂林山水的诗歌，至今过万首。仅唐代就有30多位诗人写过桂林。记载有据的如：

享誉于世的名句“桂林山水甲天下，玉碧罗青意可参”，源于801年前的宋代王正功作七律中的佳句。“桂林山水甲天下”流传为哙炙人口的山水文化杰作。诗人韩愈赞誉桂林山水：“江作青罗带，山如碧玉簪”。宋代蓟北处士以《水月》为题的绝句描绘象鼻山：“水底有明月，水上明月浮。水流月不去，月去水还流”。

桂林山水景色、景点的诸多命名，内涵了渊源的文化底蕴。如漓江书童山、玉女峰奇峰；象鼻山“象山水月”奇景；清代王元仁如行云流水一笔写成、一字内含“一带山河甲天下，少年努力世无双”十四字笔意的“带”字摩崖石刻精品。

摩崖石刻众多。龙隐洞洞穴中现存石刻213件。洞穴石刻题书中七星岩已开发1400余年，龙隐洞已开发1100年。象鼻山有历代石刻文物50余件，多刻在水月洞内外崖壁上。建于明代，高13m，须弥座为双层八角形，雕有普贤菩萨像的“普贤塔”。

众多历代文人墨客游览桂林山水，留下精粹的桂林山水文化。徐霞客考察桂林山水溶洞，从地学与山水融合记载了桂林山水的特色。

源于桂林山水的桂林山水画，在中国山水画中有其独特的山水特色。桂林山水造就了中国山水画中，溶于桂林岩溶景色、凝聚鲜明的桂林地域风格的漓江画派。

桂林山水涵盖以桂林市为中心的周边碳酸盐类岩溶景观发育地域。龙胜县东南部约$66km^2$，规模宏大的龙脊梯田群，如链似带，层层叠叠，高低错落；漓江、浔江、资江发源地猫儿山风景秀丽。桂林山水间淀积有地域特色浓郁壮、瑶、苗、侗等民族民俗风情；孕育了以桂林山水为实景、民间风情为梗概的电影《刘三姐》。

4.3 石体与石景文化

在旅游地质景观中有一类地质体上衍生物植被稀少，几乎是全裸露的岩石景观。从旅游地质景观文化的角度这类景观能较好的展示地质景观的自然内涵。

4.3.1 石体石景

观赏性旅游地质景观中，侵蚀作用蚀余的天然奇峰、奇石、异石、怪石，以其造型的独特性、怪异性，产出山体环境中的特异性、醒目性；石峰、异石、山石象形的逼真性；往往成为旅游地质景观群体中，易被关注、易被吸引、易被记忆、易被产生联想的峰石奇景，也常常构成旅游地旅游景观的地域标识，地域旅游品牌的地标。从古到今久远的人文淀积、人地耦合，峰石奇景成为蕴含丰富人文的“名山”、“名石”，成为浓郁的峰石奇景旅游地质文化。

峰石奇景称谓较多，如奇峰怪石、奇特山石、奇石、怪石、名石。因石体观赏石也常常称为奇石、怪石、名石，故产于野外、天然石质地体中具观赏性的奇石、怪石、名石实景称为峰石奇景更为确切，也可将峰石奇景与脱离观赏石母体（地体）的奇石、怪石、名石单体观赏石石体相区别。

峰石奇景的命名无论是象形的、地质内涵的，还是纪念的、纪实性的，都增添了奇峰怪石以及奇峰怪石所在旅游地的旅游地质文化。一些历史久远的特有的，具有纪念性纪实性的奇峰怪石命名更是旅游地人类文明的淀积，具有旅游地品牌性、地标性旅游地质文化价值。

4.3.1.1 *石体石景类型*

（1）按成景地质作用及相关的岩类，石体石景可划分为：

1）岩溶作用形成的林柱状石林景观。

2）淋蚀作用形成的红色砂岩砂泥岩形成的林柱状土林、沙林景观。

3）风蚀作用形成的风蚀景观。

4）浪蚀作用形成的海岸礁石景观。

5）岩溶作用形成的碳酸盐石山穿洞景观。

6）岩溶作用形成的洞穴、溶洞及其中的钟乳石景观。

（2）按石体石景造型，可划分为：

1）峰石丛林。由峰状、柱状石体成峰石丛林。如武陵源峰石峰景、云南石林峰石峰景。

2）峰石并列。由峰状、柱状石体与造型奇异的石体同时并存的石体石景。

3）峰石独秀。由峰石孤立独存成景。

4.3.1.2 *石体石景·石河流沙*

（1）冰川石河。雪山冰川消融后，古雪山冰川作用遗迹呈现由石体构成的石景。

（2）雪山冰峰、角峰刃脊雪山基座石景；冰川侧碛冰河遗存带状石景。

（3）沙漠流沙。沙漠风蚀作用呈现沙丘、沙垄、沙丘链、沙丘群，尤以新月形沙丘为典型。

(4) 峡谷流沙。陡峭的峡谷谷岸的破碎岩石岩屑顺岸坡呈流沙裙、流沙瀑布流动。当峡谷岸壁为断裂碎裂岩、糜棱岩组成的破碎带时，构造破碎基础上的强烈冰川刨蚀也可加剧岩石的碾磨破碎离散。在陡坡欠稳定状态下，流水、劲风都能使岩屑、岩粒形成流沙状坠落。峡谷流沙尤为突出。

流沙裙、流沙瀑布的带状展布，表现岩石的强烈破碎、风化的强烈离散及产出状态的欠稳定性，并隐含构造活动性的潜在性。

4.3.2 峰石奇景

4.3.2.1 风景名胜区中的峰石奇景

在中国的风景名胜区中，蕴含有许多峰石奇景。如著名的黄山名石/怪石，五岳名石；昆明石林峰石奇景、武陵源峰石奇景；浙江江郎山三爿石奇峰石景、海南天涯海角巨石群、河北承德棒槌峰石景、福建漳州风动石石景、广西桂林象鼻山石景。

A 黄山峰石奇景

峭立的山峰，怪石与奇松、云海、温泉“四绝”构成黄山奇景。

断裂切割的花岗岩经冰川刨蚀、流水风化剥蚀，形成如刀削斧劈、尖峭密集矗立的山峰丛林，亦峰亦石，惟妙惟肖，如莲花峰，光明顶，天都峰。

与奇峰相伴，有众多的形态各异、拟人似物的“怪石”石景。久远的人类活动对奇峰景石的赏析，情景交融，形成了人文与自然景石融合的、寓意万千的黄山峰石文化，黄山峰石被众人相传、充满情趣的“名石”达120余景。如：

(1) 骆驼峰、笔架峰、飞来石、龟鱼石、仙桃石、蒲团石、试剑石。

(2) 关公挡曹、周王拉车、孔明借东风、介子背母、苏武牧羊、太白醉酒、姜太公钓鱼、武松打虎、达摩面壁。

(3) 金鸣叫天门、五老上天都、喜鹊登梅、仙人指路、仙人晒靴、仙人下棋、天女绣花、梦笔生花、夫妻谈心；猴子望太平、猴子观海、猴子捧桃、狮子抢球；鳌鱼驮金龟、孔雀戏莲花、天狗望月；松鼠跳天都、金龟望月、金龟探海。

(4) 十八罗汉朝南海、猪八戒拜西瓜、童子拜观音。

以黄山峰石美景、奇景为艺术源泉的黄山文化、诗词文赋、绘画摄影，使黄山峰石成为奇峰怪石、山水文化淀积的文化宝库。

B 泰山峰石奇景

朗公石、明孔山石、仙人桥石；日观峰、月观峰。

C 华山峰石奇景

云台石、驼峰石、莲花石、仙掌石、鱼脊石。

D 桂林峰石奇景

象鼻山、水月洞、普陀石林；骆驼山、月牙岩山、书僮山、莲花峰、月亮山；净瓶石、斗鸡石、望夫石、冠岩石、绣山石、九马画山石。

象鼻山石景。象鼻山位于桂林市区桃花江与漓江汇流处，岩溶景象山石垂入水中，山形酷似站在漓江边伸鼻饮水的巨象，构成“象山水月”奇景。象鼻和象腿之间是江水穿洞而过，如明月浮水。逢穿洞两边水月相对时，呈现“漓江双月”的奇特景观。被人们称为桂林山水的象征。

E 浙江舟山普陀山峰石奇景

磐陀石，云扶石，观音跳石，心字石，望海、听潮石；二龟听法石。

普陀山磐陀石石景。普陀山梅岭峰谷口岩磐陀石，约 15m^2 由南向北平斜的花岗岩，磐陀石由上下两块巨石叠垒组成，下石称“磐”，上石称“陀”。上下石衔接处间隙如线，似连似断。

磐陀石上有“磐陀石”，“金刚宝石”、“灵通”、“天下第一石”、“大士说法处”、“金地藏第一修行处”等摩崖石刻（图 4.3.1）。

图 4.3.1 浙江普陀山山磐陀石石景

F 武陵源峰石奇景

天书高挂、定海神针、独龙戏珠、留君一坐；劈山救母、千里相会；玉兔望月、五女拜帅、龙宫舞女、天悬白练、双龟登天、童子拜观音、九重仙阁；金鞭岩、醉罗汉、望郎峰、文星岩、朝天观。

G 云南昆明石林峰石奇景

莲花峰、将军石、飞来石、阿诗玛、望夫石、观音石；母子偕游、万年灵芝、双鸟渡食、孔雀梳翅、凤凰灵仪、象踞石台、鸳鸯戏水、犀牛望月。

4.3.2.2 著名峰石奇景

A 河北承德棒槌峰石景

棒槌峰位河北承德磬锤峰峰岭（又名“棒槌山”）。形似棒槌上粗下细的孤峰，峰石高约 38m，直径上部约 15m、下部约 11m（图 4.3.2）。

清康熙四十一年（1702 年）康熙皇帝以该峰状似磬锤，将此山赐名为“磬锤峰”。

棒槌峰的中部有一棵古桑树，峰下平台东面断崖有清代密宗雕像，峰北部有一石壁上有摩崖石刻的寺庙。

B 贵州梵净山蘑菇岩石景

贵州省梵净山的蘑菇岩，上大下小、侵蚀残余的原生岩石块体（图 4.3.3）。

C 福建漳州风动石石景

福建漳州东山岣嵝山东麓风动石，石体为棱角有所磨蚀的花岗岩，高宽长均 4 米多，重约 200t。风动石虽与其下基石接触面甚小，略作斜立，但石体自身平衡极好，虽大风及

图 4.3.2 河北承德棒槌峰石景

图 4.3.3 贵州梵净山蘑菇岩石景

人力能晃动风动石，却总是保持平衡稳定（见图 4.3.4）。1918 年 2 月 13 日，东山岛发生 7.5 级地震，山石滚落，风动石却巍然安稳。

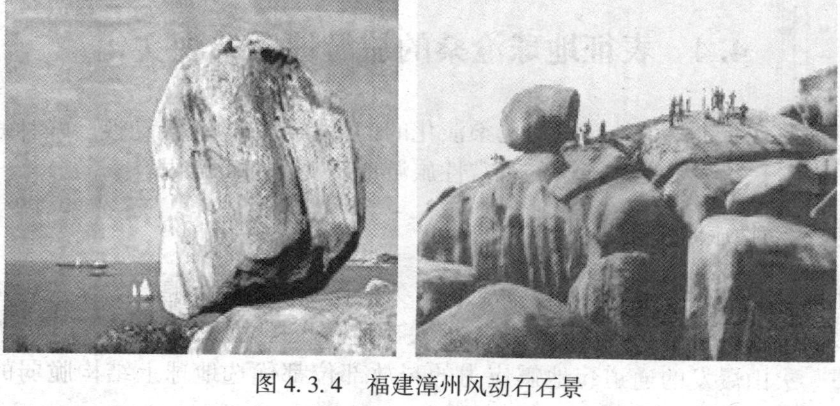

图 4.3.4 福建漳州风动石石景

风动石石体正面，有明武英殿大学士黄道周等人所题“铜山风动石”。风动石前刻有明朝督抚程朝京诗的石碑："造化原来一只丸，东封幽谷万层峦，天风吹向关中坠，海飚还得逐势转。五丁欲举难为力，一卒微排不饱餐。鬼神呵护谁能测，动静机宜在此观。"

始建于明洪武二十年（1387年）的铜山古城，城墙为花岗石砌成，长1903m，高7m。东门外海滨有天然石洞，长15m，宽约5m，有清泉甘美，壁上镌"灵液"石匾；城最高处九仙顶有"人世仙境"、"海天一色"、"宦海恩波"、"三岛春秋"等摩崖题刻20多处。

与铜陵镇相隔800m海域的塔屿，岛上礁石嶙峋，千姿百态。南端澳角海面有龙、虎、狮、象四屿，造型生动逼真。明嘉靖五年（1526年）所建的文峰塔，塔身7层，高32m，座围14m，塔顶由两块圆形大石块相叠而成，是航海的标志。塔屿上有云山石室和鹰石洞两个石洞，其中"云山石室"是黄道周的读书处。洞室周围有多处名家石刻。

风动石是东山岛的标志性景观。风动石为石文化主体，加上其周边的铜山古城、塔屿石文化，组合成独特的峰石奇景石文化旅游景区。

D　海南天涯海角巨石群石景

海南三亚，背依马岭山，面向大海的天涯海角。海湾沙滩上的花岗岩海蚀钟状石体林立，巨石上题刻有"天涯"、"海角"、"南天一柱"、"海判南天"、"天涯海角游览区"。"天涯"、"海角"二巨石相邻并列，高10多米，长60多米。

天涯湾滨海，清康熙五十三年（1714年），康熙皇帝谕旨在下马岭海边题刻"海判南天"石刻；清雍正年间（1727年），崖州知州程哲题刻"天涯"；民国时期，琼崖守备司令王毅在相邻的巨石上题写了"海角"。1961年，郭沫若在"天涯"石的另一侧题写了"天涯海角游览区"。"天涯海角"成为著名的地标性标志。

E　浙江江郎山三爿石奇峰石景

江郎山三爿石是浙江江郎山国家级风景名胜区、国家级4A级景区、"中国丹霞"世界自然遗产的地标性峰石景观。

江郎山因山体顶峰为拔地而起、紧密排列的三个片状巨石，巨石高300多米，长近300m，宽仅3米多。岩壁直立，形似刀砍斧劈，自北向南郎峰、亚峰、灵峰呈"川"字形排列，称为"三爿石"。

郎峰峭壁上有明代理学家湛若水摩崖题刻"壁立万仞"；有仿毛泽东手书体"江山如此多娇"巨书摩崖题刻。

4.4　表征地球沧桑的旅游地质景观文化

地质景观蕴含有丰富的地球经历沧桑演化的信息，诸如地壳活动性、峰林峰丛、雪山冰川、山岳湖盆，是表征地球沧桑的观赏性旅游地质文化的重要内容。

4.4.1　地壳活动性旅游地质文化

表明地球内部仍在活动中的诸多标志中，人们易于观察到的是：岩浆房中足够大的应力和足够多的熔融岩浆诱发的火山喷发；地块碰撞挤压压力聚集-释放，地应力达到新的平衡的地震。火山爆发的通道、地震应力的释放部位都优选地球上结构脆弱的活动性断裂、板块拼接部位。

活动断裂是地球生命持续的鲜明标志，是地球内力地质作用的地表显示。

4.4.1.1 活动性断裂地质地貌的简易宏观标志

(1) 显示断裂带、地层断裂位移的定向排布的悬崖峭壁，断头山，线状水体、沟谷。

(2) 线状排布的第四纪断陷湖盆极其线状边界，高差悬殊的湖盆周山。

(3) 伴随线状山体或湖盆边界的成带泉水、温泉、落水洞。

(4) 折线状或同步弯曲的异常水系。

(5) 岩石强烈破碎带，破裂面、碎裂岩带。

4.4.1.2 峡谷分段性

沿构造线/脆弱带较稳定、较快速的溯源侵蚀及下切是大峡谷形成的重要因素。然而延伸很长的构造带，因其岩性变化、断裂交切叠加、地质地理环境的差异，其各段侵蚀速率及切深、侧蚀效应可差异极大，显现出大峡谷特征的分段差异性。

识别鉴赏峡谷景观的分段差异性，将深层次领略地质环境条件差异性导致的景观多样性，将增添地质景观观赏的地质素养和情趣。

4.4.1.3 曲流迂回性

在直线状延伸的主河谷/峡谷中，出现局部性的主河道横向弯流——曲流。曲流（大转弯）不仅增添了直线状延伸单一景观的曲流美，而且以其转弯而使水流减速，在内侧形成新月形边滩同时，往往形成植被发育、生机盎然且恬静的生态地质环境。

曲流是主河道遇到局限性横向构造、断裂、隆起或沉降的干扰，河道迂回性迁就。利用横向变化因素，又复原主河道的延伸方向，达到地质构造的曲伸迁就协调，生态地质环境的包容和谐。

迂回性迁就包含局限性异常，呈现总体的、主导的、主流的协调和谐，是地球生命演化持续和谐发展的总体标识。

4.4.1.4 崩石崩塌滑坡——构造活动带标识

在非人为干扰的自然状态下，陡立斜坡的悬壁危崖，由于自重或震动影响，危石滚落为滚石；危崖崩塌为崩塌体；叠置于结构面（顺坡向岩层面断层面）上欠稳定的地质块体，在自重或震动状况下，容易向下整体滑落（滑坡），当结构面富水时，更易产生滑坡。频发的聚集的崩石、崩塌、滑坡，是活动构造带的标志，也是地震活动带的标识。

地质构造形成的断裂带在叠加侵蚀作用后形成危崖、悬壁，继承性活动的断裂带、地震构造带的复杂地质地貌单元是崩塌滑坡的易发带、频发带。

4.4.1.5 直立岩层带

原始沉积的沉积岩水平岩层经强烈的地壳活动挤压作用，转换为陆地上陡立的岩层。它是地壳经历地覆天翻、沧桑演变的典型景象。同时，直立岩层带是挤压/推覆构造的压性结构面、是受水平应力强烈挤压的标志。

4.4.2 雪山冰川旅游地质文化

4.4.2.1 雪山冰川形成及影响因素

在严寒的高山上，积雪终年不化，上层积雪压着下层积雪，使疏松的积雪压实结晶成冰粒，上层积雪不断增厚增压，下部的冰粒不断增厚压实而呈坚冰。疏松的积雪比重很小，粒雪的密度一般为0.5~0.8g/m^3。冰川具有可塑性，在长期受力下易发生流变，在深部承受重压的情况下，呈可塑状态。处于高山斜坡上的冰雪，在自身重力压力负荷和后缘压力下向下滑移，在低凹山谷中向下滑移的冰雪构成冰河——冰川。冰川流速每年几米至几百米不等。冰川中含有大量岩石碎块（冰川砾石），就像砂轮一样在移动过程中磨蚀冰床——冰川的刨蚀作用。冰川滑移流动过程中，强烈的刨蚀底部和两侧的岩石，形成冰川槽谷——U 形谷、谷坡冰斗。冰斗不断扩大，斗壁后退，相邻冰斗间的山岭变成刀刃状的刃脊，冰斗聚汇的山峰形成尖锐的角峰等典型的冰川地貌。冰川携带的大量碎屑物质在冰川消融后堆积下来成冰碛物，在冰川两侧的为侧碛，在冰舌前的为前碛。冰川堆积物通常都不具分选性，大小不一的混杂在一起，只有少数很细的冰水沉积物才有一定的分选性。冰川流动过程中冰川携带的大小不一的石块相互擦磨刨蚀，从而在冰碛石的表面上留下擦痕沟槽。

冰川的形成是长期地质及气候条件作用的结果，而气候则是现代冰川发育最主要的条件之一。气温降低，将引起雪线下降，雪线以上山体面积增加，从而增加了冰雪的积累量，促使了冰川的发育。反之，气温升高，将引起雪线上升，雪线以上的山体面积减少，从而减少了冰雪积累量，造成了冰川的衰退。同样，降水增加，将引起冰雪积累增加，有利于冰川发育。反之，降水减少，将减少冰雪积累量，从而引起冰川的退缩。

4.4.2.2 雪山冰川发展周期

积雪终年与冰川作用地质时期，致使高山植被消失；冰雪消融显现峥嵘的角峰、刃脊、流石滩；雪山冰川消亡后的古雪原，随着气温增高，风化作用的持续，以水而又获得苏醒，又重现生命绿洲。

水的液态、固态、流态转变过程，造就了显现和记载雪山冰川形成—发展—消亡过程的雪山冰川旅游地质景观。

雪山冰川的发展周期，从一个侧面展现了地球生命的沧桑演变。

雪山冰川是固体水塔，是其邻近地域的重要水源，冰川又是其邻近气候、生态环境的重要影响因素，特别是雪山冰川作为重要的旅游资源，在现代全球气候变暖雪线普遍上升的趋势下，人们越来越关注雪山冰川的变化。在冰川局部范围内人类活动骤增，如游客猛增，滞留期长、生活服务设施迅速倍增，局部性热异常体的形成，是否导致冰雪消融冰川萎缩也成为人们关注的问题。

4.4.3 峰林峰丛/林柱状地质景观旅游地质文化

4.4.3.1 新生代的林柱体

内生地质作用使老地层隆起为陆，经外部应力侵蚀、析离、夷平而形成相对稳定的古陆，并把老地层的物质搬运到新生代的断陷湖盆中堆积或形成陆缘台地。新生代堆积物抬升后，再次析离分解，形成现今的林柱体景观。即现今林柱体景观形成经历了古老岩石形成古陆（母岩）-林柱体成景岩系的淀积形成-林柱体造型等三个地球组成物质形成-转换的演变过程。

林柱体的颜色是原有古老地层岩石矿物色素，随同岩石物质析离、转化、聚集、再分配淀积的结果，是地质生态环境沧桑演变的综合产物。

4.4.3.2 岩溶旅游地质景观主导成景作用

富含 $CaCO_3$、$MgCO_3$ 的浅海滨海环境，在化学作用或生物化学作用下沉积形成由方解石、白云石矿物组成的石灰岩、白云岩等碳酸盐类岩层。在地表风化剥蚀条件下，由水的溶蚀作用，层状的岩石不断地被水解溶蚀、解体呈峰丛、峰林、峰柱、洼地等岩溶作用的景象。与此同时，岩层中形成溶蚀管道、溶洞、洞穴。

控制碳酸盐地层岩性溶蚀作用的主导成景作用因素是：

(1) 石灰岩较白云岩易于溶蚀，当水呈酸性时，溶蚀作用加剧。

(2) 岩层中破裂面系统配套发育时，利于岩石溶蚀，其间流动的水，加剧溶蚀作用。

(3) 当地域中形成岩溶管道系统，岩溶水中溶蚀的 $CaCO_3$ 在洞穴中淀积形成钟乳石。

(4) 相对稳定的环境，相宜的动态水系统，有利于构成峰丛峰林及石钟乳岩溶景观系列。

(5) 水的化学风化是岩溶成景的关键因素。相应地，当水加剧对峰丛峰林基准面的侧蚀、地下岩溶的发育，将导致峰体垮塌、峰丛、峰林的衰亡，岩溶塌陷；“天坑”的形成。

(6) 地层岩性的不均匀性、结构构造的差异性，加上水蚀作用方式和风化环境的多样性，塑造了岩溶景观的多姿多彩。林柱状岩溶景观是最具典型性和观赏性的峰丛峰林岩溶旅游地质景观。

(7) 洞穴——地下岩溶的标志。地下水沿岩层层理、节理裂隙、断裂溶蚀形成的空间/管道系统，洞穴/溶洞既是岩石溶蚀的空间，也是地下水所携带的溶蚀得到的物质淀积空间的岩溶系统佐证。一个洞穴系统可有多层，可包含近水平的干洞、渗水的湿洞、流水的地下河，地下瀑布以及沟通连接它们的管道。洞穴系统是因地表-地下岩溶水循环，岩石消失又获新生的岩溶系统标志，是地球生命系统延续的标志。

4.4.3.3 林柱状景观成景作用与其生命周期

旅游地质景观都有其成景作用过程。同时因地质景观的脆弱性，有一个衰亡消失的过程。也就是说，旅游地质景观有其生命周期，林柱状旅游地质景观尤为突出。碳酸盐类的石林林柱状景观相对稳定，景观保存的时间长且不易受损；由砂、土、砾、泥组成、胶结疏松、成岩度低的砂岩、砂砾岩、砂泥岩形成的土林、沙林、膏林，则极其脆弱，易于受损。因此，旅游地质景观萌芽-发育-成熟-衰亡的生命周期，前者存在时间较长，而后者相对短暂。

不同成景作用、成景岩性，林柱状地质景观的生命周期是有差异的。岩浆作用形成的玄武岩林柱状地质景观和硅酸盐类岩石林柱景观相对稳定；沙漠中风蚀作用形成的林柱体，流水地质作用形成的沙林、土林、膏林相对是脆弱的。由水对碳酸盐类岩石化学溶蚀作用为主导形成的石林，无论是存在陆地上还是海上，在常态下相对稳定。

林柱体从形成到衰亡的发展过程，寓意了地球生命的演变历程。

4.4.3.4 岩溶峰林湿地

岩溶发育地区，因岩溶裂隙系统发育，地表水易转化流失而成少水的石山景观，峰丛峰林地区亦然。但当局限性侵蚀基准面/峰丛峰林基座有舒缓的隔水层时，则以储水而形成峰丛峰林湿地/湖泊的山水相映景观。若加上有断裂带导致泉水、地下水补给时，水体更为清新，湖光更为秀丽。

岩溶石山地域，地表水极易流失，故岩溶峰林湿地是极其珍贵的岩溶水生态系统。

4.4.3.5 水与林柱状地质景观的“生命”

地质景观的景观造型成景作用中，水常常是主导的、关键的因素。

水的溶蚀作用为主导，碳酸盐类岩石形成石林；由水流的机械冲刷作用不断侵蚀为主导，石英砂岩形成峰林/石林；红色岩系形成丹霞柱体；河湖相沉积岩系形成沙林、土林、膏林；洞穴中水携带的碳酸钙呈石钟乳淀积成石笋、石柱；林柱状地质景观皆因水而成景，也因水而衰亡。特别是当水在林柱体间汇成溪流沟渠，侧蚀作用加剧时，则会造成林柱体的整体垮塌，加速林柱状景观的衰亡。当水呈现酸水加速碳酸盐类的溶蚀，当水在海岸湖岸呈浪涛冲击林柱体的根基时，林柱体的生命都显得异常脆弱。

水孕育林柱体的产生和发育，也就孕育着其衰亡。就旅游景观而言，林柱体发育的各个阶段都蕴含着地球生命活动的内涵。观赏林柱体的生命过程形迹，可启迪和领悟自然界沧桑毓秀的真谛。

4.4.4 高原丹霞景观文化

高原丹霞。新生代内陆湖相沉积的红色岩系，岩石成熟度低，岩石孔隙度大，利于风化剥蚀。在应力作用下，岩层发育的交错层理，易于发育多级裂隙网络系统，利于水的透析。在多变的高原风化地质环境条件下，从风化疏松的沙粒、微痕、微槽，到纵横交错的槽沟，从层次垒叠的龟裂纹景观到沟谷宽深、沟壁悬立的方山赤壁丹霞景观，展现了从微观到宏观成景作用和景观特征的一致性类同性。高原丹霞景观往往还伴有冰川作用遗迹。

4.4.5 山原旅游地质文化

4.4.5.1 山原湖盆

展布于山原的湖泊盆地，通常都相依而现，或相依而转换。当盆积水而现湖，当湖水干涸而显盆。周山植被繁茂生态环境优良的湖盆，湖泊长存；周山岩漠化的湖盆生态环境退化，周山、盆地急剧土壤侵蚀，导致湖泊淤积乃至干涸消亡。

在新构造运动活跃，碳酸盐类地层广布的地带，断陷加溶蚀而成的湖盆，常呈群带规律展布；冰川作用发育的地带，湖泊常与冰川地貌相伴，在湖畔伴多高山花卉繁茂的草地。

湖盆转换，呈现了地球演变的生命机理。

4.4.5.2 山原湿地

地球陆地表面有水体如江河、湖海、库塘，积水、流水，且长期受水浸泡或富水地带，通称湿地。包括河流湿地，湖泊湿地，沼泽、沼泽化草甸湿地，人工库塘、蓄水区湿地。

山原中的湿地常常是生物多样性的地域，是极富生命气息的地域。湿地是地球之肾，是人类生存最为重要的生态环境系统，是最宜人居的生态地质环境。

4.4.5.3 山原泉华

由方解石聚集而成的泉华堤、锥、瀑、幔，集中发育，成群、成带、成片展布，是经历碳酸盐类岩石的溶蚀携带大量碳酸盐的“矿化”动态地下水，在溢涌出地表发生物理化学条件改变时，又分解淀积出碳酸钙形成泉华的水解地质作用旋回过程。当地下水流经深部地热体时获得热能而成热泉，因有水压而成涌泉/喷泉，因溢流方式、通道、淀积空间环境差异，泉华成堤、锥、瀑、幔各种造型。

碳酸盐类岩石因岩溶而消亡，被水解且被地下水携带，经地下循环又转化为泉华而得到新生，又开始碳酸盐类地质作用新的演化。山原泉华内涵了地球生命的沧桑毓秀。

4.4.5.4 山原峰林峰丛

山原中，锥状或柱状、筒状的山体集群组合成峰丛峰林。山体与当地侵蚀基准面以上连接成基座时为峰丛，山峰立于当地侵蚀面互不相连为峰林，山峰孤立展现为孤峰。

峰丛-峰林-孤峰展现了高原面解体析离，山峰不断削缩，切沟不断扩展的地质体/山体侵蚀地质作用的普遍性沧桑演变过程。

4.5 旅游地质景观赏析要点

旅游地质景观作为旅游景观的组成类型，有的地质景观即为旅游景观，有的地质景观作为自然旅游景观的基底，从自然景观间接显示地质景观的特点。旅游地质景观的赏析是旅游地质文化的重要组成。旅游地质景观的赏析效果受人们阅历、素养、职业、文化知识甚至观念等诸多因素的影响。

4.5.1 旅游地质景观美学观赏要素

旅游地质景观的美学特征是旅游景观的形象，也是旅游景观品质的表象。旅游地质景观的赏析就是了解旅游景观美学要素及其组合之间相互关系的景观美学赏识，达到旅游景观观赏的美学效果。

从旅游景观的理念出发，旅游地质景观的美学要素可归纳为形态美、色彩美、结构美、和谐美、意境美、特色美。

(1) 形态美。旅游地质景观的形态美是旅游地质景观的总体形式和状态的美感。包括空间形态、存在形式、时空状态。如雄伟壮丽的山体，广阔无垠的草场，险峻陡峭的峡谷，汹涌澎湃的江河，秀丽的山川的景象。如林柱状地质景观石林、土林，发育完好的矿物晶簇。

(2) 色彩美。色彩是旅游地质景观的重要美学特征，除了形态，色彩是景观最显美感的要素。人的视觉对色彩的敏感程度远远超过单色的色调辨别，黑白色调辨别，一般只能识别出黑、黑灰、深灰、灰、浅灰、灰白、白等色调级别，而对彩色一般可识别出百余种色彩。色彩丰富的旅游地质景观最易使人感受到景观的美感。如砖红的丹霞地质地貌景观，皑皑白雪的雪山冰川，五彩缤纷的泉华湿地。

(3) 结构美。景观形态、色彩、物态的构景结构给人以美的感受。画龙点睛的结构或离奇的构景会给人以不同的美的刺激和兴奋感受；层次丰富而清晰、严密而齐全的景观构景结构美，能给人以深层丰富细腻的美感。如海岸的海蚀景观、沙滩、海礁、海浪的完美结构。

(4) 和谐美。景观组成要素的和谐、景观色彩的和谐、景观结构的协调自然、景观与周边区域环境的映衬协调。旅游地质景观要素和谐美是高品级旅游地质景观必备条件。如岩溶峰林峰丛与江河湖泊之间和谐结构的桂林山水。

(5) 意境美。地质景观的外延和内涵，蕴含着旅游景观的意境美感，衍生的自然景观、叠加的人文景观增添了旅游地质景观的意境美，使复合旅游地质景观更加隐含浓郁的意境美，使旅游景观淀积了内涵外延优美的旅游景观品质。如中国三山五岳之意境美。

（6）特色美。景观特色美是旅游景观品级的重要影响因素。唯一性、独特性的旅游地质景观类型特色美，奠定了以旅游景观特色美打造旅游景区特色形象、特色品质、特色品牌的优势。如特色性鲜明的三江并流带、武陵源张家界旅游地质景观。

4.5.2 旅游地质景观地质属性观赏要素

（1）观赏性。景观造型、景观色泽、景观要素的组合，依附于地质环境（如岩石、土壤）的植被、生态。

（2）奇异性。不同于区域/周边常态的旅游地质资源环境的奇异地质景观、景象。能激发观赏者对地质现象科学内涵的揭秘的认识，神秘感、奇特感，能激起人们观赏欲望。

（3）多样性。旅游地质景观成景地质作用的复杂性，形成多样性地质景观，能让人们类比观赏，增长知识。

（4）古老性。现今的地质现象、地质景观是一部以千万年计的地球历史画卷，是任何人所未经历的漫长过程的产物。标志地球沧桑巨变的地质景观画卷，给旅游者以观赏求知欲。

（5）丰厚性。错综复杂的地质作用过程所造就的千差万别地质现象，使地质景观具有容量极大、内涵丰富、层次不一、取之不尽的观赏内容。

（6）地域性。旅游地质景观具有特定地域的特定旅游地质资源类型，特定的地域条件同时造就了以地质因素为基础的地质体综合地文景观、特定的综合自然景观和人文景观；特定的地域性景观构成高品位高层次的地域特色性旅游景区，特色性旅游地品牌。地域特色性旅游地质资源的不可复制性、不可移置性，构成地域性特定旅游地质资源的旅游吸引力。

（7）科学性。旅游地质景观内涵地质体的地质科学属性，旅游地质景观科学性与观赏性的融合，构成了旅游地质资源/地质体品牌塑造、旅游地深层次开发、旅游地质产品推陈出新的源泉。

4.5.3 地质体旅游地/旅游地质景观赏析要点

旅游地质景观观赏除常用的风景欣赏方法，应强调从旅游地质景观的特征和属性出发，将地质属性和美学属性融合，才能感知旅游地质景观的外延美，并深刻地感知旅游地质景观的潜在美、内涵美，获得旅游地质景观赏析的完满效果。

旅游地质景观观赏要点主要是把握形态、感受色彩、梳理布局、审视和谐、挖掘意境、品味特色等方面。

4.5.3.1 把握形态

形态，景观的形状、规模大小、景观的状态（静态、动态）、景观在区域背景中时空关系是旅游景观首先给人的景观轮廓。通过形态观赏可以得到至关重要、最基本的旅游景观造型形态美的感受。

（1）景观形态的方向性。地质景观常以地质构造、成景作用、使地质景观具有三维空间特色性，呈现旅游地质景观的异向性。地质景观形态观赏要注意观赏的角度、时间、距离。观赏视角的不同会得到不同的形状感，而且通过不同的视角观赏会得到不同形态美的感受。

（2）景观形态的时间性。同一形态景观在不同时间环境的观赏，会得到不同的形态观赏效果。只有在特定的时间方能观赏到与其他时段和环境所观赏不到的美景。如海岸景观中的涨潮、落潮；晨晖雨雾中的山峦、湖池景观的朦胧感。

动态变化的地质景观观赏，观赏时间更至关重要。如草原、湖沼、江河景色的时节气候变化；雨季、干季的瀑布景观差异；季节性积雪的雪山冰川景观。

（3）景观形态的空间尺度。观赏旅游地质景观的距离，直接影响到景观形状、规模、景物景象特征、空间格局及景观尺度识别程度。恰当的观赏距离，才能观赏得到相应空间尺度的景观尺度、景观精度、景观信息最佳观赏效果。如观赏的景观要有一定的距离才能把握景观的总体形态，群山连绵、湖盆棋布、江河蜿蜒，只有登高远眺才能尽收眼底，一览无余。而要清楚地观赏景观的微细特征，则要置身景观之中，才能逐一细览。

4.5.3.2 感受色彩

把握形态圈划了景观造型的体态、总体，景观色彩的观赏成为感知景观类别、质地美感的直观标志。

色彩的感受包括色彩的丰富度和鲜艳程度、色彩的对比和衬映程度。

五彩缤纷、色彩绚丽，景色的丰富和鲜艳色彩，通常都视为色彩美象征，都给人以美感。而景观中色彩的对比和相互映衬情况成为景观美的欣赏的重要的视觉效应，往往对景观的氛围、观赏者意境感受起举足轻重的作用。

色彩较为单调的冷色调为主体的景观和色彩丰富暖色调为主体的景观，给观赏者的色彩感受截然不一，给观赏者置身于不同环境、不同意境的氛围。如以白色的雪和绿色的树林为主体的林海雪原景观给人以宁静、深沉、肃穆的感受；五彩的鲜花、繁花似锦、色彩斑斓的园林景观给人以喜庆、热烈、欢快、温馨的感受。但有时虽色彩单调，却会给人持久的、深刻的铭记；色彩斑斓，却常只会给人留下一时的兴奋和渲染。旅游地质景观的观赏中，感受色彩是极为重要的过程，是极易感受到审美效果的观赏环节。

4.5.3.3 梳理结构、图案

旅游地质景观观赏形态、色彩的基本感受是把握旅游景观表象景观外延为主的基本特征。理顺旅游景观中景观单元细部形态、色彩组合所表示的景观结构和布局，是从景观的内在联系来观赏景观特征，获取景观内涵审美的重要环节。

梳理布局，包括由形状、色块显示的景观单元格局的识别、景观单元结构的鉴别、景观单元层次等级体制的理顺，景观格局美的鉴赏。

景观布局的鉴赏，首先要识别景观主体，区分景观构成中景观单元要素的主次，从景观单元的关联性入手，以给人醒目感受的主体为标志，梳理景观层次、结构给人审美感受的程度，识别地质景观深层次内涵，得到最好的审美和旅游地质景观品质发掘的效果。使游客从景观结构图案中得到知识的启迪，地质景观内涵的深层次旅游功能彰显。

4.5.3.4 审视和谐

景观和谐是旅游地质景观审美享受、赏心悦目的基本点，只有景观和谐才能达到赏心悦目。因此，在旅游地质景观观赏中，景观单元布局、层次、结构和谐度的审视，是在景观形态、色彩观赏的基础上使观赏效果上更高的层次，才能深层次的理会旅游地质景观的成景地质作用形成的景观系列，景观等级体制及其景观关联性、和谐性。

景观和谐的审视包括地质景观与其周边区域背景的和谐性审视，景观内部和谐性的审

视。和谐性的审视还必须从旅游地质景观的各要素去观察，例如色彩和谐、造型和谐、布局和谐。这是地质景观由地质作用的规律性、地质景观的表象和地质作用内在过程机理所决定的。

色彩和谐的审视最容易得到景观鉴赏的直观效果。色彩和谐性的鉴赏有助于深层次地质景观深层次内涵知识的汲取和理解。

地质体旅游地的自然旅游景观，是景观要素、生态地质环境的产物，是成景地质作用生态地质环境景观要素的和谐体。观赏者从生态地质环境系统中去识别景观和谐性，有助于景观内涵感受的发掘。

以地质自然景观为基础的人文-自然复合景观的综合景观和谐性，从色彩的搭配、空间的布局、人文景观的建筑风格、民族文化、地域文化景观等诸方面的协调性体现出来。景观的协调是名山名水类景色给人以美的享受的旅游景观必备条件。

和谐性的审视效果，受诸多因素的影响，如审美观念、审美角度等制约。认知客观、尊重观念，有助观赏和谐性。

4.5.3.5 挖掘意境

旅游地质景观的意境鉴赏是旅游景观的深层次鉴赏。旅游地质景观意境鉴赏除受旅游者的经历、文化素质影响外，还与旅游者对景观类别的认知程度、景观地质内涵的领悟有关。

景观意境挖掘可采用形象切入、相似类比、情景交融的方法。

形象切入，容易从对景观的直观审视中挖掘意境信息，从形态的“认知”挖掘景观意境，较易获取感受效果。旅游景观景点的命名常体现了意境的发掘成果，诸如象鼻山、棋盘山形象意境。

景观意境的相似类比常与旅游者的阅历有关，把观赏景观与异地的相似景观类比容易得到景观意境的发掘。景观意境的对比发掘有助于对景观的深层次鉴赏。

情景交融能使旅游地质景观情境挖掘获取很理想的效果。在旅游地质景观观赏过程中，以景导情，以情审美，情景交融，对旅游景观想象、联想，使旅游者可从旅游地质景观中得到与观赏者心态融溶的景观意境观赏效果。

4.5.3.6 品味特色

特色是旅游景观品级的关键因素，也是旅游地质景观鉴赏所应发掘的闪光点。旅游地质景观地域特色的鉴赏有助于领悟旅游地品牌价值。

有的旅游地质景观特色直观显露，然而深层次的地质景观特色常需要耐心细致的品味、寻觅。旅游地质景观从景观观赏性品味入手，到深层次的地质景观科学性品味，有助于不断地获取地质体旅游地特色的深层次品味。

隐晦的景观地质特色内涵的品味，常需要有相关专业知识的观赏者对特色地质景观要素属性的发掘，再延拓到从非专业化和大众化的角度品味特色，将专业化的地质景观内涵转化为大众化（能被大众所理解的）景观特色。从而能实现旅游地质景观内涵的观赏价值。

旅游地质景观特色的品味过程既是提高旅游者对旅游地旅游景观品味的过程，也是提高旅游景观旅游地旅游效应的过程。旅游地质景观特色品味需要从旅游的角度去识别景观的地质内涵，需要旅游景观外延鉴赏和地质景观内涵鉴赏的融合，从而展示、启迪大众旅游景观特色品味方法。

旅游地质景观特色的深层次品味鉴赏是旅游地质景观直观形象与科学内涵相融合，将科学性寓意于旅游鉴赏，将旅游景观的观赏性和科学性相融合，将大众旅游与科普科考旅游相融合的高层次、高品级、高意境旅游效益的关键和根本所在。

思 考 题

4-1 试比较纪实性、释义性与观赏性旅游地质文化的异同及其关联性，并选择一旅游地进行解析。

4-2 试选择你熟悉的一旅游地质景观进行观赏性旅游地质文化的赏析。

5 观赏石旅游地质文化

5.1 观赏石地质文化与石文化

观赏石（奇石）指地质作用形成的岩石矿物经外生地质作用雕琢造型，在大自然中天然形成的，具有观赏价值、审美价值、商品价值和收藏价值的石体（石质艺术品）。观赏石具有形、色、纹、质、画面等自然属性，具观赏价值。观赏石因源于自然且表现万物能够满足人们返朴归真、重返自然的心理需求，给人以较高的艺术享受而备受青睐，形成久远的观赏石文化。

集地矿资源、石文化艺术佳品和旅游商品于一身的观赏石，是一种重要的商品性旅游地质资源。与人类活动有关的事件石、纪念石，隐含有重要的历史意义或科学价值的观赏石更具收藏价值。观赏石常常是受旅游者青睐的旅游文化产品，具有广博的旅游地质文化。

观赏石按产地命名/分类可以充分体现地域石文化的地质地文人文环境特色。对旅游地质文化具有标识意义。

5.1.1 观赏石地质文化

5.1.1.1 *观赏石*

“观赏石”一词广泛出现于书刊杂志、学术论著，也广泛流传于民间，传播于旅游文化中。其具体含意及概念也是众说纷纭。可见观赏石为公众所关注，也为公众所喜好，是一种“大雅之堂”至“民众”、“民间”广为传播，一种重观赏又重收藏的石文化。是一种现今旅游活动中广受游客关注的旅游文化。石文化的观赏石为地质作用产物、为“石体”，因此，观赏石显然也是旅游地质文化的重要内容。

观赏石文化还包含于观赏石市场、观赏石展销、观赏石协会、观赏石文化网络。具有广泛的社会化特征。

5.1.1.2 *观赏石文化*

观赏石概念的基本点可简要概括为“石”、“观”和“赏”。

(1)“石”指：石体；天然石体；区别于人为加工、雕琢的石体；剥离于观赏石的岩石母体，而独立产出的石体；常常在自然界经历外生雕琢作用经磨砺的岩块石块；区别于山间地角仍依附于地体、具观赏价值的“怪石”、“奇石”的石体地质景观——石景。区别于特质岩石矿物的宝玉石。

(2)“观”指：观看，观察石体的形、色、纹理图案、质地等美感。

(3)“赏”指：赏析石体寓意、特质文化；赏析石体收藏价值。

基于此，观赏石可简单概略定义为：具有美感、具观赏价值及收藏价值的天然石体、石块、岩块。是具有观赏性或具有观赏价值特性的石块石体。

5.1.1.3 观赏石造型与内涵

造型与内涵是观赏石特质的基本点。

(1) 造型指石体的形态及外形要素。

(2) 内涵指石体的形成要素。

前者以石体造型形体为基本点，后者以石体地质文化内涵为基本点。

实际上，石体造型除了石体的风化-剥蚀-搬运-淀积的地质环境条件为石体造型的基本制约条件外，石体原岩的岩石矿物成分、成岩作用的石体内涵往往制约了石体的抗风化能力、石体的造型、石体的纹理图案。

从旅游地质文化的角度，应注重将石体的地质文化和旅游文化融为一体。

5.1.2 观赏石文化

观赏石文化也是石文化。观赏石的自然天成地质属性固有性，观赏石的寓意内涵随观赏者而异的随意性构成观赏石文化的二重性。

观赏石的地域自然天成特色性往往使观赏石具有浓郁的旅游地质文化。

天成和寓意兼具的二重性，决定了观赏石旅游地质文化品质内涵。

5.1.2.1 观赏石的地域特色性

观赏石的地域特色性是观赏石旅游文化价值的根本所在。

异地特色文化吸引性是旅游文化的旅游功能。从旅游地质文化的角度而言，观赏石的地域特色即特定的地质构造域、显示特定地质事件的观赏石，其旅游地质文化的内涵是最为重要的，又是最为丰富的。

特定的地域，由于该地域特定的地质发展史，形成特定的地质构造及特定岩石类型；在该地域表生地质作用的生态地质环境下，风化作用形成地域特有的观赏石。

(1) 潮湿多雨碳酸盐类展布地域、强烈活动的动态地下水处地壳相对稳定的时期，岩溶管道发育的碳酸盐类地层岩石，易溶蚀形成千奇百怪多孔的太湖石类观赏石。

(2) 构造破碎、地壳强烈切割的地域，岩石易崩解析离，成块的碳酸盐岩石，易形成棱角溶蚀的块状大理石观赏石；在河床流水作用下，易形成河流砾石状观赏石。

(3) 构造破碎、雪山冰川作用发育的地域，由于冰雪析离，冰川刨蚀搬运，易形成形状特异的羊背石、冰碛石类观赏石。

地域性特定的观赏石类别及按地域命名的观赏石类，具有蕴含地域特色的观赏石内涵，具有蕴含地域人文特色的观赏石文化。以观赏石产地命名的观赏石，易给人以该类观赏石形、色、石质内涵地域特色文化的联想和启迪。

就旅游者旅游动机心理而言，地域特色观赏石文化，更具有旅游文化的地域吸引力。

一些具有地壳发展关键性标志性事件，标志性地域的观赏石，其旅游地质文化的价值更为突出。例如：

(1) 数亿年前板块缝合线地带的蛇绿岩套观赏石相对第四系沉积岩的观赏石，对生活于广阔的第四系冲积平原的旅游者更具吸引力。

(2) 火山岛弧的火山岩观赏石较之碳酸盐类岩溶观赏石，对生活于岩溶区的旅游者更具吸引力。

5.1.2.2 观赏石的岩类稀有性、独特性

观赏石的岩类稀有性和独特性是观赏石旅游地质文化的品质所在。

与稀有、独特的旅游资源对旅游者的吸引力一样，稀有、独特岩类的观赏石较之一般常见岩类观赏石更具较高的旅游地质文化品质。例如：具观赏性的陨石观赏石；含稀有及贵金属特征矿物的观赏石；显示特殊地质作用成矿作用的观赏石；表征成岩成矿作用晶体清晰的矿物晶体晶簇；表征地质时代、沉积环境及生物演化的古生物化石。

5.2 观赏石赏石文化

观赏石因其石体大小差异甚大，其旅游商品价格也不一样。大块体的观赏石主要用于旅游地，旅游设施、厅、堂、院场装点，或作旅游资源在博物馆中陈设。小至微型的观赏石，适于旅游者在旅游过程中采作旅游纪念品携带。观赏石展布于旅游活动的各种场景。

赏析观赏石的赏石文化涉及内容较宽。既包含观赏石所记载的地球发展形成的漫长复杂过程，也包含观赏石被人们所识别，被收藏的赏石经历，观赏石蕴含地球信息和人类认识自然信息的赏石文化。既包含旅游者旅游活动期间的观赏石赏析文化，也包含各种场合下涉及观赏石赏析的所有赏石文化。观赏石赏石文化是涉及领域宽广的综合性文化。

5.2.1 赏石文化的基本特征

观赏石的赏石文化基本思路可分为广义的、大众的赏石文化思路和狭义的地质文化的赏石文化思路。

5.2.1.1 广义的赏石文化

重点/基本点在于观赏石的造型、色彩、图案/自然属性的外表特征；观赏石的历史文化/人文价值；观赏石自然景观与寓意的融合；重视感情色彩和艺术内涵。广义的观赏石赏石文化带有更多的人文/主观色彩。

5.2.1.2 旅游地质文化的赏石文化

重点/基本点在于观赏石的自然属性（内在特征和外表特征）、地质科学价值（地质内涵）；地域文化的融入性。是观赏石自然景观与地质属性内涵的融合；重视属性色彩和科学内涵。

5.2.1.3 观赏石赏石文化环境类别

赏石文化的观赏石可以根据观赏石大小和观赏石所处的环境空间分为三大类。

(1) 自然环境下的个体较大的观赏石。它是大自然山水文化的精灵，山水文化的缩写精品。

(2) 园林或庭院、建筑物中个体较大的观赏石。它是庭院、园林的点缀场景。

(3) 住所、室内、案头、博古架上小巧玲珑的观赏石。又称供石。它往往是藏石者经历的见证、喜好、兴趣、素养的显现。

5.2.2 赏石文化源流概略

石文化从有人类文明石器文化的记载开始存在。人类运用石器作为生活生产工具，作

为防身器具；燧石取火，开拓了人类生存条件质的飞跃。石文化成为人类文明的记载。

收集观赏石，置观赏石于书房案头、庭院、厅堂，点缀于园林，逐渐形成以石为载体以玩石、藏石、赏石为核心的赏石文化，成为人类文明的组成。观赏石作为文化载体，也逐渐成为旅游文化的内容。以注入观赏石地质内涵的赏石文化，丰富其科学内涵，提高赏石文化的品级。赏石文化与旅游文化的融合，成为旅游地质文化的重要内容，地质文化旅游功能的载体。中国赏石文化历史悠久，源远流长，岩石作为一种文化的载体，从远古至今，构成了一部以石为载体的观赏石收藏、赏析的石文化史。

宋代杜绍《云林石谱》、赵希鹄《洞天清录集·怪石辨》、明林有麟《素园石谱》均是赏石文化的名著。

白居易的《太湖石记》是唐代赏石文化代表。米芾、赵孟頫等文人也是有名的藏石、赏石名家。他们对赏石总结了成套/系统的知识和标识。如李白的丑、形、质、色、老、势、气、灵、禅；米芾的瘦、皱、漏、透。

现代的赏石文化与旅游文化相交融。观赏石文化渗透于旅游活动的各种环境和旅游产品中。在观赏石广泛分布的旅游地，有许多观赏石市场；中国观赏石协会、省市观赏石协会有许多观赏石文化及观赏石展销活动；观赏石成为旅游观光和旅游购物的重要内容。

5.2.3 观赏石的地域文化

观赏石产出的岩石地层构造单元不同，地质环境差异形成观赏石类别分布的地域性特征；形成有地域性品牌的观赏石地域文化。

（1）南京雨花石文化。产于新生代雨花台组砾石层中的玉髓、玛瑙类砾石，质地细腻，以如雨花五彩石纹的玛瑙石而著名。

（2）苏杭园林的太湖石文化。环绕太湖周边岩溶石灰岩残余、形体千奇百怪的奇石、怪石造型石，多点缀于园林，彰显园林品质。

（3）云南大理石文化。产于苍山变质岩系中的色彩、花纹千变万化的大理石变质岩，以似山水画画卷的花纹、彩色大理岩著称。

大理石天然色彩图案是天然风化的大理石表面，或经切割打磨的天然大理石饰材，具有的彩墨山水画式的天然色彩图案。它经历了沉积作用-成岩作用-变质作用三个漫长的演变过程。沉积和成岩作用构成了富有机质石灰岩原岩条纹条带状结构图案；浅变质作用阶段使其有机质集中，并形成挠曲图案；深变质作用、动力及热动力变质作用阶段，在特定的复杂多变的压力、热力环境中，有机质及色素元素随着流变、交代，相互包容、叠合、交融的复杂过程，形成了稀罕的云雾状、云团状、千姿百态变幻莫测的大理石天然色彩图案。绚丽的大理石天然色彩图案是其原岩经历复杂多变地质环境千锤百炼造就的标记。

（4）三江奇石滩。峡谷波涛江水的金沙江、澜沧江、怒江边滩显露奇石聚集的奇石滩，砾石块度大而坚实。砾石岩类趋同（如崩塌构造岩，深海沉积构造变质岩），砾石棱角多趋圆化，砾块形状多样，显示流水导致河床砾石棱角消失特点。但是，砾石岩类在奇石滩邻近难于寻觅原岩，而巨大砾块又非一般水流可搬运。根据奇石滩的地质地貌环境条件综合判断，奇石滩是偏上游垂高两三千米已侵蚀空间中的岩石，以崩塌或冰川搬运，再经历水流冲刷磨蚀聚集所致的石块石体，是追踪地质事件的佐证。

5.3 彩石与玉石文化

5.3.1 彩石、玉石、宝石与观赏石

彩石、玉石与宝石都可列入广义的观赏石之列，具有很高的观赏价值和收藏价值，也具有深厚的赏石文化，是旅游者在旅游活动中所喜好和关注的旅游地质文化。但是，彩石常常需要加工、玉石需要加工乃至雕琢才能显示其特质；宝石需要精心赏析识别乃至精心雕琢才能“识宝”、才能深层次的赏析其品质。因此，在短暂的旅游活动中，彩石、玉石、宝石的赏析往往是有限的。但涉及彩石、玉石、宝石的旅游地质文化可以得到熏陶，得到领悟，进行传播。

5.3.2 玉石文化

5.3.2.1 *玉石*

玉石，在自然界中质地细腻而有光泽，是具有可雕琢装饰品或雕刻工艺价值的矿物集合体。玉石，原指未经雕琢的天然玉，后泛指玉；玉石经加工雕琢成玉石工艺品，则称作玉。

玉、玉石的定义，不同的资料有所差异，可见其使用的广泛性、含意的广义性和内涵的难确定性。以较权威的、经典的解释为例：

(1)《新华字典》(商务印书馆)：“玉”为细腻、光泽、略透明的石头。

(2)《现代汉语词典》(商务印书馆)：玉，矿物。硬玉和软玉的统称，质地细腻而有光泽、可用制造装饰品或做雕刻的材料。

(3)《当代汉语词典》(中华书局)：玉，一种矿物，质地细腻而有光泽，可用做雕刻的材料或雕琢成各种装饰品。也叫玉石。

(4)《中国大百科全书》：“玉石”为天然、美观、细腻、坚韧、光泽、柔润的岩石，并谓一般指硬玉和软玉。

(5)《中华人民共和国国家珠宝玉石鉴定标准》(GB/T 16553—2003)对“天然玉石”的定义：“由自然界产出的，具有美观、耐久、稀少性和工艺价值的矿物集合体，少数为非晶质体”。

玉石通常分软玉和硬玉两种。硬玉只指翡翠。软玉泛指和田玉、岫岩玉、独山玉、绿松玉、蓝田玉、南阳玉、羊脂玉、碧玉、青白玉、汉白玉、酒泉玉等。

玉石具有色彩丰富、色调柔和、质地细腻、品质稳定自然之美，具有坚韧度而适宜雕琢造型制作工艺品装饰品优势。

5.3.2.2 *彩石*

彩石指具有美感的色彩、花纹、色泽，质地品质略低于宝玉石，但能满足美术品工艺要求的矿物集合体/石体。彩石和宝玉石有时无准确的划分界线。

彩石中较为贵重的、流传久远、石文化淀积雄厚的是印章石类彩石。如称为中国传统的“四大印章石”寿山石、巴林石、青田石、昌化石。

5.3.2.3 宝玉石

宝玉石指天然的，具有美感、耐久特质，稀少贵重；或经琢磨、雕刻成首饰或工艺品的矿物晶体和矿物集合体。

新疆和田玉、河南独山玉、辽宁岫岩玉和湖北绿松石是中国著名的四大玉石。

5.3.2.4 玉文化

由地质作用形成，具极佳观赏价值工艺价值的美观、华贵的矿物集合体或矿物晶体称为宝玉石，在东方有浓郁深厚的宝玉石文化。

玉的色彩、花纹、色泽，质地给人的美感常常启迪人对玉的鉴赏，雕琢成象征美的、内涵石文化的一件件饰物和工艺品，启迪人们对美的灵感。玉及玉器在中国出现至今已有七八千年，视玉为天地精气的结晶，以玉为载体的玉文化，是中国传统文化重要组成。中国自古以来，从宫廷、上层社会，到平民百姓，都喜爱宝石、玉石、玉器。甚至，人们常将宝玉石、珠宝玉器作为身份、贫富、地位、气质的象征；人们常常用玉形容美好的事物、品德高尚、美好与尊贵的象征。在中国，传承了不同层次及不同内容的玉文化，流传千古的玉珍品和国宝，创作了一部部内涵石文化的文艺作品。

在古代文学中，从玉文化的角度，《红楼梦》（原名《石头记》）可以视为一部以玉、石为主线描述家庭、家族与社会兴衰及社会伦理道德的玉文化巨著。

5.3.3 赌石文化

玉石文化中，对玉石的识别常具有神秘性传奇色彩。玉、玉石/翡翠的荒料（毛料/原石），皮壳多有一层与内部差别的似风化半风化矿物包裹，俗称“原始石皮”，难于直接判定其内部是否为翡翠及其质地优劣。这种翡翠的荒料称为赌石又称赌货。赌石内部是否为翡翠，若为翡翠其质地如何，决定了赌石/玉石交易极大的风险性。赌石交易，犹如赌博。外皮掩盖下难预料的赌石/玉石神秘性，增添了赌石文化的诱惑性、刺激性。

人们喜爱玉石，产有玉石，或玉石集散地，往往是喜好玉石的旅游者优选的旅游地。能获取优质玉石的赌石，也成为旅游者猎奇的项目，并衍生出玉石、赌石旅游文化。

赌玉、赌石，作为旅游地质文化，除了常人的赌石文化，重要的在于宝玉石及宝玉石矿产知识融于玉石文化中，增添玉石文化的地质文化内涵。玉石及赌石，从古至今有许多传说，有许多传奇式的记载和专著，构成了璀璨的玉石文化。

5.4 观赏石赏析要点

观赏石赏析可分为有机融合一体的观赏石外观的“观”，和观赏石内涵的“赏”。前者着重观赏石外在的美学价值赏析；后者着重观赏石科学内涵和观赏者对观赏石感悟人文内涵。

5.4.1 观赏石鉴赏与收藏

5.4.1.1 观赏石鉴赏

观赏石鉴赏及收藏注重造型、色彩、光泽、纹理、质地等品质。观赏石鉴赏还因人而异，人生经历、文化素养往往影响对观赏石的审美效果。

观赏石的鉴赏最为重要的是鉴别观赏石的天然性。观赏石应是石体从地体岩石析离，经自然界雕磨，形成特有的与地域岩石成因关联性、与石体造型关联性。识别观赏石特有的观赏性、奇异性、特质性，观赏石的观赏收藏价值，观赏石的石文化特质。

观赏石的鉴赏，一般首先观赏石的造型、色彩、纹理、质地，得到印象，之后，赏析观赏石造型、色泽、纹理、图案与岩石成因类别、矿物岩石共生组合、结构、地域地质环境关联的内涵，最后，从形象与内涵的融合发掘领悟人石相融的观赏石意境，构成完整的观赏石石文化。

观赏石的评鉴常突出观赏石的特质。如造型石的似物形象，图纹石的入画情景，事件石的特质凝聚。

中国古代观赏石收藏家多有其自身的观赏石鉴赏观点。如天然观赏石称为：奇石、灵石、雅石、寿石、禅石、供石、美石。白居易奇石审美标准是：丑、形、质、色、老、势、气、灵、禅。米芾审美标准是：瘦、皱、漏、透。

5.4.1.2 观赏石收藏

观赏石收藏，微型和小型观赏石适合个人收藏，较大的观赏石适合大型庭院、园艺、厅堂摆设。

5.4.2 观赏石类别赏析

观赏石的类别常常可从观赏石的造型特点、地质内涵、观赏角度，或从某一角度或采用造型与内涵融合的综合性实用性的类型划分和赏析。

5.4.2.1 造型内涵融合观赏石

(1) 潮湿环境下，碳酸盐类岩石岩溶蚀余的造型石。如，太湖石（江苏），灵璧石（安徽），英德石（广东）。

(2) 干旱荒漠风蚀蚀余的造型石，如风棱石（内蒙古、新疆）。

(3) 岩石中矿物结晶如花的菊花石类，如天青石菊花石、红柱石菊花石。

(4) 成岩作用或次生风化作用形成纹理图案的纹理石，如雨花石、三峡石、三江石。

(5) 成岩成矿作用及热液作用形成的结晶形态完好的矿物晶体晶簇，如石英、方解石、石膏、天河石、黄铁矿、绿柱石。

(6) 地层中古生物保存的形体各异的古生物遗体及遗迹，如珊瑚类、腕足类、三叶虫类、爬行类、恐龙类。

5.4.2.2 地表天成观赏石

地质体在地表地质作用下，由原岩破碎离析，经河流或冰河中冲蚀、磨蚀、刨蚀呈含有表生地质作用特征的石块冲积石、冰碛石；或经溶蚀后再淀积成钟乳石、泉华。表生地质作用形成特定造型、特定图案的“天成”、天然的观赏石。

(1) 冲积石。产在河流边滩，造型奇特，纹理和色泽美丽，原岩经琢磨、质地细腻的砾石。

(2) 冰碛石。冰川作用造就形成的独特造型的冰碛石，表面可见刨蚀沟痕、擦痕等。

(3) 钟乳石。碳酸盐类岩石由岩溶作用形成的具备造型奇特、色泽鲜艳特点的钟乳石。

(4) 泉华。在泉水溢出部位碳酸钙等矿化物质沉积而成的钙华、硫华、硝化、硅华等色彩斑斓、绚丽多姿的泉华。

(5) 造型石。由地质作用天然雕塑形成外形奇特、具形态艺术造型的石块。

(6) 图案石。由表生地质作用天然雕塑显露原岩的色彩花纹结构图案，或再淀积过程形成具艺术造型的图案的石块。

5.4.2.3 地质事件石

由地质/自然作用（事件）形成特殊的，具事件性、纪念性、典型性的矿物岩石。如外星物质陨石、落地雷产生的罕见的闪电熔岩（雷击石），火山喷发及地震等重大事件留下来的石体，或某历史事件中有特殊意义的石体。地质事件石特指标记地质事件的地质标型奇石。

5.4.2.4 玉石彩石

颜色、光泽、透明度、造型组合独特或其性质达到工艺要求的矿石矿物类。

5.4.2.5 观赏矿石矿物

形态美观奇特，色彩艳丽明快，有科学研究价值的自然界中的矿石矿物。

5.4.2.6 观赏生物化石

具观赏价值的生物化石，生物化石的科学文化内涵，是化石类观赏石内涵一种特殊的旅游地质文化。

化石形体完整、形态清晰美观，成型性好；结构致密，抗风化能力强；具生物演化与地质环境、地质年代标型意义，能追索生命起源，生物进化及记录着地球历史的古生物化石；化石类别稀有奇特；显示古地理、古生态、古沉积环境的地层古生物标型的化石或多属种的化石组合同出现在一块岩石上；使生物化石观赏石更具观赏性、科学性，兼有旅游地质文化深厚的石品。

5.4.2.7 观赏石材

主要指具观赏价值，经雕凿加工可成为旅游工艺品的岩石。

(1) 生物岩。地史中的古生物（动植物）经石化保存于岩石中形成的生物岩，经切磨加工可成为具特殊花纹图案和观赏价值的商品。显示了地史中生命的存在，显示了生物的演化，显示了地史时期的岩相古地理、气候环境。有较强的科普性、知识性，具有收藏价值。

(2) 大理石。一些质地、纹理、色泽较佳，经切磨加工可具观赏和收藏价值的大理石。色泽纯净、细腻的汉白玉；具较好的花纹图案的板岩、片岩、大理岩；具色彩图案丰富变幻的彩色大理石。

5.4.3 观赏石鉴赏要点

观赏石的旅游地质文化识别，常常以不同类别的特征及属性而具有不同的观赏石地质文化的识别要点。故要把握识别要素，力求深层次鉴赏。

5.4.3.1 观赏石识别鉴赏要素

A 识别要素

(1) 重形。着重于外表“形”与“象”。

(2) 重意。注意其造型或纹理图案的内涵意境。

（3）重善美。以意境取美名，将自然美升华为人文美，达到物我两忘。

B 审美要素

奇特、动感、情趣、古怪、意境、神似、灵气、稀罕。

C 石品要素

（1）品相好，质地致密，天然光洁，色彩简练，浓淡相宜。

（2）石形图案逼真，造型、色泽、纹理、图案、石质，可供品石者想象和领悟。

（3）传统风格与民族风情地域特色相结合。

5.4.3.2 观赏石鉴赏层次

（1）直觉象形。从奇石（客体）的表征，感受感官的刺激、趣味。

（2）风格意蕴。从审美内在赏析客体的风格与意蕴，达到意蕴美，追求情感的愉悦。

（3）石艺交融。以地球科学及地质知识为基础，加上自身的艺术修养和阅历，进行石体外部形态和内在石质形意融合的审美鉴赏，达到石质、意念、美感、心灵融为一体的石艺鉴赏。

5.4.3.3 观赏石品质鉴赏

A 观赏石的美学品质

色、形、质是观赏石美的评估的基本因素。

（1）色：色彩具愉悦感。

（2）形：形体协调完整、象形优美。

（3）质：石质致密细腻光泽丰润。

B 观赏石的科学品质

科学美是观赏石评价的基础。

（1）科学释义合乎观赏石的属性。

（2）“形”、“象”和谐统一，自然融合。

（3）新颖、奇特。

（4）具观赏石属性标型。

C 观赏石的命名

观赏石命名是观赏石鉴赏的重要内容，是观赏石观赏价值、收藏价值的重要体现。

（1）科学命名。根据具体石品综合因素以“求真”进行命名。

（2）艺术题名。从对奇石欣赏角度，表达赏石者的心境和情趣进行命名。

（3）科学命名与艺术题名结合的观赏石命名能起到画龙点睛、调动情感、令人生趣、发人省思，增添观赏石旅游价值的作用。

D 观赏石的地域性

观赏石价值中很重要的因素是产地，即旅游者到旅游地所能收藏到的、具旅游地地域标志性特有的观赏石，如南京雨花石、福建寿山石（含水硅酸盐）、浙江青田石（叶蜡石）、云南大理石。特定地域特有的特定或唯一类型观赏石，其旅游收藏价值更佳。

5.4.3.4 *矿物岩石观赏石鉴赏要点*

矿物类观赏石特别注重矿物的属性，因矿物属性特征往往决定了观赏石、甚至宝玉石的价值。

A 矿物晶体晶簇观赏石鉴赏要点

观赏矿物晶体、晶簇以其形、色、光（光泽）构成诱人的几何造型美、色彩美、光泽美及科学美。评价原则：

（1）色彩。色和光都是人们视觉对矿物晶体产生的第一反应，色彩艳丽、和谐者常使人“一见钟情”。

（2）光泽。光泽是矿物晶体表面对可见光反射的能力。反射率越大，矿物的光泽就越强，观赏价值越佳。

（3）透明度。透明或半透明矿物晶体显得玲珑剔透，表面光洁、透明度好，观赏价值强。

（4）晶体形态。单一晶体，晶体越大、越完整，价值越高。集合体呈排列组合有致、别具特色。

（5）组合。多种晶形/多种矿物晶体的组合，不同颜色、不同光泽、不同晶形组合，增加美感和科学审美内涵。

（6）基底。矿物晶体所附的底座与矿物晶体、晶簇的颜色反差大，衬托性强，能表达矿物晶体主题的特色。

（7）晶体完整性。晶体完整、晶面平直、规整，无溶蚀、残缺、破裂现象。

（8）稀有性。矿物晶体以稀为贵。

（9）包裹体。矿物晶体中的包裹体，增加晶体新奇性、科学内涵。增高观赏、收藏价值。

（10）发光性。矿物晶体的发光性能使其成为珍品。

（11）矿物种类。以宝石类矿物为贵。

B 造型石和图案石鉴赏要点

（1）重形态。外形、图案。

（2）重意境。造型、图案寓意性。

C 事件石的鉴赏要点

事件性、纪念性、典型性。

D 雨花石

（1）质地美。指的是雨花石的石质所具有的审美情趣和情感。

（2）形态美。雨花石千姿百态，以具有曲线美、静态美、动态美、造型奇特者为佳。

（3）色彩美。雨花石色彩丰富，色彩组合和谐统一者为佳。

（4）纹理美。雨花石花纹丰富，异彩纷呈，纹理独特，变幻奇异，给人以特殊的意象美观赏价值及科学价值者为佳。

（5）图案美。由质、形、色、纹的巧妙变化所构成的千姿百态、纹色兼备的图像，产生特殊的奇巧之美。

（6）意境美。情景交融、形神兼备，具有意境美的象形石，为高档次的雨花石。

E 钟乳石

当地下水沿可溶性岩石的空隙流动时，不断溶解岩石，经过漫长的地质年代和地壳升降运动，形成溶沟、落水洞、溶洞、地下河、石林等诸多岩溶地貌，造就了诸多山奇水秀、洞奇石美的旅游地质资源。而地下水溶解了大量矿物质，富含 $Ca(HCO_3)_2$ 的地下水沿岩石的裂隙或断层流入溶洞中，因压力降低，蒸发加快，水中 CO_2 逸出，致使 $CaCO_3$ 沉淀出。

(1) 石钟乳。形成的沉淀物若是挂在溶洞顶棚上，称石钟乳。

(2) 石笋或石塔。如果地下水自顶棚流出后滴落到洞底部，$CaCO_3$ 便在洞底沉淀，形成笋状、塔状沉淀物称石笋或石塔。

(3) 石柱。石钟乳自洞顶向下伸长，石笋、石塔自洞底向上生长，终于使两者连接起来，形成石柱。

石钟乳、石笋、石塔、石柱的形成，是连续进行的三个阶段。

观赏钟乳石要从石的形、神、意等去发现石的巧趣神态。在形状上要像得自然，像得逼真。力求从科学理念上寻找它的特殊之处，从艺术与科学审美角度做到和谐统一。

5.5 地质事件观赏石

5.5.1 地质事件石观赏石

代表某一地质事件的岩块，在水流携带的石块泥沙撞击、磨蚀，雕凿成天然的、内涵地质事件标识的观赏石。诸如内涵古板块碰撞带地质事件意义的蛇绿岩套、深海硅质岩、杂斑岩、混杂岩观赏石；标志冰川运动事件的冰碛石观赏石。

根据观赏石的形态、物质组成、图案、产出环境特点，可有助于地质事件石旅游地质文化的赏析。

(1) 火山爆发事件观赏石。火山喷发在形成火山熔岩、火山喷发岩、火山喷发机构的同时，形成了表征火山喷发作用的观赏石火山弹，火山喷溢后经冷凝固结作用形成的观赏石六方柱石体。

(2) 冰川运动事件观赏石。冰川刨蚀作用形成的羊背石、冰碛石、冰川漂砾。

(3) 推覆、旋卷地质构造事件观赏石。强烈的推覆构造作用形成强烈搓揉、碾磨的构造岩。如卷筒状构造中经磨砺的卷筒石，压扭性断裂带中的透镜状砾石。

(4) 陨石事件观赏石。天体流星坠落地球形成陨石、陨石坑。

(5) 地域地质事件观赏石。地域地质事件往往形成一套相互关联、既具特定构造事件、又具地域岩石特色的地域地质事件观赏石。如板块构造的蛇绿岩套观赏石。

5.5.2 三江并流地域地质事件观赏石

三江并流带不仅发育有组分复杂的沉积岩、岩浆岩、变质岩类，强烈的构造作用形成了各种构造岩类，强烈的挤压作用使不同年代、不同类别的岩类展布地表。而且强烈的山体抬升与河流下切、湍急的峡谷洪流，广泛的冰川刨蚀，产生了风化程度差异、块度不一、磨圆程度不同、岩石成分不同的大量的河床砾石及残坡积砾块，雕琢了大量的怪异的奇石。奇石源自特定地域，形成了具地域特色的三江观赏石（图 5.5.1 和图 5.5.2）。

特定岩类砾石砾块奇石，常在河床或河流岸坡阶地，聚积成奇石滩。不论是奇石滩或奇石，地域特色的观赏石皆具有特定观赏价值和科学价值。如金沙江虎跳峡奇石滩景观及其构造岩、冰碛石观赏石，就是观赏性科学性皆佳，蕴含事件石意义的观赏石。

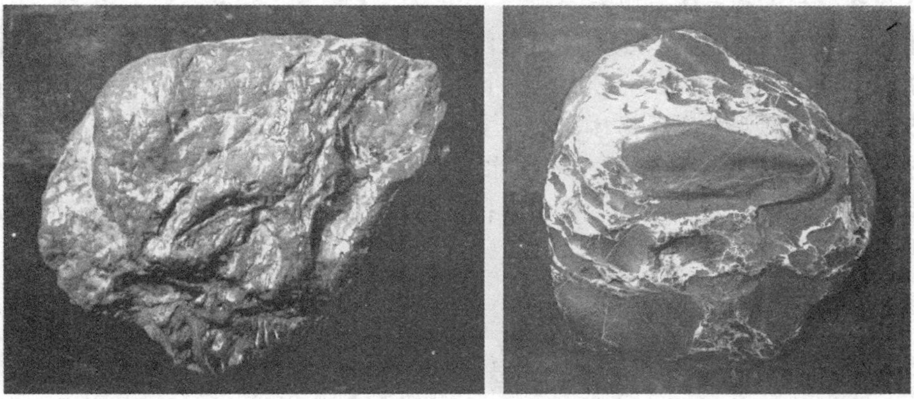

图 5.5.1 金沙江板块缝合线碧玉岩-蛇绿岩套河床砾石观赏石

图 5.5.2 虎跳峡强烈动力构造作用的构造岩观赏石

5.5.3 陨石及陨石坑事件观赏石

5.5.3.1 美国亚利桑那州巴林杰陨石及陨石坑

巴林杰陨石坑和重约 7×10^4t 的陨石位于美国亚利桑那州沙漠地带。是 2 万~5 万年前陨石撞击地球形成，陨石坑宽 1264m，深 174m，坑内壁笔直陡峭，是世界上最大的撞击陨石坑。

5.5.3.2 新疆青河陨石——铁陨石

新疆青河陨石长 2.42m、宽 1.85m、高 3.7m，重约 30t。铁陨石含铁元素 88.67%，镍元素 9.27%；有 8 种矿物，其中 6 种是地球上未发现矿物。陨石发现于 19 世纪末，1917 年载入文献，1961 年运入乌鲁木齐，现存乌鲁木齐市新疆维吾尔展览馆，是世界第三号陨石。

5.5.3.3 山东莒南“铁牛”陨石——石-铁陨石

山东莒南铁牛庙村“铁牛”陨石为石-铁陨石，长 1.4m，宽 0.5m，厚 0.45~0.50m，重约 3.72t。具有海绵陨铁结构，维氏台登像构造、留曼线构造和熔壳构造。

5.5.3.4 吉林省吉林石陨石

吉林省吉林市 1976 年 3 月 8 日陨石雨，落降陨石约几百块，其中 1 号陨石，穿透 1.7m 的冻土层，砸入地下 6.5m，形成一个深 3m、直径 2m 的陨石坑，重达 1770kg。

5.5.3.5 内蒙古自治区锡林郭勒盟多伦陨石坑

具有明显的多环状环形地貌、环形水系。陨石坑内环、中环和外环的直径分别为 8km、82km 和 170km。内环坑中为安山岩；其外为太古宙花岗岩、变质岩和冲积熔融岩组成的环形山残丘。

思考题

5-1 试从观赏石的天然性与宝玉石的雕琢性梳理观赏石赏石要领。

5-2 试选择几件观赏石进行赏石文化的体验。

6 人类文明石体旅游地质文化

6.1 人类文明的石文化标记

地质景观的自然性、普遍性、优美性，既是人类生存的生态环境组成，也是人类文化、人文景观构建的源泉。景观孕育文化，借景抒情，成就景观文化。从古人类的石器文化开始，石体石质地质文化就已成为人类文明的重要组成内容。

6.1.1 石质石体文化

地质景观文化、地质文化中除去大量的以地质景观形体，即因山水而滋生的山水文化、地质景观文化外，地球表面、人类生存环境中大量存在的石体石质物质/景观，也衍生了大量的因石而生的石文化。

石头自古就作为一种人类社会文明的载体，以其稳固的质地石头承载的石文化成为人类文明的记载的优选载体。古人类以石头作为生活生产用具开创的石文化，从旧石器时代、新石器时代到人类发展的各个人类文明历程，都成为记载人类文明的见证，成为人类文明的石文化艺术宝库。

石文化中有历经人工雕琢加工的宝玉石、彩石；有自然营力形成的奇石、观赏石；还有记载人类文明的摩崖石刻，石刻石窟石雕、石牌坊石桥石质文化。它们是地质作用的杰作，是人类利用岩石或石质地质景观，记载人类文明的地质文化，赋予了心灵美感、寄托了灵魂情操意念的圣物文化的结晶，是人类文明淀积的重要标记，是现今影响广泛的旅游地质文化。

6.1.2 石器文化

人类发展的早期，经历了石器时代，旧石器时代和新石器时代的石器文化，记载了人类从古猿到人，区别于猿人、应用和制造劳动工具的石器文明。

人类应用天然石块和石材制作石器工具成为人类进化文明程度的重要标志。

中国旧石器时代的文化遗迹发现有 300 多处。旧石器时代的石器主要是用片状石块打击而成的砍砸器、尖状器、刮削器、球形器。

中国新石器时代遗迹发现上万处。新石器时代的石器制作应用磨制方法，石器开始呈现专门化。如适用于砍木、挖掘、狩猎及生产的石铲、石斧、石锛、石锄、石刀、石磨盘等石器。

石器时代，古人类开创了人类史上的石文化。在人类发展的漫长历史长河中，延续、传承和扩展了石文化，开辟了各种表征人类生存、生活、生产、社会文明的石文化类型。

用天然石块堆砌石屋，堆砌防卫用的石墙、石碉。如中国石屋、石房古石村落，碉楼碉楼民居群。

用石材石料加工石构建建造厅堂、庙宇，雕琢艺术品、艺术殿堂。如柬埔寨吴哥古迹，印度神庙。

用石材石料制作人们寄托心灵或宗教崇拜的祭祀器物，石崇拜广泛作为一种人类自然崇拜和宗教崇拜的重要形式和载体。如中国玛尼石、玛尼墙、玛尼城。

自然界的石体、石山、峰石奇观作为人类精神文明、文学艺术的载体，成为人们朝拜的圣地及圣物，人们休闲观赏的胜地。如中国传统文化中的五岳名山文化，文房类石文化的石砚、石印章，石雕、玉雕饰品工艺品的玉石文化。

石文化成为普遍存在、寓意渊博、记载人类文明的载体，成为地域文明、时代文明的标识。

6.1.3 文房石文化

中国文房文化中，传承着石制的砚台、印章。天然砚台及印章原石的色、质是观赏、赏析和收藏文房石文化的重要内容。

砚石、印章石是文房石料。作为石砚的砚石，质地既致密细腻又微有芒锷，研磨时腻而不滑，最佳硬度为3~4之间（略高于墨的硬度）。砚石的色泽花纹素雅深沉、深浅合适、柔和悦目。

6.1.3.1 *石砚及砚台石*

砚用来研墨，砚与笔、墨、纸是中国传统的文房四宝。石砚是中国传统石工艺品，因其质地坚固，常作文房传世珍品。

制砚的石材，以广东端州的端石、安徽歙州的歙石、甘肃临洮的洮河石、山西绛县的澄泥石著名。以其制作的石砚分别称作端砚、歙砚、洮河砚、澄泥砚，合称“四大名砚”。

经历长期的发展，石砚从早期简朴的文具，逐渐成了集适用与艺术、雕刻与装饰于一体的精美石工艺品，并淀积了深厚的石砚文化。

6.1.3.2 *印章及印章石*

与石砚的文房石文化并存，印章石印章文化和石砚石文化在中国传统文化中源远流长。

在中国传统石文化中，用印章留下印记，来表达或佐证物品权属或认可意愿，印章石极具特色。如书画制作者、收藏者的印章，帝王的玉玺。

用于刻制印章的石材称为印章石，又称印石。石刻印章的印章石常采用石质细腻、色彩丰富、适宜雕刻印章工艺品的玉石。

品种繁多的印章石中，最著名的福建寿山石、浙江青田石、浙江昌化石和内蒙古巴林石，称为中国“四大印章石”，也是以地域特有的地标性名石。

6.1.4 玛尼石文化

6.1.4.1 *玛尼石*

玛尼石是刻有六字真言、慧眼、神像造像及各种吉祥图案的石块和石板。“玛尼”来自梵文佛经《六字真言经》“唵嘛呢叭咪吽”的简称，因在石头上刻有“玛尼”而称“玛尼石”。刻石头经文作玛尼石，把玛尼石在山间、江湖边、路口、寺庙旁，垒放成一堆堆一座座玛尼堆祭坛是古老的藏族传统文化中的一种佛教崇拜、山石崇拜、供奉神灵、祈福吉祥方式。

玛尼石刻有宗教色彩的“六字真言”经文、佛像、图纹，精湛的雕刻工艺与和谐的色彩，使石块成就了有驱魔镇邪、护佑众生、吉祥祈愿灵性的玛尼石。

玛尼石刻渐渐地成为广受游客喜爱的一种旅游纪念品。

6.1.4.2 玛尼堆

在藏族聚居地的寺庙或朝拜之地等神圣地方或重要路口，多有由朝拜者带来的石块（玛尼石）堆砌成石堆（玛尼堆）或石墙。玛尼堆大小不等，玛尼石有的刻有经文或神灵图案，是信徒对原始神灵、山神、战神崇拜的表达。玛尼堆内涵浓郁虔诚且神圣的宗教色彩，是藏传佛教地区极具象征性的石文化。

四川甘孜石渠县巴格玛尼墙和松格玛尼石经城，是无数玛尼石经多年垒叠堆砌起来成墙、成城。数以千万计的玛尼石块雕绘有经文、佛像、神灵、高僧、佛教图案，凝聚着信徒们千百年来传承的信仰及刚毅的石刻艺术的宝库。如今人烟稀少的地域，却遗存有传承千年的规模宏大的玛尼石墙、玛尼石经城，构成了神奇的石文化。

6.1.4.3 松格玛尼石经城

石渠县松格玛尼石经城，始建于格萨尔王时期，由大量玛尼石块逐渐堆砌而成。遗存几千多年的玛尼石堆，高约 10m、长约 60m、宽约 30m，成一座长方形的城堡状“石头城”，墙上有一排排“窗口”，摆放着神像。正面有一道城门可以进出，里面是由玛尼石墙组成迷宫般的玛尼石经城（图 6.1.1）。

图 6.1.1 松格玛尼石经城

石头城，人们不断地往石墙上放玛尼石块。但玛尼石经城的地面由于石块不断加重而缓慢下沉，玛尼石经城不见明显的增高。

玛尼石经城的石墙没有框架支撑，也没用黏合剂，人们随意堆砌起来的玛尼石经城，却稳固岿然。

据传，玛尼石经城起源于格萨尔时期，将士们为了替战死的士兵超度灵魂，在玛尼石经城的位置垒了一个玛尼堆。后来老百姓为缅怀格萨尔王的功绩，纷纷来此朝觐，不断地往上垒叠堆砌玛尼石，逐渐形成了玛尼石经城，直到现在仍为信徒的朝圣圣地。

6.1.4.4 巴格玛尼墙

巴格玛尼墙是藏区目前最长的玛尼墙。

石渠县巴格玛尼墙，经历 300 多年，由大量玛尼石平放逐渐堆砌起来的“玛尼墙”，厚 2~3m、高约 3m，长 1.6km。巴格玛尼墙的玛尼石上多凿刻有经文，玛尼墙中立有佛塔，玛尼墙墙体两面嵌有大小不等的窗口式的佛龛，安放有石刻彩绘的佛像。

砌墙的玛尼石石片上或刻着密密麻麻的经文，或雕刻着佛像、奇异的神兽，或刻有六字箴言，神秘字符，或被点染以红、绿、黄等色彩，或在经文旁边装饰着酥油灯、花、太阳等图案。

每一块精美的玛尼石都显示灵性，显示生命、显示力量。凝聚了玛尼石制作者雕刻者和献石者的藏传佛教信徒的虔诚、信仰和智慧。

6.2 石质建筑文化

6.2.1 石质建筑文化遗迹

世界历史建筑瑰宝的长城、金字塔、婆罗浮屠、吴哥寺都被列入世界文化遗产名录。除了长城是以烧制的砖为主要建筑材料外，其余均用经不同程度雕琢的石料石块所建造。就此而言金字塔、婆罗浮屠、吴哥寺都可列入到璀璨的石文化之列。这些奇迹般的石建筑群，都有神奇的建筑艺术、迷人的文化内涵、传奇般的历史文化。

许多世界遗产都遗存有古石文化遗迹。如：狮身人面像；希腊雅典卫城宙斯神殿石柱；意大利洁白大理石砌成的古罗马神庙，白色大理石米兰杜莫大教堂，大理石雕佛罗伦萨“大卫”，大理石塔身比萨斜塔；巨石修建的耶路撒冷萨赫来清真寺；梵蒂冈广场的大理石石雕石柱；叙利亚大马士革奥玛亚大清真寺朱庇特神高大的大理石石柱；土耳其佩特拉卡滋尼岩石雕琢的巨大圆形剧场；秘鲁马丘兵丘印加遗址的石砌建筑；尼泊尔兰毗尼阿育王石柱；泰国曼谷玉佛寺白色大理石雕；印度尼西亚婆罗浮屠石刻石雕，克久拉霍神庙群；印度泰姬陵雪白大理石建筑；柬埔寨吴哥石砌石雕寺庙群；中国北京颐和园石建筑。

由石块石条石构建，石雕石刻石工艺的建筑，有宏大的巨石建筑群，有精致绝伦的精美雕刻，都应用坚固的石体石材特质石质建筑，记载了精湛而雄伟高超的古人类文明，遗迹辉煌。创造/建造遗迹的民族，有着坚忍不拔的精神、技艺的精湛、虔诚的宗教文化与信仰，开创了人类文明的灿烂之花。

6.2.1.1 北京颐和园石文化

颐和园是我国清朝大型山水园林皇家园林，有着佛香阁、长廊、石舫、苏州街、十七孔桥、谐趣园、大戏台等为代表性石建筑文化。

清晏舫又称石舫，船长 36m，由大理石雕刻堆砌而成。

昆明湖上连接东堤和南湖岛的十七孔桥，石桥宽 8m，长 150m，由 17 个桥洞组成。石桥两边栏杆上雕有大小不同、形态各异的石狮 500 多只。

颐和园 1998 年列入《世界遗产名录》，2007 年列入国家 5A 级旅游景区。

6.2.1.2 柬埔寨吴哥窟石文化

A 石雕石建筑文化遗迹

柬埔寨吴哥王朝的国都和王宫、殿堂、神庙、宝塔古迹，是规模宏伟、高棉古典具有石雕造型特色的宗教石建筑群。

吴哥寺坐落在柬埔寨首都金边北洞里萨湖畔。吴哥寺核心建筑是五座笋状高塔，有精美细致的石刻浮雕、四面佛像，有长达 800m 充满吴哥文化的石质浮雕回廊。吴哥城是一座方城，其 5 座城门都是巨大的四面佛塔，塔身高达 20 多米，进城道路从塔身下通过。

巨石建造的小吴哥神庙高 65m，耗石约 30 亿吨。巴戎寺由三层组成，第三层殿内为一座大佛，四周环绕 20 座石窟（图 6.2.1）。

图 6.2.1 吴哥石文化遗迹景观

B 吴哥石建筑群

印度教的信奉者，为了请神庇护，为心中的神建造巨大的殿堂，崇拜敬仰并供奉她。吴哥的历代国王上台，都要在自己认定的都城中心的山上修建一座属于自己名下的新的神庙，供奉心中的神灵。从 9 世纪到 13 世纪的 400 年间历代王朝，在吴哥修建了一座座巨殿、古堡。有的甚至神庙未建好，王朝即覆灭，寺庙也就半途而废；新的王朝又另择新址，兴建自己的神庙。

吴哥古迹 600 余座石建筑分布于 $45km^2$ 热带丛林中。数百座石构、石雕建造的殿堂神庙是规模宏伟、高棉古典石雕造型特色的宗教石建筑群。整个建筑用一块块大石块垒砌，有的石块重逾 8t。吴歌大部分神庙都用有榫头榫口平整光滑的巨石垒砌，雕刻有精美精湛的浮雕。

C 吴哥石文化

吴哥城包括大吴哥（吴哥通）和小吴哥（吴哥窟）。吴哥城是一座方城，其5座城门都是巨大的四面佛塔，塔身高达20多米，进城道路从塔身下通过。

（1）吴哥寺（小吴哥、吴哥窟）是非常独特的宏伟建筑。吴哥寺核心建筑是五座笋状高塔，有精美细致的石刻浮雕、四面佛像，有长达800m充满吴哥文化的石质浮雕回廊。巨石建造的小吴哥神庙高65m，耗石约30亿吨。

（2）巴戎寺由三层组成，第三层殿内为一座大佛，四周环绕20座石窟。

（3）女王宫是最具特色的精美庙宇，用坚硬的红砂岩，雕刻以植物为主题，除浮雕外，有透雕和半透雕，层次和立体感极强，图案丰富精美、雕刻细腻。

（4）观象台是吴哥城古代皇族政要、外交使节用的，是全用巨石构建的规模宏大的建筑物，台基上无数雕塑精美的石刻大象、怪兽。

D 吴哥文化发掘

吴哥寺这座公元9世纪到15世纪吴哥王朝国都，曾一度被荒废封闭。在1295年至1297年，中国周达观随同中国元朝使节在柬埔寨生活了近一年，在《真腊风土记》中记载了当时在“真腊”（中国隋朝时柬埔寨称为“真腊”）的所见所闻、风土人情和经历。直到1860年，法国考古学家亨利·穆奥根据中国元朝永嘉年间周达观的《真腊风土记》按图索骥，以探险精神，在热带丛林中找到了被人们遗忘了四个世纪的吴哥古迹。历史上，吴哥既是寺庙，又是城市/国都，因此有称吴哥寺，也称吴哥城。1992年列入世界文化遗产，如今，吴哥已成为世界知名的旅游地。

6.2.1.3 印度尼西亚婆罗浮屠石文化

婆罗浮屠位于印度尼西亚爪哇岛，“婆罗浮屠”意为“山顶的佛寺”、“山丘上的佛塔”。兴建于公元750年至850年间。1006年，因附近火山喷发婆罗浮屠被遗弃，沉寂数百年，直到1814年才重新被发现，20世纪初庙宇遗迹才清理修复。有1000多年历史的古老宏伟佛教建筑婆罗浮屠千佛坛，修复如初后，1991年列入世界文化遗产。婆罗浮屠成为每年吸引世界各地数十万佛教徒和旅游者到这里朝拜观光旅游地。

婆罗浮屠为一整座大佛塔，大约由200万块火山岩块石榫卯连接垒砌而成，有2670块浮雕（1300幅佛陀叙事浮雕、1212幅装饰浮雕），505尊佛像。佛塔高10层，高42m，四方形基层边长约118m，向上逐层收缩，下六层正方形，上三层圆形，顶部主塔圆形佛塔直径约10m，有72座钟形舍利塔小塔环绕大塔。塔四面各有92尊坐佛石雕（图6.2.2）。

图6.2.2 婆罗浮屠石文化遗迹景观

6.2.1.4 印度泰姬陵石文化

泰姬陵又称“泰姬·玛哈尔陵”，位于印度北部亚穆纳河边，是一座白色大理石建成的巨大陵墓清真寺。泰姬陵是莫卧儿王朝皇帝沙·贾汗为爱妃泰姬·玛哈尔所造的陵墓。于1631年至1653年建造。由殿堂、钟楼、尖塔等构成宫殿式陵园，是集伊斯兰和印度建筑艺术于一体的古典建筑。1983年泰姬陵列入世界文化遗产。

陵墓主体建筑呈八角形，中央是半球形的圆顶，整座主体用白色大理石所建，在白色的大理石上镶嵌有玛瑙等各种宝石拼缀成美丽的花纹与图案。

在主体两旁各有一座以红砂岩建筑而成，顶部是典型的白色圆顶的清真寺。

泰姬陵整个陵园呈长576m，宽293m的长方形。四周围绕红砂石墙。正中央是陵寝，墓室放着泰姬和沙·贾汗的两具石棺。陵寝东西两侧各建有式样相同均衡对称的清真寺和答辩厅两座建筑，左右呼应。中央圆顶高62m。陵的四方各有一座尖塔，高达40m，内有50层阶梯。塔与塔之间耸立有墓碑，大门与陵墓间用红石铺道连接。

6.2.1.5 古建筑石构件遗迹

（1）北京圆明园遗存石景。圆明园始建于1709年（康熙四十八年），集中国古代造园艺术之精华的大型园林、大型皇家宫苑。

圆明园1860年遭英法联军、八国联军洗劫，成为一片废墟。现今，圆明园遗址残留有少数石构建（图6.2.3）。

图6.2.3 圆明园遗存石景

（2）希腊雅典卫城。“雅典的王冠”帕特农神庙断壁残垣有一根根屹立千年的石柱。

（3）意大利比萨大教堂斜塔。塔身用大理石。塔分8层，底层15根圆柱，中间六层各31根圆柱，顶层12根圆柱，构成213个拱形卷门。

（4）梵蒂冈圣彼得广场。长340m、宽240m椭圆形，地面用黑色小方石铺砌。广场中央矗立一座方尖石碑；两侧由半圆形大理石柱廊环绕，284根圆柱和88根方柱，每根石柱顶端平台上有一尊大理石雕像。

6.2.2 石雕主题石文化

6.2.2.1 挪威奥斯陆维格兰雕塑公园生命之柱

维格兰雕塑公园位于挪威奥斯陆弗格洛纳公园，是一座雕像公园，1924年始建，历时

19年建成。由挪威著名雕塑家古斯塔夫·维吉兰精心设计建造。公园以人生为主题，雕像用铸铁、铜和花岗岩三种材料雕造192座裸体雕像和650个浮雕人像。造型优美男女老少表现了人从出生至死亡的各个时期，因而又称为“人生旅途公园”。公园以“生气的男孩”、“人生喷泉”和“生命之柱”最为有名（图6.2.4）。

图6.2.4 奥斯陆维格兰雕塑公园生命之柱

A 雕像公园的雕像群

（1）桥上雕像群，公园入口桥栏的柱子上雕有各种造型的人体。共有五十八件青铜单身像与群像，多以儿童雕像为主。

（2）公园中央喷水池，池中央由一组人体雕像拱托着一个巨大的铜盘，泉水从盘子中央喷出。喷水池六件巨人雕像周围配置四座雕像。喷水池周围20多棵树下各有一组蹲、坐、互相偎依的男女雕像，青铜人雕与树木相组合象征“生命之树”。

（3）公园最高处小山丘上巨大的方形台基正中耸立着一座代表人生演化生命轮回的花岗岩雕刻石柱“生命之柱”。人体雕像刻画从生到死的生命过程，雕像柱顶为婴儿与骸骨，象征人生的两极。

B 雕像布局结构

公园内雕像突出人的生与死主题。从公园中央的人生柱为中心，从中间到外面展现出生到死亡人生历程。雕像相互呼应，谐和一体。

（1）中轴线。园里有长达850m的中轴线，布局正门、石桥、喷泉、圆台阶、生死柱。主要雕像、浮雕展布其间。

（2）石桥两侧各有29座彼此对称的铜雕。

（3）喷泉四角，各有5组树丛雕。

（4）中央是托盘群雕，圆台阶周围是匀称的36座花岗岩石雕。

（5）中央高耸着生命之柱。

C 生命之柱

生命之柱是挪威首都维格兰雕塑公园的中心建筑，直径 3.5m，高 17.3m，重约 270t，花岗岩石柱高高耸立在圆台阶之上。柱上密密麻麻交叠着雕有 121 个情态不同、首尾相接、向上盘旋的裸体浮雕造像，展现人间生老旋律。

6.2.2.2 印度克久拉霍神庙群

克久拉霍神庙群位于印度中央邦查塔普尔县。克久拉霍曾是“月亮王朝”昌德拉王朝的首都，是著名的古印度宗教城市，印度教的艺术之城。克久拉霍神庙群建于 10 世纪至 11 世纪，是中古时期印度教寺庙建筑与雕刻的代表。

克久拉霍约 6km^2 的范围里，坐落有印度教和耆那教的 85 座寺庙，现在还保存有 22 座。风格独特、主题相同，融宗教、世俗、性爱为一体的雕塑群，庞大的神庙群、精美的雕刻艺术被誉为一部“石头中的爱经”（图 6.2.5）。

图 6.2.5 婆罗浮屠石文化遗迹景观

克久拉霍现存古庙可分东、西、南三个庙群。西庙群中的坎达里亚·摩诃提婆神庙是克久拉霍神庙群中最壮丽的神庙，保存有完整的性爱主题的建筑和雕刻。神庙选用色泽悦目的浅黄色砂石建造，共有 872 尊雕像。雕刻有男女诸神群像，体态丰满的裸体女神，情趣的生活，交媾的男女场景。东庙群主要为耆那教建筑，雕刻着印度三大主神：梵天、毗湿奴和湿婆的形象。

克久拉霍神庙是印度著名的旅游胜地。1986 年列入世界文化与自然遗产。

6.2.3 石砌民居

以未经修凿加工或简单修饰的天然石块，堆砌成人类居住的房舍、生活的场所，镶饰庭院，铺砌路面，或堆砌成寄托人们心灵的玛尼堆；构建以石为天然原料、以堆砌为主要方式的地域特色、民族特色的地质文化。

用天然石块垒砌的民居遍及各地。天然石块石质不同、石块间的天然填充料多少不一，建造的形式各异，显现出不同地域的风格和民族文化。中国广布有石板房、石头村、石头城、碉楼和碉楼民居等各种类型的古村落石砌民居。

四川嘉绒藏区碉式砌石藏族民居，多层碉楼寨房有高达九层 25m。云南丽江玉龙雪山下用灰色天然石块垒砌的三坊一照壁式纳西族庭院民居。

6.2.3.1 *石房石砌古村落*

A 浙江宁波宁海许家山石头村

许家山石头村位于宁海县，民居用当地特有的称为青铜色“铜板石”作墙体石材构筑成石屋。石屋组成石院落，连同石路、石桥构成石村落。

许家山古村落始于明洪武年间，已有 700 多年。许家山遗存有古石屋风貌的三合院及四合院古石民居建筑群。许家山石头村 2010 年评为“中国历史文化名村”。

B 河南南阳市吴垭石头村

吴垭石头村依山势而建，分层筑台建房，随地形和建房的需要，充分利用地势，甚至利用陡峭的崖壁作后墙。

石屋用青石（灰岩白云岩）为石材，墙体用毛石块垒砌，或用加工的石片石砖砌筑；屋面有的用片石上下搭接叠压。以石板为石材构建的石院落、石板路、石板桥，用石制作的石盆、石槽、石桌、石凳、石臼石器构成石屋石村落。

吴垭古村落遗存有原始古村落风貌保存完好的三合院及四合院等石屋院落传统建筑群；保存有原始古朴风貌的古街巷、古墓地、石碑、古树、传统石屋民居村落。

吴垭石头村始建于清乾隆八年（公元 1743 年），已近 300 年。吴垭石头村 2006 年命名为“河南省文物保护单位”，先后评为“河南省民间文化遗产”，“中国景观村落”。

C 河北井陉县井陉石头村

石头村已有五百余年历史，现有 400 余户人家，95%村民为于姓。用石材建成石屋、石院落、石路，石井窖池、石器构成六街七巷十八胡同的石古村落，还有石梯田、石碑碣。

村中始建于嘉靖年间的真武庙用砖石结构，遗存有一块记载于家村建村的石碑。

1998 年井陉石头村被河北省民俗学会命名为“于家石头民俗村”。

D 贵州镇宁安顺布依族石板房

贵州的镇宁、安顺布依族聚居地区，就地取材，利用薄层至中厚层状岩石作石材，建造修造具地域民族特色的石板房（图 6.2.6）。

石板房以条石块石砌墙，以石板石片作楼板、盖房顶，用石板铺地；用大块石板拼成水缸，甚至用石头凿成桌、凳、灶、钵等石器。

布依族民居多为不用粘合材料石砌的干栏式或半边楼式石板楼房，石墙可垒至 5~6m 高，石板片墙体多显自然淳朴风貌。悬山式石板房，屋面为双坡排水。用厚度为 2cm 左右的石片高低错位叠压，铺成鳞片状屋面利于排水，适用美观。

6.2.3.2 *碉楼与藏族羌族民居*

碉楼和碉楼民居为传统古建筑。在我国较集中分布在西藏山南、川西北的藏族羌族聚

图 6.2.6 安顺布依族石板房

居地域。其次，在四川盆地、赣南和闽粤客家地区及广东五邑地区也有分布。

碉楼、碉房、碉楼民居建造材料就地取材，多用石块和石片堆砌成石碉和碉楼民居；有的用泥土夯筑成土碉。通常高二三十米，分三四层。

川西高原藏羌碉群石碉大多分布在阿坝、甘孜地区。碉楼与碉楼民居常常以地域和居住的民族聚居地称为藏族碉楼、羌族碉楼、桃坪羌寨、岷江羌寨、嘉绒藏寨、丹巴藏寨等。各民族及不同地域的碉楼与碉楼民居特色略有差异。

A 碉楼和碉楼民居

藏族碉楼是由藏族先民用石块石片垒砌、具有军事防御功能、形似碉堡的方形建筑物古迹。早期，防御性碉楼单独存在于村寨或几个村寨的隘口咽喉之地。其后，碉楼与民居在空间上结合，逐渐这形成村落整体防御和家庭住宅，家碉与寨碉防御体系，碉楼与民居功能融合的碉楼民居/碉房。有的碉楼与住宅靠近但各自分开，有的在上层碉楼与住宅有过道相连融为一体。

碉楼民居的碉楼和住宅以门、墙、廊、道、梁柱等结构连为一体，碉楼和民居相互衔接、融合，碉楼与院落连在一起，成碉楼民居。

碉楼民居一般高三四层，层高三米多。民居充分发挥垂直空间功能，底层作柴房、厨房、牛羊猪圈；二层为堂屋和主居室；三层以作居室或他用；顶层设有粮仓，房顶作劳作和活动空间。

藏式碉房平面呈方形，墙体内侧与地面垂直，外侧由下而上向内稍倾斜上窄下宽、平顶。

碉楼有四角、六角、八角形，高 10~30m，有的高达十三四层。建筑稳固耐久。

四川北川县羌族乡永安村的一处明代古城堡遗址“永平堡”，历经数百年风雨仍保存完好。

位于汶川县威州镇克枯乡布瓦山上的布瓦黄土碉群，始建于明末清初，遗存至今。

B 岷江羌寨

四川阿坝羌寨中，石碉房民居依山而建，利用有限的地基，层层叠叠，密集成群，其间立有堡垒型的高层碉楼。

C 桃坪羌寨

位于理县杂谷脑河畔的桃坪羌寨，顺陡峻山势而建的黄褐色石碉房/石屋/碉房民居，层层叠叠，其间立有高层碉楼。构成碉楼与民居融合一体的古堡式村寨，被称为“东方古堡”。

碉楼与民居融为一体的桃坪羌寨构由放射状的出口与甬道连通构成四通八达的路网。从高山上引来泉水，经暗沟流至每家每户，构成完整通畅的地下水网。

遗存有9层30米高的古碉楼，每层四方开有射击窗口，顶楼有作为传递消息用的钟孔。

始建于公元前111年，西汉至今已有2000多年历史的桃坪羌寨。现已成为石碉与民居融合、民族特色浓郁的旅游景区。

D 丹巴藏寨

丹巴藏寨的碉楼寨房。民居寨楼与碉楼的特征共融，多相依相连。碉楼寨房一般为三四层，顶层外缘都环围着黄、黑、白三种色带，形成了嘉绒藏寨的一大特色。

丹巴素有“千碉之国”的美称，梭坡和中路的碉楼，一般为四角、六角，甚至有十三角的高方柱状体高碉，有上千年历史、十几二十层，高达30多米，甚至60m的古碉。按功能有隘碉、烽火碉、寨碉和家碉。

E 嘉绒藏寨

甘孜丹巴的嘉绒藏族的砌石民居，村寨多建于向阳、避风坡地，用大石块垒砌成圈状石墙，用碎石、黏土填平，再往上逐层圈砌缩小，再砌盖民居住房。

6.2.4 石桥石坊

石桥广泛分布于世界各地，古石桥、古石拱桥是古代石文化的重要遗存。如世界知名的水城威尼斯就用4百余座石桥沟通120个岛。中国江南水乡古镇古村落有蕴含地域文化的古石桥，如绍兴、周庄古镇的石街、石巷、石道、石桥；京杭大运河上长317m、53孔的苏州宝带桥。山地城镇的丽江古城石桥群。石坊如安徽许国石坊，北京十三陵石牌坊。

（1）北京卢沟桥。桥长266.5m，宽9.3m，11孔；桥孔跨度从中间向两岸渐收，主桥孔跨度21.6m，近岸孔跨度16m。两侧有石雕栏板279块，望柱281根。柱头雕大石狮281个，大狮身上有小狮198个。

（2）赵州桥。河北赵县敞肩式单孔并列券石拱桥，全长64.4m，宽9m，主拱净跨37.02m，拱矢高7.23m。桥上有44根望柱、42块栏板，上画饰龙、兽、花草图案。隋大业年间造。

（3）洛阳桥。福建泉州始建于北宋，原长1200m，宽5m，桥墩46座，桥栏柱500根，石塔5座、石亭7座，石狮38只。

（4）石牌坊。十三陵汉白玉石牌坊，共5间、6柱、11楼，上覆庑殿顶、夹柱石上雕神兽、狮、龙，高14m、宽28.86m，建于1540年，是中国现存的最早最大古汉白玉石坊。

6.3 依石就石的石质文化

依山凿岩而建的石室/石洞，以佛教文化为主题的古代建造的著名的石窟，是我国兴于魏晋，盛于隋唐时期宗教文化与石窟艺术融合的艺术宝库。著名的敦煌石窟、云冈石窟、麦积山石窟、龙门石窟、大足石窟、甘谷大象山石窟、响堂山石窟、剑川石宝山石窟、石窟寺，均是闻名于世的石窟艺术宝库。我国又是石刻石雕古迹著名的国家，如泰山石刻，峨眉山乐山大佛。

6.3.1 摩崖石刻石雕石窟文化

6.3.1.1 *石窟*

依山岩凿成的石室，就山势开凿的寺庙建筑，以佛教文化为主题。大同云冈石窟、敦煌莫高窟、洛阳龙门石窟和天水麦积山石窟并称中国四大石窟艺术宝库。

A 敦煌莫高窟

河西走廊的敦煌莫高窟，又称千佛洞，以精美的壁画和塑像闻名于世。始建于前秦时期，经历代修建，现有洞窟735个，壁画$4.5\times10^4m^2$、泥质彩塑2415尊，有5万多件古代文物的藏经洞，是规模巨大、内容丰富的佛教艺术圣地。1987年被列为世界文化遗产。

B 云冈石窟

山西省大同云冈石窟依山凿窟，佛龛嵌贴在绵延千米的云冈半腰。始建于公元460年，现存主要洞窟45个，窟龛252个，造像5万1千余尊，东部塔洞石窟多以造塔为主，中部石窟满布浮雕，西部石窟以中小窟龛最多。为公元5~6世纪时的佛教石窟艺术。

C 龙门石窟

河南省洛阳龙门石窟密布长千米的峭壁上，始建于公元493年，现存窟龛2345个，题记和碑刻2680余品，佛塔70余座，造像10万余尊。其中最大的佛像高达17.14m，最小的仅有2cm。石窟舍那佛坐像身高17.14m，头高4m，耳朵长1.9m，造型丰满，充满艺术魅力，体现了唐代佛像艺术特点。

D 麦积山石窟

甘肃省天水市麦积山石窟开凿于秦岭山脉高达七八十米、极其险峻的悬崖峭壁，有成百上千的洞窟和佛像，始建于公元384年，现存洞窟194个，历代泥塑、石雕7200余件，壁画达$1300m^2$。石窟造像高者达16m，小者仅10cm。汉式崖阁建筑七佛阁造像俊秀，壁画精美，民族特色浓郁。

E 云南剑川石宝山石窟

云南剑川石宝山石窟的文化艺术，是大理南诏古国文明遗存，是白族地域特色浓郁的石窟艺术。石宝山建有历史悠久的唐宋石钟寺、元代悬空宝相寺、明代金顶寺和清代海云居。石窟摩崖造像隐藏于山上的龟背状裂纹，钟状红色砂岩峰丛间。16个石窟，139尊造像、五通碑碣、44则遗造像题记和其他题记存于石宝山的石钟寺、狮子关、沙登箐。

石雕积淀了特色鲜明的唐宋时期的南诏大理国地方色彩和白族艺术瑰宝。精美石雕标志着佛教神灵和世俗凡人的原始崇拜并存，有众多菩萨、帝王、外国高僧等造像，有代表的南诏国君王造像的“阁罗凤议政图”、“南诏王异牟寻坐宫图”；有反映大石崇拜和生殖器崇拜的石雕造像“阿盎白”，其中“阿盎白”尤为独特罕见。

石钟寺石窟群是国家重点文物保护单位，被誉为“南天瑰宝”（金庸）、“北有敦煌壁画，南有剑川石窟”、“神佛首选地，人间天堂山”（冯骥才）。

F 印度阿旃陀石窟

阿旃陀石窟位于印度孟买瓦沟拉河边峡谷悬崖壁上（图6.3.1）。石窟有大量的雕刻与壁画，以展现佛教传播的历史过程为主，有关于释迦牟尼的壁画，有反映古代印度人民生活及帝王宫廷生活的壁画，各有特色。石窟建于公元前200年到公元650年间，壁画大多画于五六世纪的笈多王朝时期。

图6.3.1 印度阿旃陀石窟

阿旃陀石窟所在的崖壁高达76m，沿河湾外侧崖壁延伸约550m，共有30个洞窟。

印度阿旃陀石窟作为佛教徒的礼拜圣地达9个世纪，其后被废弃，1819年再次发现。

1983年阿旃陀石窟列入世界遗产名录。

6.3.1.2 石刻石雕

人类借用周边的地质体或岩石，以极其简单原始的刻绘、雕凿的方式记载或表达人的思维或意念、现状或寄托。造就了以石、以地质体为载体的石刻石雕类石文化、地质文化。

摩崖岩画、岩棺、石窟、石雕碑刻等石质文化、石质文明，往往形成于一定的自然环境和社会环境，具有很强的地域性、适应性和代表性。

A 四川乐山大佛

四川乐山大佛位于四川乐山岷江东岸峨眉山东麓栖鸾峰，又名凌云大佛，为弥勒坐佛。乐山大佛是中国最大的一尊摩崖石刻造像，开凿于唐代开元元年至贞元十九年，历时约九十年。

大佛头部右侧为凌云山顶。乐山大佛依山临江，头与山齐。大佛通高71m，头高14.7m，头宽10m，发髻1021个，耳长7m，鼻长5.6m，眉长5.6m，嘴巴和眼长3.3m，颈高3m，肩宽24m，手指长8.3m，从膝盖到脚背28m，脚背宽8.5m。乐山大佛佛顶螺髻由石块镶嵌。两耳和头颅后面隐设排水系统，使佛像不为雨水侵蚀（图6.3.2）。

图6.3.2 乐山大佛头部

大佛左右两侧沿江崖壁，有两尊身高超过16m的护法天王石刻群。“乐山大佛”大佛龛窟右侧有高逾6m的《嘉州凌云寺大弥勒石像记》摩崖碑。坐佛左右两侧的棱云栈道和九曲古栈道可登顶观佛。

1982年列为全国重点文物保护单位。1996年列入《世界自然与文化遗产名录》。2011年乐山大佛和凌云山、乌尤山、巨形卧佛等景点组成的乐山大佛景区列入国家5A级旅游景区。

B　福建老君造像

老君造像位于福建泉州清源山老君岩。原道观毁废，仅遗存老君石雕造像。石像高5m，身披长褂，屈足着靴端坐，两手平放于膝上，坐态端庄，神态慈祥和蔼，健康长寿老者的象征（图6.3.3）。

图6.3.3　福建老君造像

泉州宋代道教石雕老君造像是我国现存的最大道教石雕，为全国重点文物保护单位。

C　泰山石刻

利用天然壁刻文记事的石刻现存碑刻500余座、摩崖题刻800余处。大致可分为石碣、石阙、碑刻、摩崖碑刻、墓志、经幡、造像记及石造像、画像石和题名题诗题记等，展现了中国书法艺术。

D　昆明黑龙潭凸字碑

昆明北郊龙泉山的“滇中第一古祠”黑龙潭。黑龙宫中有唐梅、宋柏、明茶、明墓“四绝”。黑龙宫下有水体两池，北边的浑水潭和南边的清水潭间以石桥和堤为界。浑水潭北有一“龙吟虎啸”和“水天一色”的石牌坊和两个石狮、两个石象。黑龙宫殿前有“龙戏珠”雕刻的大石板。

真人殿“碑亭（碑馆）”陈列着明代以来的石碑，是宝贵的文物和艺术珍品。石碑中的道符碑（凸字碑）碑文为的“万物兹生”四字组成的凹刻碑，刻工精细。当人对碑刻凝视时，会产生字符凸凹变化的视觉效应。因此，道符碑常被称为凸字碑（图6.3.4）。极具观赏效果。

图6.3.4　昆明黑龙潭凸字碑

6.3.2 依岩就石的古村落石文化

依岩就石的古村落，或在山间平台、或在谷地，依山势岩体岩石择优而建。如依山势分层筑台建房而建的河南南阳市吴垭石头村，顺陡峻山势而建的桃坪羌寨，在突起的墩台状残山上而建的丽江宝山石头城古村落。

丽江市玉龙纳西族自治县的宝山石头城位于金沙江深切割峡谷西岸，高于江面约300m，险峻峡谷间的陡峭小孤山上，是剥蚀残山上依岩就石的古村落。

6.3.2.1 墩台状残山

宝山石头城所在的侵蚀残山，残山主体下部呈截锥状，上部呈稍向东倾斜的桌状置于截锥上，总体为锥-桌二元结构的墩台状残山。残山顶部南北略长、东西略短，大体呈长200m，宽250m的桌状，面积约0.05km^2。除南西部窄小的颈缩状山丫口外，残山四周悬崖峭壁。上部主体地层岩石为裸露的宝山砾岩，除道路及路边狭窄空地外，几乎全部为房舍所覆盖（图6.3.5）。

图6.3.5 金沙江岸墩台状残山

6.3.2.2 城堡状古村落

被誉为“城”之宝山的石头城，具有石头、城堡、险岭特点。

（1）石头之城。宝山石头城纳西语称“刺宝鲁盘窝”，“刺宝”即宝山，意为“宝山白石寨”，即为没有泥土的白色石头村寨。居民随岩建房、凿石修路，砌石作墙，依石打造石房、石桌、石凳、石床、石缸、石灶等石家具，舂米的石臼、石碓，喂猪的石槽皆由凿石而成，真正是石头的村寨。

（2）天险之城。于紧邻金沙江峡谷的宝山石头城四面悬崖绝壁，仅有南面颈缩状山丫口的南门和东面的东门崎岖小路可与外部相通。地势险要，可谓天然的天险之城。

（3）设防之城。居民在天险之城的边部垒砌了石墙，在南西部高地修建了烽火台和炮楼，就岩溶管道设置地下暗道，使石城构建成天险加设防布局的防御体系。

（4）古老之城。宝山石头城建于宋末元初。宋理宗淳祐十二年（公元1252年），元太祖成吉思汗遣太子忽必烈率军南征大理国，元宪宗三年（公元1253年），元世祖忽必烈以革囊渡金沙江，纳西族酋长阿琮阿良到石头城附近迎降。可见，宝山石头城是具有古老历史的纳西族繁衍之地。

（5）城堡式古村落。誉为石头之城、设防之城、古老之城的宝山石头城，现今分为内城和外城。内城为具城堡特点、为悬崖峭壁围限的“石头城”；外城为内城已满负荷后，向山丫口之南克灵山山麓不断扩展的石头城居民；内城外城居民现皆为百余户。宝山石头城根据山寨周边自然环境，开辟了梯田，从事农业生产，构建了山村特点的经济、生活体系。也是依据生态地质环境，为维护村民生存，免于战乱动荡中受战乱之苦难，构建了对外防御功能的自我保护生存条件。因此，宝山石头城实质上是高山峡谷间、封闭条件下依石而建，与生态地质环境谐和而存，已延续近八百年的城堡式古村落。

6.3.2.3 随岩依石的村落宅居

石头城生存空间的有限性，地基裸露岩石的岩溶复杂性，山民充分利用岩溶残山坎坷不平的地质地貌特点，造就了以石为主题的石文化。

（1）就岩凿石的宅居。房舍、道路均随岩依石而建，乃至住房中的桌、凳、床、灶等皆为依势凿石成石具石器。建房中充分利用石芽石沟，将房舍墙壁的石脚就势堆砌于石芽上，不仅解决了平整地基的艰难，更为重要的是建于斜坡上的房屋因石芽的防滑桩功能而使房屋安稳。

（2）错落有致的房屋。顺应地势，择地建房，总体房舍呈北西稍高、南东稍低、房舍间保持通畅的街巷格局、错落有致的景观。

（3）庭院式结构。居家房舍多填低就高，皆尽量构建成地域民族风格的庭院式结构民居。斜坡上的庭院，充分利用地势，下方建一层一间，向上扩成两层两间，再上成三层三间，类似三角形与方形积木式组合阶梯状房舍。

（4）依势修凿的路径。地形多变，岩石坚硬，房舍间的路径狭窄不平，几乎顺势就地凿石而成路径。凿石而成的台阶、阶梯式路径到处可见（图6.3.6）。

（5）择优而居的布局。从石头城整个山体而言，中东部山体主体为碳酸盐岩类致密块状石体，而西南端为崩塌角砾岩，裂缝醒目，且侵蚀孤峰、悬块、危岩众多。残山中东部集中了密集的民居；残山西南部虽是残山地表最为平缓开阔的台地地段，尽管石头城土地极为金贵，但并不用其作村落房舍地基，而平时闲置作为炮楼、烽火台，布局防御工事的用地。充分显示了居民因地制宜，择优而居，人地谐和的理念。

石头城空间的有限性，庭院、房舍、道路都是对大地利用的最优化组合排布。主要通道石路面，经数百年人畜踩踏磨砺，许多路段光滑如镜。角砾岩花纹图案隐寓着沧桑岁月的艰辛；陡坡急弯路面上马帮踩踏的轨迹，使原有的岩溶凹坑加上马蹄铁掌的踩磨，印下了深深的马蹄印，隐寓了大地对人们无私的奉献，人类生存的坎坷历程。

图 6.3.6 依势就石修凿的台阶、阶梯式路径

6.3.2.4 围城就势的层带梯田

尽管宝山石头城择地于陡峭的残山之上弹丸之地，但生存能力顽强、勤劳、智慧的居民，充分利用有限的土地，在金沙江峡谷陡峭的岸壁上，环绕村落用石块垒砌修建了狭窄带状的层层梯田（图 6.3.7），引用丰富的冲江河水源，创造了独特的由暗渠、水口组合而成，方便用水的自流灌溉网络。

图 6.3.7 残山周边围城就势的层带梯田

6.3.2.5 久远的璀璨文化

宝山石头城的先民不仅以顽强的毅力、聪明的才智、久远的历程，创造了人类尊重自然、依托自然、利用自然，与生态地质环境谐和的、独特的人地合一的地域地质文化。而且也孕育和保存了宝山石头城的浓郁、纯朴民族文化。

宝山石头城邻近地域还保留了远古时代人类繁衍划时代史诗的金沙江岩画；保留了具有中华民族发展里程碑意义的革囊渡江诗篇遗址。

宝山石头城璀璨的地质/石质文化，将与金沙江岩画、革囊渡江史诗作为地域文化遗产而使后人得到智慧的启迪、民族自豪感的增强。

6.3.3 依山就岩的巨石雕像

利用地质体的山体石壁制作巨型雕刻文化，国内外均为盛行。如中国峨眉山乐山大佛古迹，近代美国纪念历史人物，在石体上雕刻的巨型石体石雕总统巨石、南部同盟纪念雕刻、疯马纪念雕像就是例证。

6.3.3.1 美国南达科他州巨石雕像

美国南达科他州西南部的黑山地区，海拔1800m的花岗岩类岩石山体。有两个相距约30多千米，依山就势以整座山体在岩石上雕凿而成的巨石雕像。分别为拉什莫尔山纪念美国四位卓越的总统华盛顿、杰弗逊、林肯和罗斯福的“总统巨石”；疯马山纪念印第安人的民族英雄疯马的“疯马巨石”。

A 拉什莫尔山——总统巨石

总统巨石位美国南达科他州拉什莫尔山国家纪念公园，俗称美国总统公园、总统雕像山。

总统纪念公园雕刻有四座代表美国建国150年来历史，著名的华盛顿、杰弗逊、老罗斯福和林肯四位总统巨石雕像。巨石雕像生动地刻画出四位总统的特征与神态，是人类雕刻艺术的杰作（图6.3.8）。

图6.3.8 拉什莫尔山总统巨石

“美国之父”、“独立宣言”起草人之一的华盛顿雕像是四个巨人像中唯一的胸像，其余三人只雕出了头部形象。华盛顿像头部是圆雕，从衣领部分开始向浮雕过渡，左边的衣领转成浮雕线刻，整个雕像头部五官形象突出，清晰而集中。

拉什莫尔山主要为花岗岩山体。雕刻形体充分利用和保存原始山形，精心设计，用精湛的爆破技术雕凿成像。雕像的脸庞高18m，鼻子有6m长。四个巨像如同从山中长出，山即是像，像即是山，巨像与周围山色融为一体。

纪念公园内有林肯·博格勒姆博物馆，其中有播放关于拉什莫尔山的短片的电影院。博物馆的上方是观赏雕塑的最佳观景台。

雕刻工程由美国著名的艺术家夏兹昂·波格隆创作，从1927年将拉什莫尔山开辟为国家纪念场时开始，1941年底完成。

1966年10月15日，拉什莫尔山被正式列入国家史迹名录，是著名的世界级的旅游胜地，每年有200多万观光者到此来领略巨像的风采。

B 美国疯马山——疯马雕像

雕像位于美国南达科他州疯马山，疯马山是为纪念印第安的民族英雄、苏族部落的一位年轻的酋长疯马命名的拉科塔人圣山。在布拉克山以传说中的拉科塔酋长疯马形象雕刻了疯马纪念雕像。

1948年，被疯马的故事感动著名雕刻家克扎克，在协助古赞完成了总统巨石后，在他快40岁时开始了疯马山艰苦的疯马雕像雕刻工作，直到1982年去世前，画好了疯马雕塑的施工图纸，传给他的子孙们继续雕刻。历时50年，在1998年完成了疯马头像部分。

拉科塔人的圣山疯马山的疯马雕像高达170多米，长200多米，人物头像高26m，比总统巨石要高大10倍。

6.3.3.2 美国佐治亚石山——南部同盟纪念雕像

美国佐治亚州海拔520m、高出周山250m的花岗岩山体。雕刻有南部同盟纪念雕像，右边为南部同盟总统杰弗逊·戴维斯，中间和左边为南方指挥官罗伯特·李和斯·杰克逊。位中的李将军高度超过9层楼房，战马长145m。20世纪50年代建佐治亚石山公园。

6.3.4 凿石成堂的岩石教堂

在岩石石山上，在整体岩石中开凿造型成整体的建筑物。如埃塞俄比亚拉利贝拉岩石教堂，芬兰赫尔辛基岩石教堂。

6.3.4.1 埃塞俄比亚拉利贝拉岩石教堂

拉利贝拉位于埃塞俄比亚拉斯塔山脉。拉利贝拉岩石教堂始建于公元12世纪后期，是12世纪和13世纪扎格王朝建筑的丰碑。重新修整的拉利贝拉教堂已经成为祈祷和旅游人群的圣地。

教堂完全凿建在山体岩石内。在山坡上寻找合适完整的巨型岩石，先在四周凿出12~15m深的沟槽，使其成独立的石体；然后在巨石上雕凿成岩石教堂。

拉利贝拉的11座岩石教堂大致分为3群，彼此间由地道和回廊连为一个整体。

梅德哈尼阿莱姆教堂是岩石教堂中最大的教堂。这座教堂由一块长33m、宽23.7m、高11.5m的红岩凿成。有5个中殿和一个长方形的廊柱大厅，28根石柱，石柱、窗棂上雕有几何图案。屋顶为阿克苏姆式尖顶。

耶稣基督教堂有五个中殿，教堂长33m，宽23m，高11m，精雕细刻的飞檐由34根方柱支撑。

圣玛利亚教堂高9m。三个中殿都覆盖着装饰性绘画及描绘耶稣和玛利亚生活场景的壁画。

6.3.4.2 芬兰赫尔辛基岩石教堂

赫尔辛基岩石教堂又名坦佩利奥基奥教堂，位于赫尔辛基市住宅街的岩石高地，是在一整块巨大的花岗岩岩石中开凿而成。岩石教堂建造于1969年。

教堂的房顶由100条放射状的梁柱支撑，镶嵌透明玻璃；地面教堂呈一个直径20多米的淡蓝色铜制圆形拱顶。教堂入口走廊为隧道状。教堂大厅呈直径24m的环形，内墙石壁为不经修饰的原生岩石，内壁保持了天然花岗岩纹理。

环形教堂正厅左侧岩壁上有管风琴，大厅音响效果非常好。岩石教堂可同时容纳 940 人，定时举行礼拜宗教活动，不定期的举行各种音乐会。

6.4 远古文明的石文化遗迹

6.4.1 巨石文化

巨石文化是古代人类用巨石雕琢或巨大石块砌筑而成的建筑物的石文化。

6.4.1.1 远古巨石文化

用巨石雕琢或巨大石块砌筑而成的建筑物遗迹。不论建筑物的造型各异、不论遗存完整程度差别，都是人类古文明的标志。远古的巨石文化是人类史前文明的重要见证之一。

在石质文化中，有一部分是原建筑面貌无法考证，原建造工艺不清，残缺不全的石质岩块遗迹，是神秘未解的世界奇迹石遗迹文化。

（1）庞大而神秘的古非洲古埃及金字塔。

（2）埃塞俄比亚古都阿克苏姆遗址。屹立十几根四棱形花岗岩巨大石柱，每根高达 35m，重达二三百吨。

（3）南美蒂亚瓦纳科古城遗址。由重达几十吨甚至数百吨的巨石叠砌成的建筑物；整块岩石雕凿成的巨大石门；用 100~150t 的石块建造码头最大的达 440t。

（4）南美萨克塞华曼古城堡，由重量超过 100 多吨的巨石堆砌，其中有一块巨石重达 360t。古巴比伦遗址的巴比通天塔，用巨石砌成共七层，长宽各 91m，高达上百米。

（5）非洲大津巴布韦石头城用重达几十吨、甚至数百吨的巨石砌成。黎巴嫩巴尔拜克古城废墟中有重达 1200t 巨石块的神殿。

（6）印度“黑色巴格达”寺院高达 75m，其屋顶是用重达 2000 多吨的石板。

（7）亚历山大里亚大灯塔，原为高 16 层的巨大白色大理石建筑。

（8）黎巴嫩巴尔别克殿遗址，原始部落神殿遗址外围城墙有逾千吨的三块巨石；另一块称为“南方巨石”的巨石长 20.8m，宽、高过 4m，重超 1200t。

（9）复活节岛巨石雕像群，千余尊大小不等的巨石雕像群，最高的达 22m，直径 3m，重逾 400t；平均重 60t 左右。据碳同位素测定，推测复活节岛上最早的人类遗迹是在约公元 690 年。

（10）希腊雅典奥林匹亚竞技场遗址。

（11）意大利罗马斗兽场遗址。

6.4.1.2 科潘玛雅遗址巨石文化

位于北美洲洪都拉斯西部的圣塔罗萨峡谷中。公元前 200 多年为玛雅古王国首都，科学文化和宗教活动的中心。科潘王国在公元 5 世纪到公元 9 世纪达到鼎盛，在 10 世纪初期突然衰落，并被遗弃。直到 19 世纪才在丛林之中挖掘出来。遗址包括金字塔、祭坛、广场、6 座庙宇、石阶、36 块石碑和雕刻等。

科潘石碑和石阶上有记录科潘王国历史的玛雅文字。

科潘是玛雅文明中最古老且最大的古城遗址，遗址的核心部分是宗教建筑金字塔祭坛、广场、庙宇。也是洪都拉斯境内重要的旅游点之一。

1980 年列入《世界遗产名录》。

在山坡和庙宇的台阶上，耸立着一些巨大的、表情迥异的人头石像、代表太阳神的人头石像（图 6.4.1），在广场附近，一座庙宇的台阶上立着一个非常巨大的上面刻着金星。另一座庙宇的台阶上，有两个狮头人身像；在祭坛的雕刻群中，刻有 4 个盘腿对坐的祭司。还有用黑色岩石碎片镶嵌成花斑状的石虎和石龟。

图 6.4.1 科潘玛雅遗址人头石像

在广场的山丘上有一座由 2500 块刻着花纹及象形文字的方石块垒成的祭坛，高 30m，共有 63 级台阶，石阶两侧雕刻着两条倒悬着的花斑大蟒。在广场的中央祭太阳神和月亮神的庙宇，墙壁门框中有丰富多彩的人像浮雕，两座庙宇间的空地上，耸立着由整块的石头雕刻而成 14 块石碑，上面刻满了具有象征意义的雕刻和数以千计的象形文字。

6.4.1.3 阿克苏姆方尖石碑巨石文化

埃塞俄比亚北部提格雷地区，公元 1 世纪至 10 世纪著名的阿克苏姆王国遗址古迹中，遗存了大量的、以巨大的方尖石碑及大理石碑为标志、众多的巨大的石桌、石凳、石柱及王陵的巨石文化。1979 年被列入世界遗产名录。

标志性的巨型方尖石碑，用花岗岩雕凿而成的石碑群，一般高 3~4m，最高的达 33m。阿克苏姆国王卡列卜陵墓的墓室的顶部用整块花岗岩砌成，墓壁上刻着埃塞俄比亚最古老的文字——盖埃兹文。

阿克苏姆遗址作为古非洲阿克苏姆文明文化遗产，1979 年列入《世界遗产名录》。

6.4.1.4 巨石阵巨石文化

巨石阵中的石块为未经雕琢的天然石块。

（1）伦敦索尔兹伯里巨石阵。由一组高大的巨石，组成一个直径约 30m 的环圈。柱状巨石高 5~10m，平均重 25~30t，其上架有巨石横樑。还竖有五座位形如门框的三石塔，其中最高一块重约 50t。据同位素年龄测定，推测建筑物大约始于公元前 3100 年前。重达 25~30t 的青石和砂石，分别由 30km 和 200km 外的采石场运来。

（2）法国布列塔尼摩尔比昂的卡尔纳克巨石阵。由每块立石高 1~6m，分为数列，长达 4km，总数近 3000 的巨石群。分为三个群落：

1）麦克石群。纵列长 100m、宽 110m，呈 11 列长阵，共 1099 块。

2）克尔马利沃石群。长 1120m，宽约 100m，呈 10 列长阵，共 1029 块。

3）克尔勒斯康石群。长 860m，宽 139m，分为 13 列，共 598 块。

6.4.1.5 埃及金字塔巨石文化

埃及金字塔是用石块堆砌而成的正三角形或四方形等的正多边形尖顶状锥体建筑物，是古埃及国王（法老）的陵墓。分布于尼罗河畔的沙漠中，是古埃及文明的见证，是古埃及的标志（图 6.4.2）。

图 6.4.2 埃及金字塔与狮身人面像

埃及金字塔始建于公元前 2600 年以前，目前遗存有近百座金字塔，大多分位于开罗西南部的吉萨高原的沙漠中。以胡夫金字塔、哈夫拉金字塔和门卡乌拉金字塔祖孙三代的金字塔群为代表，并以胡夫金字塔最为著名。

巨大的方锥形胡夫金字塔底部边长 230m，高 146m，用 260 万块重 1.5~160t（平均重约 2.5t）的巨石叠砌而成。金字塔群东用一块巨石雕琢的一座狮身人面像。像高 20m，长 57m，脸长 5m，头戴“奈姆斯”皇冠，额上刻着“库伯拉”（眼镜蛇）圣蛇浮雕，下颌有帝王的标志——下垂的长须。一只耳朵有 2m 多长。

用灰岩、花岗岩等建成的金字塔，经历四五千年的风化剥蚀，有的被掩埋于沙漠中。

古埃及王国、特殊造型的巨型石建筑古金字塔、狮身人面像，塔内的甬道、石阶、墓室、木乃伊等是“古代世界八大奇迹”之一，1979 年列入世界文化遗产，是神秘未解的巨石文化。

6.4.1.6 马耳他巨石庙

马耳他岛国有众多古老的新石器时代用巨大的石块建成的神庙遗迹。马耳他巨石庙又称“马耳他巨石文化时代的神殿”，是马耳他在戈佐岛等地的著名历史古迹。

散布在马耳他岛上古村落中的巨石神庙群，建造于公元前 3500 年到公元前 1500 年。以杰刚梯亚神殿和哈格尔基姆神殿闻名于世。其中戈佐岛上的杰刚梯亚神殿是世界上现存的最古老的神殿。

虽大多神殿已坍塌，但保存较完好的基本结构显示巨石神殿群建筑气魄宏大，建筑结构复杂，工艺精湛，有雕凿粗糙的，也的琢磨光滑的。嵌接的石墙石头之间没有灰浆黏合（图 6.4.3）。

图 6.4.3 马耳他巨石庙

用硬质的珊瑚石灰岩巨石建成的杰刚梯亚神殿，正面高逾 8m，外墙石材高达 6m。

巨石庙群于 1913 年开始发掘，1980 年列入《世界遗产目录》，1980 年称作杰刚梯亚庙群，1992 年扩展范围并改为马耳他巨石庙。

6.4.2 远古岩画

6.4.2.1 岩画

岩画是在岩石上或岩壁上刻画的图画，也称为崖壁画、崖画（《当代汉语词典》，中华书局，2009）。

岩画是在岩穴、石崖壁和岩石上磨刻或用颜料涂画的石文化，是人类以石作工具，描绘、记录他们的生产生活内容，多为新石器时代和青铜时代所作，是古人类早期文化遗产。

6.4.2.2 中国远古岩画

中国古岩画，北方岩画大都是磨刻、敲凿、线刻刻制的，岩画简洁、明快。南方岩画大多以赤铁矿粉调和牛血为涂料涂绘制作，红色色彩稳定。北方岩画多表现动物、人物、狩猎及各种符号；南方岩画多描绘动物、狩猎。

中国古岩画分布广泛，代表性的如：内蒙古阴山岩画，新疆巴里坤夹山柳树沟岩画，宁夏贺兰山岩画，甘肃嘉峪关黑山峡岩画，江苏连云港锦屏山将军崖岩画，广西宁明花山岩画，云南麻栗坡大王崖天神禄岩画，金沙江岩画。

A 贺兰山岩画

贺兰山在古代是北方游牧民族放牧游猎、生息繁衍的地方。贺兰山遗存有 20 多处古岩画，记录了远古人类放牧、狩猎、祭祀、争战、娱舞、生殖的场景。

银川贺兰口在沟谷 600 多米的岩壁上约有千余幅岩画，画面艺术造型粗犷浑厚，题材广泛，写实性较强。大部分是春秋战国时期凿刻和磨制。

B 阴山岩画

分布在内蒙古阴山山脉的阴山岩画，用敲凿和磨刻，充分体现北方游牧民族的衣、食、住、行。岩画多以写实为基础，具有浓厚的生活气息。

阴山岩画制作年代从旧石器时代晚期、新石器时代、青铜时代至明清，跨度逾千年，具有明显的多时代性。

C 花山岩画

花山岩画位于广西左江流域宁明明江河畔的断岩山，高 270m，南北长 350 余米的临江陡峭壁，遗存有规模宏大的战国至东汉时期壮族先民绘制的赭红色涂绘类岩画，历经两千多年。

岩画以赤铁矿和动物胶、血混合调制的颜料绘制，呈红色。在宽约 200m、高约 40 余米的范围，可数的图像大约有 1800 余个，可分 110 组图像。岩画以人像为主体，勾绘内容多样的社会生活场景。

花山岩画大多采取色块平涂，形成“剪影”般的艺术效果。花山岩画整体规模宏大、单体气势雄伟、体形硕大使画面气势雄阔，是国内外规模最大的古岩画之一。

宁明花山岩画，据年代测定，其年代为距今 1680~4200 年。

花山岩画列为全国重点文物保护单位，为国家级风景名胜区。

D 金沙江岩画

金沙江岩画指沿金沙江江岸分布的岩画。金沙江中上游云南段的金沙江岩画见于迪庆、丽江、大理、楚雄等地；与其相邻的四川攀枝花、凉山也有分布。以迪庆、丽江相邻的金沙江河段最为密集。

丽江金沙江岩画较集中见于长江第一湾之下，虎跳峡向北又急转向南的“玉龙湾”金沙江河段江岸地带，共60余处。岩画大都绘画于江岸下部陡峭崖壁，有的绘画在江岸砾石砾块上。岩画壁下多有能容二三十人站立的临江平台。

岩画内容

岩画主体要为野生动物和狩猎场景，次为人物，还有抽象图案、符号。画幅大者达200m^2。野生动物多为野牛、鹿、野猪（图6.4.4）。

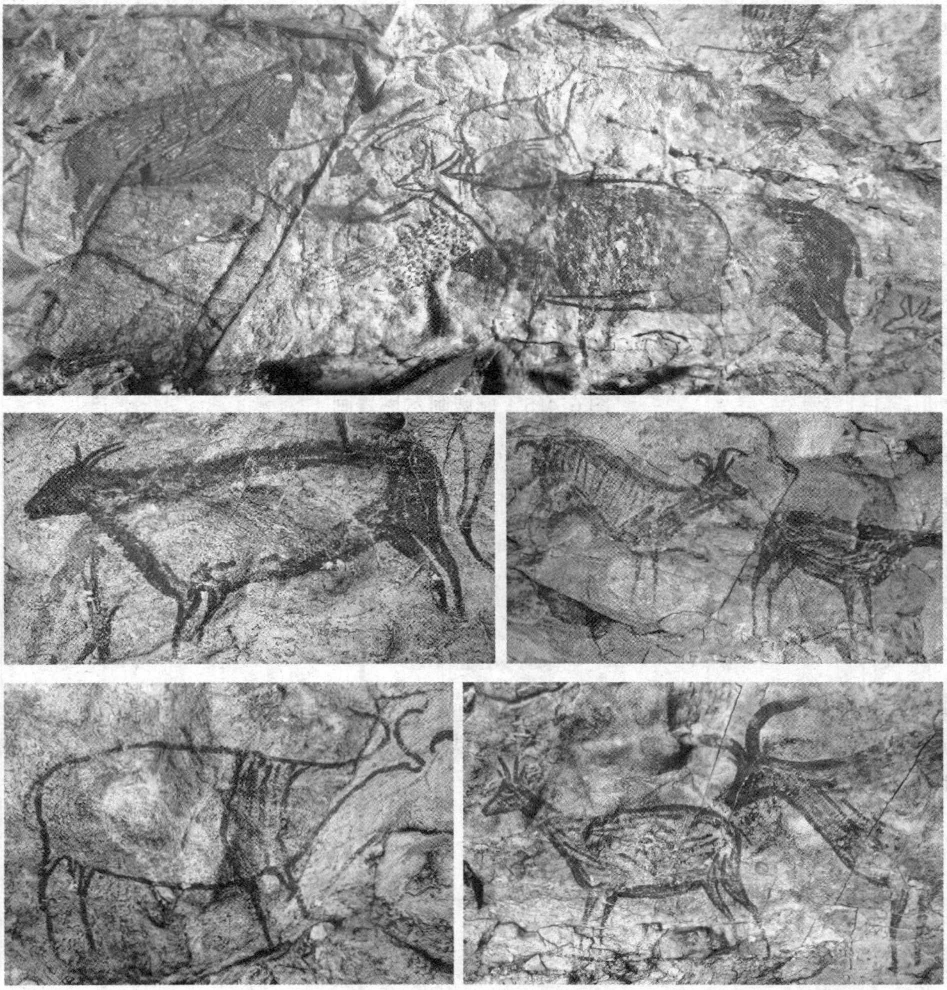

图6.4.4 金沙江岩画局部

岩画技法多用线条勾勒绘画

岩画颜色以红色为主，颜料可能为红土、赤铁矿、褐铁矿，用动物血、胶、植物树脂调和作画。

岩画成图有不同时间、重复作画特点；成画时代“具有旧石器时代崖壁画动物种类及造型方法上的诸多一致性”。

6.4.2.3 挪威阿尔塔岩画

临近北极圈的芬玛克郡阿尔塔海湾挪威阿尔塔岩画，在 5km 长的临海斜坡上，有 3000 多幅的岩画，散布于 7 个地区 45 处。其中“马格德林文化”的 150 多幅岩画集中在长 18m、宽 9m 洞窟入口处。

阿尔塔岩画群为公元前 4200 年到公元前 500 年雕绘，主体为旧石器时代晚期的古岩画遗迹。有宗教礼仪；有捕鱼、狩猎、航海等人类活动；有各种动物和人物、几何图形（图 6.4.5）。

图 6.4.5 挪威阿尔塔岩画

岩画用天然矿物颜料，矿物质掺有炭灰、动物血和土壤。

阿尔塔岩画发现于 1869 年，1985 年列入《世界遗产名录》。

思考题

6-1 试就依石而生的石文化探索人类文明的石文化标记。

6-2 试就“人类文明石体旅游地质文化”的石文化类型，探索石文化是否存在地质文化的地域性以及地质环境对人类文明的影响。

7 人类文明地体旅游地质文化

7.1 人类文明的地体文化淀积

7.1.1 人类文明淀积的载体——地体

地质体是地球形成演化长河中地质作用的产物，组成地壳及地球的实体。

地质体，地球中由一定的物质/矿物岩石构成，可区别于周边物体的具有一定形体的实体。按地质体的组成（矿物岩石、化学元素）、物质之间的结构构造、相互关系的区别，以及人类识别的角度，地质体有单一成分的和复杂成分的，有简单组构的和复式组构的，有单一单元的和复式单元的。

在地表风化剥蚀情况下，地质体呈现出不同形态色彩的形体。

地质体是具有科学性的地质物质的实体。通俗地而言，地质体是现今地球/地壳表面的实体，呈现为现今的“大地”，即人们俗称的“地”，人类赖以生存的“大地”，人类赖以生存繁衍，人类文明淀积的“地”。

大地，是人类母亲。地体，是人类赖以生存的实体。人类在地体上繁衍，人类在地体上获取赖以生存的物质养分。人类通过对地质体的认知，获取人类的知识文化；人类通过对地体原始认知的淀积，创造人类依托地质体的原始文化，从而扩展人类文明。地，是人类文明衍生之源。

从此而言，为区别于具体的“石文化”、“山水文化”等地质文化元素，可形象地、笼统地称由地球/地壳/地质体衍生的地质文化为“地体文化”。“地体文化”可区别于严格学术意义的“地质体”地质文化。

7.1.2 地质体旅游地的地质地体文化

作为以地质体为主体的旅游地，地质体的属性、地质体的形体是旅游地的特质所在。人类依托地质体衍生的人类文明是地质体旅游地的人地交融文化，使旅游地的地质文化彰显出“人杰地灵”、“沧桑毓秀”特有的地质体旅游地特有的地域地体地质文化。

地质体旅游地的地体文化包含相互关联又各具特色的三大部分文化：

（1）基于地质体属性的地质地体文化。其中典型性的地质体特有的特色文化是：地质体的地质遗产价值文化和地质体的旅游价值文化。

（2）基于地质体生态地质环境衍生的形体地体文化。其典型性的地质体特有的特色文化是：地质体景观文化；含衍生物的地体景观文化；生态地质环境变异衍生的地体文化。

（3）基于地质体的人地交融地体文化。其典型性的地质体特有的文化是：地质景观与人文交融衍生旅游景观文化；人类工程活动旅游地质文化；地质资源旅游资源化社会化旅游地质文化。

7.1.3 “地-天地-人地”地体文化模型

地质体地质属性、生态地质环境、人地交融的大地地体文化可概括为：地质体固有特质-地质体与生态地质环境衍生-地质体与人类交融衍生的地质体旅游地文化综合体地体旅游地质文化模型。可简化为：地质体旅游地的“地-天地-人地”地体文化模型。

地体的人类文明淀积，使地体旅游地质文化的组成包含：人对地的属性认知文化，人对地的美感文化，人对地的发掘文化，人与地的和谐文化。

地体旅游地质文化具有源于地域特色的地体文化的地域性，源于地质沧桑演化的时空性、变异性特质文化。

7.1.4 地质体与人类文明耦合效应文化

地质体地质景观旅游地是有其内涵的地质文化价值，当人类活动的某些人文因素直接融入到地质文化之中时，对旅游地质文化的价值具有提升作用。如古人类文化遗址、摩崖岩画、岩棺墓葬、石雕碑刻、石窟石质文化、矿产开采遗址等人类活动石质文化景观，这些地质体旅游地人地关系中的人文要素叠加，形成地域中独特的人类文明旅游地质文化。

旅游地质地体文化充分地将地域地质景观与自然景观、人文景观相融合，展示人类赖以生存的生态地质环境，展示人地谐和的旅游地人地关系协调发展。形成地质体地质景观与人类文明耦合的旅游地质地体文化效应。

7.2 地质遗产地旅游地质文化

地质体中有一部分杰出地代表地质发展过程、地质作用产物典型性，经认定可作为地质遗迹/遗产的地质体。这部分地质遗迹遗产地质体旅游地是高品级、品牌性地体旅游地质文化标志。地质遗产的认定、地质遗产通过地质公园、国家公园等形式的展示，构成了高品级的、地质主题性的地体旅游地质文化。

7.2.1 展示地质遗迹地的地质主题文化

7.2.1.1 地质遗迹与旅游地质文化

作为地球发展见证的地质遗迹是自然遗产的组成内容，其文化内涵是地质文化的重要组成。作为地质遗产的地质遗迹/地质体旅游地，其蕴含的地质遗产文化往往是地质遗产旅游地的品牌形象，地质遗产旅游地的旅游地质文化精髓。

与地质遗迹通过地质公园展示一样，地质遗产文化的主体也是通过地质公园、地质公园的地质博物馆而充分展示，旅游者通过地质公园文化而领悟地质遗产地旅游地质文化。

此外，地质遗迹旅游地质文化的传播途径主要还有：

(1) 地质遗迹、地质公园的网络平台；

(2) 地学、地质、地理方面的期刊杂志；

(3) 世界遗产及世界地质公园、国家地质公园申报及建设的相关报道和专题、专稿、专刊。

7.2.1.2　地质公园文化

地质公园是地质遗迹地质遗产地的地质文化最好展示，而且是将地质遗迹地质文化转化为旅游文化的最佳方式。地质公园文化是展示地质遗迹的地质主题文化。

地质公园文化具有地质遗迹展示和休闲、旅游功能的地质公园，蕴含有以公园的形式展现地质资源旅游资源化社会化、赏析地质景观、拓展地质文化的功能。地质景观特色各异、地质文化深蕴的高品级地质公园/地质遗产公园是特色旅游地质景观、地质文化为主题的主题公园。

地质公园文化主体为地质遗迹，次为展示地质遗迹文化的地质博物馆、标识牌、公园标志（图 7.2.1）。

图 7.2.1　腾冲火山地热国家地质公园地质遗产文化标识

7.2.2　世界遗产地中国南方岩溶旅游地质文化

7.2.2.1　中国南方岩溶旅游地质景观

中国南方发育以石灰岩和白云岩为主的碳酸盐岩类的岩溶地貌（喀斯特地貌）。中国喀斯特有面积大、地貌多样、典型、生物生态丰富等特点（图 7.2.2）。

中国南方有众多的岩溶景观的著名风景名胜区：

（1）广东肇庆七星岩有七座石灰岩山峰形如北斗七星，山前星湖潋滟，山多洞穴，洞中多有暗河、各种奇特的溶洞堆积地貌。

(a)

(b)

(c)

图 7.2.2　中国南方喀斯特

（a）贵州荔波喀斯特；（b）昆明石林喀斯特；（c）重庆武隆喀斯特

（2）广西盆地峰林峰丛。平地拔起的峰林，层层叠叠的峰丛，开阔的岩溶洼地和孤峰。广西桂林山水和阳朔风光主要是以石芽、石林、峰林、天生桥等地表喀斯特景观著称于世，并且是山中有洞，无洞不奇。

（3）以岩洞地貌为主的芦笛岩溶洞景观，景观内有各种奇态异状的溶洞堆积地貌，形成了“碧莲玉笋”的洞天奇观。七星岩石钟乳构成的地下画廊，真是琳琅满目。武鸣伊岭岩，北流沟漏洞，柳州都乐岩，兴平莲花岩，兴安乳洞，永福百寿岩，宜山白龙洞，凌云水源洞，龙州紫霞洞等也都是著名的溶洞景观区。

（4）云南昆明石林风景区，高大巨型石芽群峰林景观大、小石林、乃古石林、和莫村石林、石板哨石林、天生桥。泸西阿庐沽洞、建水燕子洞，九乡溶洞，白龙洞。

（5）贵州省有兴义尼函石林、修文石林；黄果树瀑布岩壁钙华地貌；龙宫洞，贵阳地下公园，镇宁犀牛洞，镇远的青龙洞，龙山的仙人洞，毕节的织金洞，黔灵山麒麟洞。

（6）四川九寨沟钙华滩流，珍珠滩瀑布；黄龙风景区钙化池、钙化坡、钙化穴岩溶景观；石柱县新石拱桥为喀斯特天生桥地貌。

（7）湖南武陵源黄龙洞，冷水江波月洞；神仙府洞。

（8）江西鄱阳湖口石钟山景区绝壁临江洞穴群；彭泽龙宫洞。

（9）浙江瑶琳仙境岩溶洞穴。

（10）江苏宜兴善卷洞、张公洞、灵谷洞。

7.2.2.2 中国南方喀斯特世界自然遗产

中国南方喀斯特覆盖约 5×10^4km²，占整个中国喀斯特面积的55%，集中了中国最具代表性的喀斯特地形地貌区域。其中云南石林以“雄、奇、险、秀、幽、奥、旷”著称，被称为“世界喀斯特的精华”；贵州荔波曾入选“中国最美十大森林”，是布依族、水族、苗族和瑶族等少数民族聚集地；贵州兴义万峰林、广西桂林山水、四川兴文峡谷等很多喀斯特景点享誉国内外。中国南方喀斯特在地质地貌、生物生态、美学、民族文化等方面的世界价值，长期以来得到了国内外的广泛重视和认同。

由中国云南石林、贵州荔波、重庆武隆等喀斯特景观共同组成的“中国南方喀斯特”（South China Karst）（其中云南石林为世界地质公园、中国5A级旅游景区），根据遗产遴选标准，作为世界自然遗产，2007年列入《世界遗产名录》。

列入世界遗产名录的中国南方喀斯特遗产地由云南石林的剑状、柱状和塔状喀斯特、贵州荔波的森林喀斯特、重庆武隆的以天生桥、地缝、天洞为代表的立体喀斯特共同组成，形成于50万年至3亿年前，总面积达1460km²，其中提名地（核心区）面积480km²，缓冲区面积980km²。它们整体具有突出的普遍价值，各自作为中国南方喀斯特类型的典型代表。连片地区形成了独特的喀斯特多样性，表现为高原地区、高原和低地过渡地带的峰丛喀斯特、深切峡谷喀斯特，包含了完整的热带、亚热带喀斯特上升发育区的结构系统和演化序列。

中国南方喀斯特景观域包含出色的自然美景与美学重要性的自然现象或地区，代表了生命进化的记录、重要且持续的地质发展过程、具有意义的地形学或地文学特色等的地球历史主要发展阶段的显著例子。

世界遗产委员会认为：“中国南方喀斯特”在喀斯特特征和地貌景观方面的多样性是无与伦比的，代表了世界上湿润热带到亚热带喀斯特景观最壮观的范例，因而具有突出普遍价值；中国南方喀斯特——云南石林是最好的自然现象和世界上该类喀斯特的最好参照，是世界上石林地貌的最好范例，是喀斯特特征的模式地。

A 贵州荔波森林喀斯特

荔波森林喀斯特位于黔南布依族苗族自治州，茂兰国家级喀斯特森林自然保护区，总面积21285公顷。荔波喀斯特原始森林、水上森林和“漏斗”森林，合称“荔波三绝”。根据喀斯特地貌形态与森林类型的组合，荔波森林喀斯特可分为：森林密集覆盖的喀斯特峰丛漏斗的漏斗森林，森林广泛覆盖的喀斯特锥状洼地的洼地森林，森林覆盖较广的喀斯特盆地/谷地的盆地森林，森林浓密覆盖的喀斯特槽谷的槽谷森林。

荔波樟江小七孔、大七孔、水春河峡谷樟江风景名胜区是荔波山水的缩影。小七孔的水上森林，森林长在碧水中，碧水在林中流淌，丛林树木根系裸露水中，紧抱住石块。大七孔的天生桥、原始森林、峡谷、暗河、地下湖、大七孔古桥风景绮丽。

B　云南石林喀斯特

云南昆明石林位于滇东高原腹地，以喀斯特景观为主，是岩溶/喀斯特地质地貌景观。多样性的喀斯特形态，密集型的剑状、刃脊状、蘑菇状、塔状呈高达20~50m的林柱状石柱群。高大石林与低矮石芽、洼地、溶蚀湖、溶洞、瀑布组成岩溶峰丛峰林景观。

昆明石林岩溶景观是岩溶术语“石林”的命名地。云南石林国家地质公园、世界地质公园面积约400km^2，包括八个旅游片区：大小石林、乃古石林、芝云洞、长湖、大叠水、圭山国家森林公园、月湖、奇风洞景区。

C　重庆武隆喀斯特

重庆武隆喀斯特位于重庆市东南部乌江下游，包括芙蓉洞岩溶洞穴喀斯特系统、天生三桥喀斯特系统、后坪冲蚀型天坑喀斯特系统三个独特的喀斯特系统，是长江三峡地区新近纪以来地壳抬升所形成的喀斯特系统。

芙蓉洞是一个大型石灰岩岩溶洞穴，长2400m，宽高多为30~50m。洞内发育有各种形态的石钟乳。

武隆天生三桥天龙桥、青龙桥、黑龙桥三座串珠式天生桥群，峡谷间，气势磅礴。天龙桥桥高200m，跨度300m；青龙桥桥高350m，宽150m，跨度40m；黑龙桥有独具特色的三迭泉、一线泉、珍珠泉、雾泉。

后坪天坑群为位于原始森林中的5个天坑，天坑呈圆桶形状，口径和深度300m左右，坑壁陡直，天坑中又连天坑。

7.3　地域生态地质环境衍生旅游地质文化

地质构造、地质环境条件的差异，导致生态地质环境的地域差异，从而衍生地域特色浓郁的地域旅游地质文化。

不同自然环境形成地域特色的山水文化，如中国三山五岳文化、桂林山水文化。

为适应地域生态地质环境衍生的地质-人文景观文化，如干热地域环境中的坎儿井文化，沙滩沙漠中的沙雕文化，封闭生态地质环境中的峡谷文化。

人类文明淀积文化遗产的建筑群在遭受自然/地质环境变异而消亡。有的在经历漫长岁月后被重新发现挖掘遗址遗迹。如印度尼西亚婆罗浮屠、意大利庞贝古城、中国楼兰古城遗址。

7.3.1　生态地质环境衍生特色旅游地质文化

7.3.1.1　山水崇拜文化

人类赋予山水以神的灵性，以神山、圣湖崇拜信仰来以崇高的信念和虔诚的心灵追求向往人与大自然，人与世间万物和睦相处的美好纯真意愿。名山名水的崇拜，演绎了丰富而优美的山水崇拜文化。中国的名山名水崇拜文化蕴含了极其丰富的、极具旅游吸引力的旅游文化。

A 中国名山特色文化

名山文化是山水崇拜文化的典型代表。中国的名山文化源远流长，具有浓郁的特色：

（1）自然景观与人文景观精品复合，品牌享誉古今中外，文化底蕴浓郁。

（2）风景名胜、旅游胜地久远。

（3）众多的、文雅的、内涵丰富的命名。

（4）众多的文人名士游览，诗书文画赞颂。

（5）帝王将相登顶朝拜、赐书。

（6）宗教、佛道各派修炼传教。

（7）庙宇、名胜遍山。

B 中国古今山水崇拜的名山

（1）三山：安徽黄山、江西庐山和浙江雁荡山。

（2）五岳：东岳泰山、南岳衡山、西岳华山、北岳恒山、中岳嵩山。

（3）五大宗教名山：山西五台山、四川峨眉山、浙江普陀山、贵州梵净山、安徽九华山。

（4）四大道教名山：湖北武当山、安徽齐云山、四川青城山、江西龙虎山。

7.3.1.2 沙文化/沙雕文化

在海陆交互的海岸滨海地带众多的沙滩、陆地上广阔的沙漠、湖盆海滨沙滩，除构成滨海阳光沙滩“3S”旅游文化外，还构成了丰富的以沙为主题的沙文化。沙雕文化已成为旅游文化中的沙文化组成内容。

A 沙体与沙雕文化

沙雕，是把沙子堆积起来后，用沙堆雕刻成造型艺术品。

沙雕艺术起源于20世纪初，到20世纪80年代发展成为沙雕艺术。

沙雕艺术在有沙的沙滩、沙体等自然环境中，以沙为艺术品原料，以人们喜闻乐见的题材为主题，塑造自然景观、自然美与艺术美和谐统一的沙雕艺术品。沙雕艺术品的大小可据雕刻者要求从巨型到小型，以很低的成本和投入，在很短的时间里，由“一盘散沙”显现成人们期望的艺术品和艺术效果。

以沙为载体的沙文化，利用沙及沙体展现沙及沙体特质，展现人们以沙、沙体所引发的思维、精神世界，以沙及沙的艺术造型蕴含寓意、以沙及沙的造型寄托人的情感与胸怀。

沙雕适合于个体或群体的创作参与；适合于按人们的需求确定场地、确定主题、确定时间、确定规模；适合于同一场地按需求更换主题，展示不同沙雕艺术品；适合于艺术爱好者的艺术交流。

围绕某一主题、由许多群体参与的大型沙雕活动，可通过围绕主题的沙雕群体造型，使沙雕作品有突出的故事性、趣味性、艺术内涵性。使沙雕作品具有很强的观赏价值，使沙雕活动有很强的观赏吸引力。

沙雕活动是借用沙体的松散堆积而非固化的沙雕艺术品，其展示和保存极具时间短暂性。因此，一次沙雕活动、一次沙雕艺术品的展示极具唯一性、特色性，能在短时间内吸引沙雕艺术的观赏者/游客。沙雕活动是极易形成的一项具操作性、策划性、商业性、易于获取旅游效益的旅游活动。

沙雕活动参与性、娱乐性、大众性、主题文化性的融合，沙雕活动的现代艺术与旅游业结合，举办沙雕节能为举办地的旅游项目产生极好的旅游效益，能为雕刻爱好者提供适时艺术作品展示的机遇。因此，自美国佛罗里达、加利福尼亚首创沙雕竞赛和沙雕节以来，沙雕活动很快以沙雕节的形式在世界上得到迅速推广发展，已成为许多著名滨海游览地深受旅游者喜好的特色旅游品牌。

沙雕活动的世界性发展，产生了沙雕活动的国际性团体，如亚太地区的太平洋亚洲沙雕协会。亚太沙雕协会协调组织亚太地区国家举办国际沙雕艺术节。

举办国际沙雕节较著名的有：美国沙雕节（美国佛罗里达州 MVERS 沙滩），美国马萨诸塞州波士顿国际沙雕节（波士顿），中国舟山国际沙雕节（舟山朱家尖南沙），JESOLS 国际沙雕节（意大利威尼斯），圣彼得堡国际沙雕节（俄罗斯的圣彼得堡），魁北克国际沙雕节（加拿大魁北克市），圣淘沙国际沙雕节（新加坡的圣淘沙），德国沙雕节（波罗的海沿岸城镇 Travemuende 的海滩）等。

中国举办沙雕节的主要举办地有浙江舟山、上海余山、山东青岛、宁夏沙湖、云南陆良等。2001 年 3 月在云南陆良彩色沙林举办的国际彩色沙雕大赛，首创了独特的彩色沙雕艺术。

B 云南陆良彩色沙林旅游地质文化

云南陆良彩色沙林是新生代半固结砂岩台地，由水的侵蚀及淋蚀作用形成的林柱状沙体景观。层状沙体丰富的色彩，增添了沙林的观赏性；沙体天然的可塑性提供了天然沙雕造型和保存的可行性。

基于沙特性的沙雕文化

陆良彩色沙林为变幻莫测、造型奇异的林柱状半固化的沙质地质体，可作为彩色沙雕的优良原料的特有的、罕见的沙质均匀纯净的单色彩沙。有利于沙雕工艺的发挥和沙雕艺术品较长期的保存（图 7. 3. 1）。

图 7. 3. 1 陆良彩色沙林沙雕

奇异造型、色彩斑斓的沙林地质文化融入彩色沙雕文化，衍生了浓郁的彩色沙林旅游地质文化。

云南省陆良从 2001 年成功举办首届国际彩色沙雕大赛以来，连续举办了不同主题的国际沙雕艺术大赛。陆良彩色沙林与海滨之沙、沙漠之沙不同，陆良彩色沙林特有的林柱状沙体造型、沙体色彩、沙体可塑性，其沙雕艺术氛围、沙雕艺术造型、沙雕色彩赢得了国内外沙雕艺术爱好者的好评和认可。沙雕文化与商务活动融合，为陆良彩色沙林的沙雕艺术创造了地域特色的沙雕艺术主题，许多沙雕艺术品被长期保存下来，成为沙雕博物馆，成为旅游观赏的艺术品。陆良彩色沙林举办的沙雕活动，沙雕艺术，其用沙的天然彩色性和具一定的可塑性是其他任何沙雕活动地所没有的独特性、唯一性。

基于沙林景观的影视文化

借助沙林景观的刚健、凝重、挺拔气势而构建出仿古战场、仿古城堡，作为拍摄《三国演义》《西游记》等著名的影视巨作的场地，具有名著影视景观效应。在提高陆良彩色沙林知名度的同时，发掘和展示了陆良特色旅游地质景观的旅游地质文化。

基于沙林景观的摄影文化

彩色沙林奇异的地质景观、色彩斑斓的沙体林柱，色彩与造型的融合，常常使人感到身临其境，激起人们的摄影兴趣。不仅吸引游客进行拍照，同样也是摄影爱好者创作摄影文化、采风的景色。2004 年，我国著名摄影家就在昆明举办过采风自陆良彩色沙林的《著名摄影家镜头里的彩色沙林摄影艺术作品展》。

基于爨文化的地域旅游地质文化

现存于滇东地区的爨龙颜碑（公元 458）、孟孝琚碑（公元 156 年）和爨宝子碑（公元 405 年），被称为滇东三碑，显示了东汉后期至南北时期中原文化和云南地方文化交融，滇东爨文化是该历史时期滇东地域性爨夷人文化。

借助陆良彩色沙林地质景观和沙体，展现滇东爨文化，滇东爨文化与沙林地质文化、沙文化的结合，构建以彩色沙林、沙体、沙雕为载体，以地域历史文化民族文化为源泉为题材陆良彩色沙林特色文化，创新和扩展了地域旅游地质文化。地质旅游资源与人文旅游资源的有机融合，把一个水土流失的采沙卖沙之地创建为国家 4A 级旅游景区。从采沙场到 4A 级景区，将地质资源转化为旅游资源的地质资源旅游资源化社会化、转化为旅游地质文化。

7.3.1.3 坎儿井旅游地质文化

坎儿井，又称井穴、井渠。坎儿井是用于截取地下潜水来进行农田灌溉和居民用水系统，始于西汉，凝聚于勤劳与智慧的古老传统用水工程形式，渊远流长，流传至今，遍布于中国新疆吐鲁番地区。吐鲁番的坎儿井总数达 1100 多条。

A 坎儿井兴建的生态地质环境

吐鲁番盆地北部山麓、冲积扇缘地带荒漠生态地质环境中，砂砾渗水性强，春夏时节有大量积雪溶水和雨水流下山谷，渗入戈壁滩下，地下水埋藏较深。人们巧妙地利用地势坡度、地下水的潜流态势和稳定流量，创造了引地下潜流集水自流、开发利用地下水的坎儿井。

在蒸发量远远大于降水量的极端干旱地区，坎儿井用水系统不受季节、风沙、炎热气候影响，可常年稳定自流，且水质好，是新疆特有的灌溉取水工程形式。

吐鲁番地区地下水的坡降与地面坡变近于相似，砂砾和粘土胶结质地坚实井壁及暗渠不易坍塌，提供了坎儿井开挖和保存使用安全稳定的良好水文地质条件。

B 坎儿井主体工程体系

竖井。开挖或清理坎儿井暗渠时运送地下泥沙或淤泥的通道，也是通风口。多在井口遗留有圆锥状土包。

暗渠。坎儿井聚集引流地下水的地下渠道，坎儿井的主体工程。

龙口。坎儿井水由暗渠流引向明渠的出水口。

明渠。坎儿井在地表流水的沟渠。

涝坝。具有蓄水和调节水作用的蓄水池。

7.3.2 生态地质环境变异的人类文明遗迹旅游地质文化

在人类文明淀积地域，生态地质环境变异，不论是突发的还是缓慢进展的，都影响甚至毁灭人类文明的淀积产物。火山喷发火山灰掩没庞贝古城，干热干涸水环境导致楼兰古国的消亡。据遥感信息与考古文化结合指出，如今出露于非洲沙漠中的金字塔，其周边还有数量较多的金字塔及古埃及时期的人类文明聚集地均被为沙漠所淹没。

7.3.2.1 意大利庞贝古城遗址旅游地质文化

庞贝古城位于意大利南部坎佩尼亚，维苏威火山以东约 10km，是一座背山面海休闲度假、历史悠久的古城。

维苏威火山是数千年来不断喷发的活火山。公元 79 年 8 月 24 日，18 个小时的火山爆发，厚约 5.6m 的火山灰湮没了建于公元前 7 世纪的罗马庞贝古城。大约 2 万的庞贝居民部分逃离古城，部分连同古城埋葬于火山灰下。

千余年后，人们在维苏威火山脚下萨尔诺河畔施工时发现了刻有“庞贝”字样的石刻遗物。其后，相继发现了女性雕像、人体遗骸，维苏威火山的爆发时掩埋的城市。1789 年，开始挖掘工作，1860 年，实施较系统的古城发掘。经过 100 多年的发掘，展现了庞贝古城的基本轮廓。

庞贝古城略呈长方形，东西长 1200m，南北宽 700m，四周有城墙。城内街道纵横如棋盘，四条大街呈“井”字形，路面由石板铺就，上有不少凸起的石阶，沿街有排水沟。城内宏伟的建筑物如庞贝广场、圆形竞技场、大会堂、朱庇特神庙、阿波罗神庙均展示了昔日辉煌气势。大会堂有露天的前庭、32 根大柱子支撑的高两层的大厅。阿波罗神庙有 48 根庙柱和宏伟的台阶。

庞贝古城列入世界文化和自然遗产，庞贝古文化成为璀璨的旅游文化吸引着数以万计的游客。

7.3.2.2 楼兰古城遗址旅游地质文化

新疆重要古迹楼兰古城遗址，位于塔克拉玛干大沙漠中，若羌县境内罗布泊以西的雅丹景观之中（图 7.3.2）。

楼兰王国建于公元前 176 年前，是汉代西域三十六国之一，是古老丝绸之路上的重要枢纽。公元 630 年左右，有着 800 多年历史的古城消失于沙漠之中。现今废墟遗迹散布在罗布泊西岸的雅丹景观之中。

1900 年春季，在罗布泊西部发现了佛塔和密集的废墟遗迹，古代的铜钱。后经多次考察，发掘到了楼兰古城遗址。相继发现海头古城；有米兰城郭、两座佛寺及墓地的米兰遗址；有木乃伊、骷髅、巨大木板和厚毛织物碎片，保存完好的女尸的小河墓地；在孔雀河古河道北岸的古墓群太阳墓，太阳墓每座古墓周围用木桩围成圆圈，并组成若干条放射状，呈太阳放射光芒状。经测定，太阳墓距今 3800 年。在罗布泊北岸遗址，发掘了西汉

图 7.3.2 新疆楼兰古城

纪年的汉文木简，汉代烽燧遗址，铜器、铁器、漆器、木器、骨、石、陶器以及丝、麻织品残片。

楼兰古城遗存有黄土夯筑城墙，用芦苇柳条编织抹上黏土的居民院墙，塔基为方形的佛塔，周边的古烽燧、粮仓、古墓遗址遗迹。

塔里木河、孔雀河、罗布泊的游移，生态地质环境的变化可能是楼兰古城消失在沙漠之中的重要因素之一。但楼兰古城的兴衰与消失，楼兰古城的真实面貌，至今还是迷离难解。现有的挖掘发现的古代人类遗址遗迹，轮台古城、且末遗址、古墓葬群、古烽燧、木乃伊、古代岩壁画等珍稀的旅游景观已展示了古老的楼兰与古西域文化。伴随楼兰古国遗迹发掘的历程，通过媒体传播，楼兰文化构成各种形式的旅游文化。

7.3.3 封闭地质环境衍生旅游地质文化

7.3.3.1 封闭性文化环境的峡谷文化

新生代的造山带发育众多的峡谷，如珠穆朗玛山麓的雅鲁藏布大峡谷，滇西北金沙江、澜沧江、怒江、独龙江大峡谷群。山高谷深、交通阻隔、信息闭塞，社会经济相对封闭的大峡谷生存环境下，大峡谷中形成了相对原始的远离近代文明、自成体系的峡谷文化：

（1）人口相对稀少而语言民风民俗特异的民族聚居区形成特色各异的民族文化。如雅鲁藏布大峡谷的门巴族、珞巴族民族文化；怒江大峡谷的傈僳族、怒族、独龙族民族文化。

（2）原始的生产与耕作方式。

（3）原始的宗教信仰。

7.3.3.2 三江并流峡谷群怒江大峡谷旅游地质文化

横断山脉从东到西平行的沙鲁里山、云岭、碧罗雪山-高黎贡山间金沙江、澜沧江、怒江呈现山夹江，江隔山的山水并列并流的三江并流峡谷带的世界奇观。金沙江中段虎跳峡峡谷深逾 3600m，峡谷长 20km，落差 213m，平均每公里落差达 12.65m 江面一般 30~60m 最窄处仅宽 20 余米。虎跳峡先期为 U 形冰川谷地，后叠加了强烈侵蚀下切成 V 形河谷，形成 U-V 套谷。怒江大峡谷长 600km，平均深逾 3000m，东西两岸分别为海拔 4000m 和 5000m 的碧罗雪山和高黎贡山。澜沧江大峡谷长逾 300km，平均每公里落差 21.6m。

三江并流峡谷带封闭的生存环境下构成了自成体系的峡谷文化。

A 大峡谷文化的原始性

三江并流峡谷带，由于地处偏远、山高谷深，交通阻隔、信息闭塞，交通不畅，直到近代，相对封闭的生存环境导致形成了独特的峡谷文化带，傈僳族、怒族、独龙族等民族较多地保留了原著居民传统文化的原始性。

(1) 原始粗放的耕作方式，刀耕火种农耕方式。

(2) 原始的宗教信仰，自然崇拜、动植物崇拜、图腾崇拜、鬼神崇拜、祖先崇拜、性力崇拜等许多原始崇拜，神秘莫测的祭祀仪式。

(3) 原始性的特色形态的生活习俗，自然信仰和对神崇拜的原始族群共同特征，形成原始性特征十分明显生活习俗禁忌。

B 大峡谷文化的汇聚性

峡谷特殊的相对封闭的地形条件和人类生存环境，作为人类交流通道的峡谷构成峡谷文化的汇聚，具有文化的古老性及文化的汇聚性特征。

悠悠的峡谷通道沟通汇聚融合了峡谷及其纵横子系“五里不同音，十里不同俗”民族文化习俗的大峡谷文化。

横断山脉三江并流带的高山峡谷中，通畅地保持有延续至今的文化传播古道——茶马古道、马帮文化，遗存了古代民族迁移、民族文化交融的通道踪迹。

神山、圣湖崇拜的神圣的神山文化、圣洁的神湖文化是“大峡谷文化”“雪域高原文化”的组成。

7.3.3.3 云南昭通金沙江支流横江峡谷旅游地质文化

金沙江支流横江峡谷的盐津豆沙关峡谷五道并行是人地合一、人文与地文交融的古今通道旅游景观。

A 古今延续的五道并行

豆沙关峡谷五道并行位于川滇交界的盐津县横江，是出滇入川、连接中原的咽喉要道。在宽仅数百米峡谷五道并行，五道紧邻，或仅距几十公尺。是自然旅游资源与历史文化的完美结合，罕见的峡谷古今通道（见图 7.3.3）：

图 7.3.3 豆沙关江河峡谷·五道并行旅游地质景观

（1）关河水道。石门关下的关河，乾隆九年（1744年）通航，为东川铜、昭通朱提银都运往内地的通道。

（2）秦五尺道。石门关陡壁有开凿于秦代的五尺道，是古代中原进入云南的重要通道。

（3）昆水公路。经石门关，20世纪50年代末修筑的昭筠公路、70年代修筑的昆水公路。

（4）内昆铁路。经石门关横江东岸，2003年10月竣工的内昆铁路。

（5）水麻高速。2008年于五尺道旁建成水麻高速公路。

B 五尺道遗迹

开凿于秦代的豆沙关五尺道，汉武开南夷道，经历代修筑，形成了著名的南方丝绸之路的重要路段，独具特色的朱提文化。历经2400多年的沧桑巨变，古道至今犹存。五尺道于豆沙石门关口现存长约350m，宽1.7m，是迄今秦五尺道上保留最长、最完好、马蹄印迹最多的古驿道。

C 唐袁滋摩岩

豆沙关唐碑亭岩壁上有唐朝御使中丞、著名的书法家袁滋的唐袁滋摩岩，列入国家级重点文物。

D 僰人悬棺

豆沙镇关河南岸悬崖绝壁半腰间天然石洞内现存九具悬棺。

7.3.4 脆弱性地质景观“生命周期”旅游地质文化

石体、沙体、土体，部分脆弱性地质体，在风化剥蚀下，地质景观从生成到消亡，呈现地质景观的“生命周期”。

7.3.4.1 地质景观“生命周期”文化

在地质环境条件及成景作用的制约下，地质景观都有萌芽–成型–衰亡的地质景观“生命周期”过程。只是地质景观岩性的差异，风化条件的悬殊，萌芽–成型–衰亡的地质景观“生命周期”过程的速率也大不相同而已。有的相对稳定，“生命周期”长而缓慢，人们难于觉察；有的相对脆弱，“生命周期”较短暂，地质景观变化显著，人们易于觉察。旅游地质景观“生命周期”既是旅游地开发关注的问题，又因地质景观“生命周期”的奥秘性，地质景观“生命周期”地质文化成为旅游地极具吸引力的旅游地质文化。

7.3.4.2 脆弱性地质景观“生命周期”文化

地质景观中，孤立的柱状体或柱状体组成的林柱状旅游地质景观，如碳酸盐类的峰林峰丛、石林、石柱，砂泥质疏松沉积物的沙林及土林柱体。其“生命周期”过程相差极大，极易被关注。溶蚀作用为主的石林石柱相对稳定；淋蚀作用为主的沙林土林地质景观极其脆弱、欠稳定、易衰亡。

在较为稳定的自然环境，林柱体的生命周期较为漫长，但当林柱体处于柱体侵蚀作用发育的特殊环境条件下，或被人类活动干扰破坏林柱体所处的自然平衡状态时，林柱体的生命周期的正常状况破坏，加速了林柱体的衰亡，加速了林柱状旅游地质景观的整体性协调性的破坏，导致整个旅游景观旅游地的衰亡。脆弱性明显的地质景观最为突出。

7.3.4.3 淋蚀型林柱状旅游地质景观的脆弱性“生命周期”文化

沙林、土林的柱状地质景观脆弱性因素主要为：

（1）沙体土体（成景岩体）物质成分以富含黏土的砂泥质为主体，处于半胶结半成岩状态，极易被解体淋蚀。

（2）沙体土体物质结构的松散性，极易被解体、垮塌。

（3）沙体土体产状的平缓性、成层性、相对均匀性，极易于地域性垂直节理裂隙系统的发育，平缓和垂直裂隙网络系统的规律配置，有利于片流天水沿裂隙系统下切扩展，有利于流水网络的均衡发展。既利于林柱状景观的形成，同时也利于沙体沙柱体的淋蚀衰亡。

（4）林柱状旅游地质景观成景沙体台地表面往往有盖层含铁质淋蚀硬壳、密集植被层或聚集的砂砾层。当其遭受侵蚀剥蚀而破坏或消失时，松散结构的沙体失去保护壳，则极易被剥蚀、淋蚀。

（5）林柱状地质体的直立性，当其根基被侧蚀掏空，失去重力平衡支撑，极易垮塌消亡。

（6）地处天水降水季节分明，降水集中，有暴雨的自然地理环境，季节性沟谷集中汇水流水，极易强烈的导致侧蚀和溯源侵蚀，极易导致沙体柱体消亡的速率。

鉴于淋蚀型林柱状旅游地质景观的成景岩体地层岩性及成景作用中水蚀作用的决定性因素的长期存在性、强烈性，淋蚀型林柱状旅游地质景观具有极其强烈的脆弱性、淋蚀型林柱状旅游地质景观的欠稳定性、易衰亡性。沙林、土林的柱状地质景观的萌芽-成型-衰亡的地质景观“生命周期”过程相对短暂、相对脆弱。

7.4 地质体与人类文明交融衍生旅游地质文化

7.4.1 地质体与人类文明耦合文化

人类生存繁衍的地质体地质景观影响人的观感和心灵。从而，衍生以地质体地质景观所启迪的旅游地质景观文化。这些旅游地质景观文化渗透于各类文学艺术作品中。现今的旅游景观文化中，也多有依托地质体地质景观衍生的旅游景观文化。

与中国的名山名水类同，国外有许多具地标性特色地质景观文化的名山文化。其中，在相对开阔的地域拔地而起、单一岩石类型的单体“巨石”地质景观地质体，与人类文明合一的知名旅游大众文化。如美国魔鬼塔、澳大利亚艾尔斯红石。

7.4.1.1 澳大利亚艾尔斯岩石旅游地质文化

澳大利亚艾尔斯岩石又名乌卢鲁巨石、红石。位于北澳大利亚沙漠中独块出现的红色巨石。艾尔斯岩长、宽、高、周分别约3km、2km、350m、10km，呈东略宽高的椭圆形长面包，是没有裂隙的独立块状岩石石体。1873年发现，以当时南澳大利亚总理亨利·艾尔斯的名字命名为艾尔斯岩石（图7.4.1）。

艾尔斯石是隆升挤压地块、直立产状、岩性坚硬、结构致密的砂岩地质体。岩石含铁量高，氧化呈红色调，称作红石。红色巨岩又被称为人类地球上的肚脐。

经过久远的风化侵蚀作用，形成顶部圆滑光亮，四周陡壁多剥蚀沟槽洼坑的蚀余巨

图 7.4.1　澳大利亚艾尔斯岩石景观（右下角图为遥感影像景观）

石。底部有一些小洞穴，洞内有雕刻和绘画。

季节、气候、温度条件和阳光照射角度的变化，巨石呈现不同的色彩变化，朝霞下浅红色，中午呈橙色，夕阳下呈橙红色，夜幕下呈黄褐色。色彩鲜艳夺目巨石又称为“五彩独石山”。

红石所在的乌卢鲁-卡塔丘塔国家公园是世界文化和自然双遗产。有相距 32km 的乌卢鲁（艾尔斯岩）和卡塔丘塔（奥加石阵）。原住民是古老的族群阿南古人。认为“乌卢鲁”巨石是澳洲的灵魂与心脏，是不容侵犯的圣石、圣地。“乌卢鲁”是“见面集会的地方”的意思，原住民在这里举行成年仪式或祭祀活动。

每年有数十万人从世界各地纷纷慕名前来观赏巨石风采。

7.4.1.2　美国魔鬼塔旅游地质文化

恶魔塔又称魔鬼塔，位于美国怀俄明州东北部，魔鬼塔的形似截锥状/钟状巨型岩体坐落在平缓的丘陵和草原上。塔状岩体高 264m，塔基直径 305m，顶端直径 84m。人们从 160km 远处就能看到巨石（图 7.4.2）。

图 7.4.2　美国魔鬼塔

魔鬼塔周边沉积岩地层侵蚀殆尽留下坚硬的似火山颈或岩浆岩岩锥。锥体上垂直柱状节理发育，表层呈现成组的多棱形石柱。破碎崩落的岩堆岩屑散布于塔基周边。

魔鬼塔地质景观衍生的旅游地质文化塑造了魔鬼塔文化品牌和知名度。魔鬼塔很早就成为旅游胜地。

拔地而起耸立在草原中的巨石如擎天一柱，气势恢宏，令人肃敬。是美国原住居民部族崇拜的神圣之石。印第安传说中，魔鬼塔是"熊的居所"，"熊所集会之处"的神话神化了魔鬼塔的魅力，奠基了魔鬼塔文化。作为印第安族的圣地，每年6月份都举办许多印第安文化活动。

赭黄色岩石的塔体，随气候和观察角度的不同而变异的颜色和形态；奇异的形色、迷离的成因遐想，增添了魔鬼塔地质景观的神秘感和吸引力。

平行裂缝、柱状岩石紧密排布的魔鬼塔，是攀登爱好者极具挑战性的高难度的攀岩活动地。

以魔鬼塔为拍摄基地，1977年拍摄描绘外星人造访作陆之地的科幻大片电影《第三类接触》成为影视文化载体，使魔鬼塔名传四方。

魔鬼塔是1906年宣布的为美国第一个国家纪念地，美国国家名胜。作为国家纪念地，有效地保护了原始的地质景观和周边的原生态动植物栖息地。

7.4.1.3 美国约塞米蒂"上尉岩"巨石文化

约塞米蒂峭立的"上尉岩"，高达1100m拔地而起的岩石块体，是单一岩石类型的单体花岗岩巨石。具有冰川切割磨蚀的地质事件痕迹。

7.4.2 人类工程活动衍生旅游地质文化

与地质体有关的人类工程活动，又称人类地质活动，是借助地质体的某些特性或形体，人为变更地体的原始状态，创造人类需要的建筑工程或地体状况，从而使地质体造福于人类。创造性的地体人类工程活动形迹，是人类文明的淀积，是人类文明地体旅游地质文化。

如中国古代以人类对江河利用的需求出发的人类活动改变江河的自然（状态）景观，而形成为人文景观与江河自然景观交融的人类工程江河旅游景观。始修于公元前5世纪，全长1794km，沟通淮河、黄河、海河、长江、钱塘江水系的京杭大运河。始修于秦昭王时，历经两千余年仍发挥功能的四川都江堰。始修于秦始皇时，用铧嘴将湘江河上游的水三七分，入漓江、湘江的广西灵渠。

又如近代的千岛湖、青藏铁路等工程活动的地体文化。

7.4.2.1 千岛湖旅游地质文化

千岛湖即新安江水库，位于浙江淳安境内新安江上游，20世纪50年代末建造新中国第一个大型水电站——新安江水电站，选址山前小型构造盆地拦坝蓄水形成的树枝状人工湖。水库坝高105m，长462m；水库长约150km，最宽处达10余km，最大深度108m，平均深度34m；面积约580km^2。因湖内有1078座翠岛而得名"千岛湖"（图7.4.3）。

千岛湖水体清澈，水库淹没的淳安及遂安古城文化景观遗迹仍得以遗存。旅游业的兴盛，试图发掘的水下古文明增添了新的特色旅游资源，秀美的千岛湖自然景观与水下珍稀人文景观构成了千岛湖特色旅游品牌。

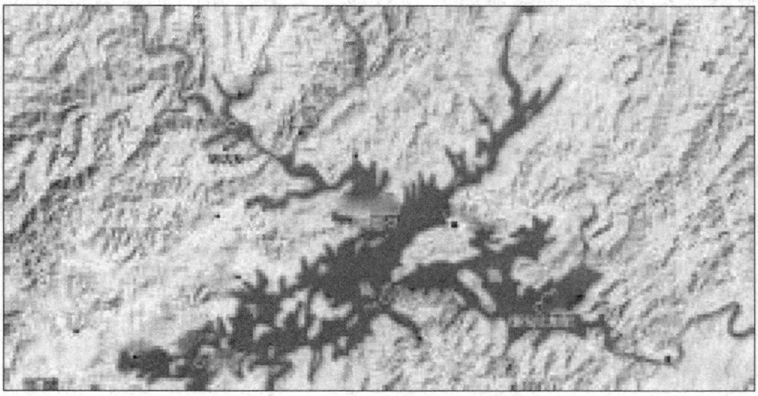

图 7.4.3 千岛湖湖体景观

A 千岛湖特色旅游景观

新安江沿岸群山绵延，森林繁茂，溪河纵横，水量丰富。千岛湖形如呈树枝状，岛湖群峰翠绿，呈现千岛、秀水、金腰带（环绕岛缘金黄色土带）特色景观。

北东向与北西西向线性构造配置制约水系山系湖体群岛形态与组合结构，千岛湖岛湖群形态各异，疏密有致、千姿百态。

千岛湖岛群周边群山森林茂盛，绿林叠翠，生物种类繁多。

岛群周围山溪谷地众多，有赋溪石林、锦溪石林、溶洞岩溶景观，姜家村峰林丹霞景观，花岗岩石柱，瀑布，峡谷特色各异，交相辉映。

千岛湖景色优美，景点星罗棋布。如梅峰观岛、猴岛、孔雀岛、龙山岛、清心岛、霭云洞、锁岛、鸟岛、真趣园、奇石岛、鱼乐桥、幸运桥、状元桥、黄山尖、三潭岛、南海神庄等。

B 千岛湖水下古文化

1959 年遗存湖中的古淳安贺城、古遂安狮城，以“锦山秀水”、”文献名邦”知名，具有隋唐以来的地域特色新安文化。

（1）文化遗址。五龙岛的新石器时代文化遗址，小塘坞的西周至春秋文化遗址，水碓的春秋战国至晋的文化遗址，叶公墓、郑允中墓等古墓葬。

（2）古建筑。瀛山书院、石峡书院、蜀阜书院；海瑞祠、龙门塔、琅官塔、小金銮殿；瑶山和芹川的风雨古桥，节孝坊；蜜山岛的骨塔、蜜山庵，尹山庵等古寺庙建筑。古村落古集镇的明清民居建筑、宗祠、家庙群。

（3）千年古城遗址。始于汉唐年间、徽派文化和江南文化的融合狮城、贺城古城遗址遗迹。威坪、港口、茶园大型古集镇。

千岛湖是人类工程活动改变生态地质环境而衍生的地质景观旅游地。又因遗存的珍稀古文化增添了旅游文化，形成人类活动衍生的自然与人文融合的旅游文化。

千岛湖风景区总面积 982km^2，千岛湖风景区 1982 年列为首批国家级风景名胜区。1986 年列为国家森林公园。2010 年列为国家 5A 级旅游景区。

7.4.2.2 青藏铁路旅游地质景观文化

人类工程活动在达到工程社会经济目的效应的同时，也注重景观文化效应。近代的铁路公路线状工程兴建的选线就考虑旅游开发效应。青藏铁路的修建就成为展示旅游景观旅游文化的旅游线路，也是显示第四系地质与人类地质活动形迹地质文化。

青藏铁路从西宁至拉萨，经过青海湖盆地、祁连山、柴达木盆地、昆仑山山脉、拉萨河谷；祁连山东部干草原、柴达木荒漠、可可西里源高寒草原、那曲草原、拉萨河谷灌丛；昆仑山大陆性冰川、冻土区。青藏铁路沿线有各种类型的景区景点495个；有45个车站，其中有玉珠峰、楚玛尔河、沱沱河、布强格、唐古拉、错那湖六大景观站台，站台建有供游客观光青藏风光的观光台。如可观看昆仑山玉珠峰、可可西里自然景观的玉珠峰景观站点；可观看长江源头沱沱河的沱沱河景观站点；可观看高原草甸、高原草原和冰雪带垂直生态景观的布强格景观站点；可观看雄伟的唐古拉山最高山峰各拉丹冬雪峰的唐古拉景观站点；可观看达措那湖和湖边宽广的草场的措那湖景观站点。

7.4.2.3　318国道旅游地质景观文化

318国道东起上海，西至西藏樟木，全长5476km，从东海岸至青藏高原，高差逾7000m，沿途穿越各类地质地貌景观。如可观看长江口、钱塘江、太湖、西湖、鄱阳湖、洞庭湖、三峡；黄山、庐山、九华山、天柱山、神农架、张家界、武陵源、黄龙洞、峨眉山等名山名水；贡嘎山、海螺沟、折多山、雅拉雪山、仙乃日、央迈勇、夏诺多吉、雀儿山，南迦巴瓦、加拉白垒，马卡鲁峰、卓奥友峰、珠穆朗玛峰、希夏邦马峰等雪山冰川；雅鲁藏布江、怒江、澜沧江、金沙江等江河、峡谷、热泉；纳木错、羊卓雍错等湖泊。

7.4.2.4　灵渠旅游地质文化

灵渠，古称兴安运河、湘桂运河，位于广西兴安。秦始皇为开拓岭南，统一中国，于公元前214年命监御史禄在兴安境内湘江与漓江之间主持修建而成的一条人工运河。

灵渠在湘江上游用铧台将水三分入漓江、七分入湘江，连接湘江源头海洋河和漓江源头大溶江，是世界上最古老的运河之一，有“世界古代水利建筑明珠”的美誉。灵渠经历代修整，至今仍有着积极作用。

A　灵渠主体工程系统

前锐后钝，形如犁铧的铧嘴，为由大、小天平的衔接处具有分水作用的砌石坝。

渠系分汇入大溶江的南渠和汇入湘江的北渠。

南渠有宣泄洪水的泄水天平和溢流坝，北渠设溢流堰。

用于壅高水位，蓄水通航，具有船闸作用的陡门。

渠道里的一种栏河蓄水、引流入沟灌田、或积水推动筒车的堰坝。

B　文物古迹

有四贤祠、三将军墓；万里桥、沧浪桥、接龙桥、粟家桥、飞来石。四贤祠又名灵济祠、灵济庙，庭院式的建筑，有对灵渠有过贡献的秦监御史禄、汉伏波将军马援、唐桂管观察使李渤、桂州刺史鱼孟威半身塑像。

7.4.2.5　都江堰旅游地质文化

都江堰位于四川省成都市都江堰市的岷江上，始建于秦昭王末年，是蜀郡太守李冰父子在前人鳖灵开凿的基础上，在岷江流入成都平原的灌县，主持修建的大型水利工程都江堰。实施岁修制度修整堰体，深淘河道。两千多年来，变水患为水利，是年代久远、完好使用留存至今、无坝引水的宏大水利工程。

A 都江堰主体工程体系

都江堰主体工程体系包括宝瓶口、分水鱼嘴、飞沙堰。

宝瓶口。凿穿玉垒山引水，使岷江水分流东边旱区灌溉、避免西边江水泛滥，形似瓶口的“宝瓶口”的山口。

分水鱼嘴。在岷江中修筑形似鱼头“鱼嘴”的分水堰，用宝瓶口把江水“四六分水”。由于内江窄而深，外江宽而浅，枯水季节西边外江四成沿岷江而下，东边内江六成入平原；洪水季节大部分江水从外江排流。

飞沙堰。在鱼嘴分水堤尾部修建溢洪道“飞沙堰”，调节分流，并避免泥沙淤塞内江和宝瓶口水道。

B 都江堰遗产文化

都江堰开创了中国古代集防洪、灌溉、航运为一体水利工程体系。都江堰科学巧妙的适时有效的自动分流、泄洪、引水功能，变水患为水利的效能利在千秋、流芳于世，都江堰是中国古代人民智慧结晶的光辉篇章，影响极大。历史上，司马迁曾考察都江堰、诸葛亮曾设兵护堰，意大利旅行家马可·波罗游历曾都江堰，德国地理学家李希霍芬曾考察都江堰。

都江堰风景区主要有伏龙观、二王庙、安澜索桥、玉垒关、离堆公园、玉垒山公园、玉女峰、灵岩寺、普照寺、翠月湖、都江堰水利工程等旅游景观。

都江堰是世界文化遗产，全国重点文物保护单位，国家级风景名胜区，国家5A级旅游景区。

7.4.3 采石场遗址景观优化效应旅游地质文化

人类工程活动对地质体原始状态原生态的干扰，除了达到人类工程期待的社会经济效应外，往往也会产生地质景观的负面效应。废弃的露天矿山采矿场、采石场往往就形成与周边自然环境极不协调的负面景观效应。

人们已经十分重视废弃采矿场、采石场、弃碴场、排土场等工程负面景观的美化；矿山的覆被、生态环境修复治理使负面景观效应得到一定程度的修复。但最为积极有效的是利用工程兴建过程即有计划地对负面工程景观效应的景观改造美化。如对露天采场、工程边坡进行相宜的景观改造美化，构建具美学观赏价值的“人造”旅游地质景观。

7.4.3.1 浙江绍兴柯岩石景文化

浙江柯岩石景是国家4A级浙江柯岩风景区是由旅游区著名的“柯岩八景”组成，是距今1800多年的古采石场遗迹。绍兴柯山隋唐时期即盛产优质石材，石料采空的柯山，遗存了姿态各异的石穴、石洞、石壁、石柱奇异景观。淀积了人类活动的柯岩石文化，造型奇异的采石场遗迹成为罕见的知名的人造“石景”（图7.4.4）。其中以柯岩云骨和石佛著称。

柯岩云骨。采石残留的石柱形似上大下小直立圆锥体。在风雨中稳固地屹立了一千多个春秋。云骨石高31m，底围4m，近地面处不足1m。清光绪初年镌刻有“云骨”两隶书大字。

柯岩石佛。采石残留的洞穴状石壁上经历人文渲染，形成柯岩石佛文化。石佛造像为盘坐造像弥勒佛，佛高20.8m，仪态文静端庄。由同一巨石雕成大佛与佛龛、华盖、香

图 7.4.4　绍兴柯岩石景

炉、大佛莲台及佛殿石阶连为一体的石佛。

石莲花。半径为 9.9m、由 99 块巨石拼铺而成、象征佛家“九九归一”的“莲花听音”石莲花，石莲东侧的弧形壁上刻五千七百余字的整部佛教大经《金刚经》。

7.4.3.2　法国桑特喀桑采石场景观优化旅游地质文化

高速公路在穿越具有悠久开采历史的法国南部桑特喀桑石灰岩废弃采石场群时，巧妙地利用改造形态复杂的岩石悬壁、堑沟、廊道废墟景观，建造高速公路的“喀桑石”休息站、“塔岩”岩石景观。可使游客在消除长途颠簸疲劳的同时，体验、领略曾为科隆大教堂、圣彼得大教堂、德国凯旋门等驰名的古建筑提供石材的喀桑采石场和路堤景观。

7.5　地质资源旅游资源化旅游地质文化

7.5.1　地质资源旅游资源化的旅游地质文化展示功能

地质资源旅游资源化是地质资源从单一的矿产资源概念转化为旅游资源的概念，将地质体地质资源开发的利用形式，由采掘地质体作为矿产资源加工利用到不破坏地质体，以其观赏价值、旅游价值为主要开发利用形式的转化。即从旅游的视角，发掘地质资源的旅游价值，并作为旅游资源产生的地质资源旅游资源化的旅游效应。

中国自然保护区中许多都含地质遗迹，风景名胜区中过半数都含地质遗迹，中国的世界遗产中也广含地质遗迹。这些重要地质遗迹大都与国家地质公园、景区、旅游地具有耦合性，地质遗迹、地质资源、地质景观的大多数都具有旅游价值，具有较佳的旅游效益。

7.5.2　地质体旅游地品牌塑造的旅游地质文化功能

地质资源旅游资源化的主要内容之一，就是通过旅游地质文化展示旅游地质资源的观赏性、科学性及旅游价值。将旅游地质文化融合于以地质体、地质景观为基础的地质体旅游地的开发建设中；将旅游地质文化融会于观光旅游和大众旅游活动中，展示旅游地地质资源、地质遗迹、地质景观的旅游价值、地质景观的内涵与外延的旅游功能，通过地质体旅游地旅游地质文化，获取地质体旅游地的最佳旅游效应。

旅游地质文化的重要形式就是地质文化与旅游文化的融合，就是以各种形式的文化显示旅游地质资源/旅游地质景观蕴含的内涵和外延，能使旅游者从旅游地质文化中获得与地质体相关的最佳旅游效果。

旅游地地质文化具有旅游地品牌塑造的文化功能。能更好地展示旅游地旅游资源的自然特色：

（1）展示地质体景观美学观赏价值。通过旅游开发，最大限度地展示景观的形态美、色彩美、结构美、和谐美、特色美、意境美等美学观赏价值。

（2）展示地质体景观文化价值。通过旅游地质景观开发，发掘地质景观文化内涵、展示景观旅游地质文化价值，提高旅游景观品级和品牌效应。

（3）展示地质体景观特色价值。通过旅游开发发掘旅游景观属性、特征，充分展示旅游景观的地域个性，塑造地域特色旅游品牌，突出其特异性，增强旅游景观的吸引力。

（4）展示地质体景观结构与组合价值。通过旅游开发，展示景观结构、景观层次/尺度、组合特点的发掘，多层次、多方位的展示深层次的景观美学价值，提高景观品位。

地质体旅游地的地质遗迹价值直接影响地质体旅游地的地质文化品质，地质遗迹价值越高，其内涵的地质文化价值也越高。旅游地的地质文化转化为旅游文化，通过旅游地质文化而支撑塑造旅游地的文化品牌，提升旅游地的品牌效应。

7.5.3 地质体旅游地的旅游地质文化展示型式

7.5.3.1 多称谓耦合的地质体旅游地

中国的自然保护地域、风景名胜区地域、国家公园地域以及旅游景区旅游地地域，以其属性及功能的差异，主管部门的不同，构成了功能类似的自然保护体系及公园体系。其绝大部分地域构成了自然保护和公园功能耦合/兼具的地域。包含有具地质遗产价值地质体的自然保护区、风景名胜区、森林公园、地质公园、矿山公园、湿地公园、城市湿地公园、海洋公园、国家公园、城市公园等，都具有展示旅游地质文化的功能。

风景名胜区（国外的国家公园类同），不论是以自然景观为主，还是以人文景观为主，大都含有旅游地质文化。其中，以地质景观为主的国家风景名胜区，包含了众多的内涵丰富、景观优美的典型性代表性地质遗迹，蕴含了丰富的旅游地质文化。近期，集中地建立世界遗产地、世界地质公园、国家地质公园，许多国家风景名胜区又列入了世界遗产、世界地质公园、国家地质公园的名录。

中国代表性的含特质旅游地质文化的风景名胜区，许多有特质的、有遗产价值的地质遗迹，往往具有遗产地、地质公园、风景名胜区、旅游景区等多种经论证、经认可的品牌性称谓，多具有相同的旅游地质文化内涵。

旅游地质资源社会化的集中体现是地质遗迹、地质遗产、地质资源、地质景观、旅游地质资源作为地质公园、风景名胜区、旅游景区。往往地质遗迹、地质遗产、地质资源、地质景观、旅游地质资源即为同一地质体地域，具有地质资源旅游资源化社会化的不同称谓；具有明显、确切、具体的旅游地质文化功能。具有世界遗产地、国家5A级旅游景区、国家风景名胜区、国家地质公园、世界地质公园称谓的同一地质体地域具有同一内涵的旅游地质文化（见表 7.5.1）。

表 7.5.1 部分地质体旅游地质文化称谓类型概略对应简表

国家地质公园	主体地质遗迹与旅游地质文化	风景名胜区（国家级）	旅游景区（国家 5A 级）	世界遗产地
山东泰山国家地质公园	早前寒武纪地质、寒武纪地层、名山	泰山风景名胜区	泰安市泰山景区	山东泰山文化与自然双重遗产
安徽黄山国家地质公园（安徽黄山世界地质公园）	花岗岩峰林峰丛景观、名山	黄山风景名胜区	黄山市黄山风景区	安徽黄山文化与自然双重遗产
四川九寨沟国家地质公园	岩溶景观、泉华景观	黄龙寺-九寨沟风景名胜区	四川阿坝九寨沟旅游景区	四川九寨沟自然遗产
四川黄龙国家地质公园			四川阿坝黄龙旅游景区	四川黄龙自然遗产
湖南张家界砂岩峰林关键地质公园（湖南张家界世界地质公园）	砂岩峰林景观	武陵源风景名胜区	张家界武陵源-天门山旅游区	湖南武陵源自然遗产
	地质构造遗迹；名山	峨眉山风景名胜区	乐山峨眉山景区	峨眉山风景名胜区，含乐山大佛风景区文化与自然双重遗产
江西庐山国家地质公园（江西庐山世界地质公园）	断块山体，古老地层剖面，第四纪冰川遗迹；名山	庐山风景名胜区	九江市庐山风景旅游区	江西九江庐山文化遗产
	丹霞景观	武夷山风景名胜区	南平武夷山风景名胜区	福建武夷山文化与自然双重遗产
云南玉龙黎明-老君山国家地质公园	高山峡谷江河、雪山冰川、湖泊湿地、地质构造遗迹、高原丹霞景观	三江并流风景名胜区	迪庆藏族自治州香格里拉普达措国家公园	云南“三江并流”自然景观（云南丽江、迪庆藏族自治州、怒江傈僳族自治州）自然遗产
云南石林国家地质公园（云南石林世界地质公园） 重庆武隆岩溶国家地质公园	岩溶峰林峰丛景观、石林	云南路南石林风景名胜区	昆明市石林风景区 武隆喀斯特旅游区（天生三桥-仙女山-芙蓉洞）	中国南方喀斯特（云南石林、贵州荔波、重庆武隆）自然遗产

续表 7.5.1

国家地质公园	主体地质遗迹与旅游地质文化	风景名胜区（国家级）	旅游景区（国家 5A 级）	世界遗产地
江西三清山国家地质公园	花岗岩峰林	三清山风景名胜区	上饶三清山旅游景区	江西上饶三清山国家级风景名胜区自然遗产
五台山国家地质公园	地质构造遗迹；名山	五台山风景名胜区	忻州五台山风景名胜区	山西五台山文化遗产
广东丹霞山国家地质公园（广东丹霞山世界地质公园） 福建大金湖国家地质公园（福建泰宁世界地质公园） 江西龙虎山国家地质公园（江西龙虎山世界地质公园） 贵州赤水丹霞国家地质公园（湖南崀山国家地质公园）	丹霞景观	丹霞山风景名胜区 崀山风景名胜区 金湖风景名胜区 江郎山风景名胜区 龙虎山风景名胜区、 赤水风景名胜区	韶关仁化丹霞山景区 龙虎山风景名胜区 三明泰宁风景旅游区	中国丹霞（广东丹霞山、湖南崀山、福建泰宁、江西龙虎山、浙江江郎山、贵州赤水）自然遗产
云南澄江动物群国家地质公园	古生物化石			云南澄江帽天山化石地自然遗产
新疆天山天池国家地质公园	山体、湖泊、雪山冰川			新疆天山（新疆阿克苏、伊犁、巴音郭楞、昌吉）自然遗产
黑龙江五大连池国家地质公园（黑龙江五大连池世界地质公园）	火山群、火山地质景观、熔岩堰塞湖	五大连池风景名胜区	黑河五大连池景区	
云南丽江玉龙雪山国家地质公园	雪山冰川	云南丽江玉龙雪山风景名胜区	丽江玉龙雪山景区	
河南云台山世界地质公园	丹崖赤壁，悬崖、瀑布	王屋山—云台山风景名胜区	焦作（云台山-神农山-青天河）风景区	
河南嵩山国家地质公园（河南嵩山世界地质公园）	地层剖面，地质构造遗迹	嵩山风景名胜区	郑州登封嵩山少林景区	

续表 7.5.1

国家地质公园	主体地质遗迹与旅游地质文化	风景名胜区（国家级）	旅游景区（国家 5A 级）	世界遗产地
黑龙江镜泊湖国家地质公园（黑龙江镜泊湖世界地质公园）	火山地质景观、熔岩堰塞湖	镜泊湖风景名胜区	牡丹江宁安市镜泊湖景区	
浙江雁荡山国家地质公园（浙江雁荡山世界地质公园）	火山地质遗迹	雁荡山风景名胜区	温州乐清市雁荡山风景区	
安徽天柱山国家地质公园（安徽天柱山世界地质公园）	花岗岩峰丛景观	天柱山风景名胜区	安庆潜山县天柱山风景区	

7.5.3.2　地文人文耦合品牌的地标性地质体旅游地

A　安徽黄山

安徽黄山位于江南古陆与扬子地台接触带上，黄山主体由燕山花岗岩体组成断块山(图 7.5.1 和图 7.5.2)。黄山断层节理发育，制约花岗岩的侵蚀作用，形成黄山峰林发育，有逾千米高峰 77 座，天都峰、莲花峰、光明顶（炼丹峰）三峰鼎立，极为峻峭雄伟。峰顶尖陡，林柱峻峭秀拔，奇峰怪石林立；山峰高低错落，峡谷、溪流、瀑布、温泉展布于花岗岩峰林深谷间，千姿百态。黄山有第四纪山岳冰川遗迹景观角峰（天都峰)、冰斗、刃脊（天都峰旁鲫鱼背）和冰川移动形成的 U 形谷（慈光寺 U 形谷、逍遥溪 U–V 形套谷等)。

(a)　(b)　(c)　(d)

图 7.5.1　黄山旅游地质景观

（a）天都峰顶（据谢凝高）；（b）“石笋矼”峰林（据吴昭谦）；
（c）东峰华岳仙掌崖（据徐泉清）；（d）沿节理生长的黄山松（据谢凝高）

黄山雨水充足，峰林为云海、奇松、烟霞缭绕，群峰叠翠，相映生辉，景象变化万千。奇峰、怪石、奇松和云海壮丽景色，山、石、松、云景观结构优美和谐，充满诗情画意，内涵深厚。

黄山是生物宝库，名花古木，珍禽异兽，种类繁多，森林茂密，有野生植物 1450 种，脊椎动物 300 种，鸟类 170 种；

黄山的自然美孕育了优美而珍贵的黄山文化。以黄山奇特山水美景为艺术创作源泉，

图 7.5.2 黄山旅游地质景观

寄情山水意境，创意中国山水画的黄山风格，形成黄山画派艺术特色，作品具有很高的艺术价值。明末清初到现代名家的黄山派作品丰富了中华民族的文艺宝库。

黄山的文艺作品多抓住自然景物和环境气氛的特点，烘托黄山自然美与意境。黄山的景名和摩崖石刻遍布黄山，主要景区就有摩崖石刻200处。盛唐至晚清，描绘黄山的有几百篇散文，两万余首诗词。自20世纪60年代以来，出版黄山风光画册20余种，影视片30余部。

黄山是宗教名山，先后修建寺观近百座。道教建有浮丘观、九龙观；佛教建有祥符寺、慈光寺、翠微寺和掷钵禅院，形成丰富的宗教文化。

黄山有着丰富的地质内涵和秀美的地质景观，黄山既是国家地质公园、世界地质公园，又是国家重点风景名胜区、国家5A级旅游景区，还是世界文化和自然遗产双重遗产。

B 四川峨眉山

四川峨眉山是四川盆地西南部大峨山、二峨山、三峨山的总称，主峰万佛顶海拔3099m。是因“山势如螓首峨眉，细而长，美而艳”得名。是我国佛教四大名山之一。

峨眉山以新元古代的花岗岩（约8亿年前）为基底，地层岩性在垂向上立体展布。从山脚往上，古老的花岗岩之上覆盖有震旦系白云岩；其上是下古生界寒武系和奥陶系浅海相砂岩、页岩和石灰岩，上古生界二叠系浅海相石灰岩；到金顶、千佛顶、万佛顶等绝壁则为晚二叠世的基性火山熔岩的峨眉山玄武岩；报国寺附近有中生代的红层。

峨眉山经历了燕山运动晚期的四川运动，新生代的喜马拉雅运动，断裂节理裂隙发育，制约了岩层的风化侵蚀。形成花岗岩、玄武岩、碳酸盐类、碎屑岩类地层岩性的岩溶、侵蚀作用、冰川作用各类地质地貌景观，并且形成各类地质地貌景观形态各异、相互包容、山峦重叠的立体景观结构。加之日出、云海、佛光、圣灯四大气象奇观和生物多样性垂直分带，常年云雾缭绕，形成山势雄伟、树木葱茏、秀色如海，“峨眉天下秀”的峨眉山地质奇观。

峨眉山有黑龙江、白龙江流淌于海拔700~3000m峰谷高差数百米气势磅礴的峰林间，构成了植被茂盛的众多流泉、飞瀑、峡谷、悬崖景观。

峨眉山是中国的四大佛教名山之一。唐宋时期两教寺观并存，明代曾有大小寺院近百座，遗存有佛寺数十处，珍藏有许多精美的佛教文物。始建于明代万历四十三年（1615年）的报国寺是峨眉山的门户，经清嘉庆和光绪时两次扩建，成为四重殿宇和亭台楼阁俱全的宏大寺庙。有13重殿宇的崇隆大庙伏虎寺，唐僖宗乾符四年（877年）慧通禅师所创建的清音阁。

峨眉山是国家风景名胜区、国家5A级旅游景区，世界文化与自然遗产。

C 江西庐山

江西庐山是历经多次地质构造的地垒式断块山。山体断崖、奇峰，山泉、瀑布广布，崇山峻岭，巍峨而秀丽。庐山第四纪冰川地质地貌景观，冰川遗迹清晰，是20世纪30年代中国地质学家李四光建立中国第四纪冰川的命名地。建有陈列第四纪冰川、复合地貌景观、地质历史的庐山地质博物馆。

庐山有五老峰、三叠泉、含鄱口、芦林湖、大天池、花径、如琴湖、锦绣谷、仙人洞、小天池、东林寺、白鹿洞书院、庐山植物园、庐山博物院等重要风景名胜。庐山是文化名山，又是中国近代政治名山。山间建有历史悠久的众多佛寺道院、各种风格的别墅会所。庐山是中国山水诗和山水画的发祥地。遗存有中国历代名人书画作品，歌咏庐山的诗歌辞赋达4000多首。对庐山产生较大影响的名人有司马迁、陶渊明、王羲之、慧远、白居易、李白、苏东坡、朱熹，蒋介石、毛泽东等。

唐代诗人李白的《望庐山瀑布》：“日照香炉生紫烟，遥看瀑布挂前川。飞流直下三千尺，疑是银河落九天。”是地质山水文化的杰作。

庐山为中国名山，是中国历史久远的旅游避暑胜地，为国家地质公园、世界地质公园，国家重点风景名胜区，国家5A级旅游景区，是世界文化遗产。

D 江西三清山

江西三清山位于中国省上饶市玉山县与德兴市交界处。三清山有类型齐全、造型奇特密集的峰峦、峰墙、峰丛、石林、峰柱、石锥、崖壁、峡谷和造型石景等类型的花岗岩石柱与石峰峰林景观。因玉京、玉虚、玉华三峰宛如道教玉清、上清、太清三位尊神列坐山巅而得名三清山。三清山有奇峰48座，造型石89处，景物、景观384余处，以形态万千挺拔俊美的花岗岩峰林地质地貌景观为特色。

燕山晚期形成的三清山花岗岩体构成了三清山的主体。断层谷把三清山主体部分切割成“三角形断块山”。在三清山花岗岩体发育两组垂直节理和一组近水平节理组成的节理裂隙系统，为构造侵蚀和流水冲刷剥蚀风化作用提供了良好条件，造就了三清山造型奇特独特的花岗岩柱峰景观群。典型的三清山的花岗岩峰林景观群有峰林为主体的南清园、玉京峰、万寿园景观；峡谷、陡崖、石峰组合的冬狗尖、马北山、鸡公石尖、扬清桥、风门、冰玉洞、上西坑峰林景观；峡谷为主的下横坦、大源坞、方塘、金沙峡谷景观。

与地质景观并美的三清山道教文化开始于晋代，炼丹术士、著名医学家葛洪与李尚书在三清山结庐炼丹，著书立说，宣扬道教教义，遗存有葛洪所掘的丹井和炼丹炉的遗迹。唐朝，三清山的道教兴盛，出现成批的道教建筑。天门峰悬崖之上，用天然花岗岩雕凿的风雷塔，历尽千年风雨，至今仍保存完好，元朝，扩建三清观，观内供奉石刻石仙君、葛仙翁、李尚书、金童、玉女、潘元帅神像；明景泰年间，重建三清观，改建三清宫，以花岗岩雕凿玉清，上清、太清三尊石雕石刻神像130尊，摩崖题刻45处。按八卦布局的三清宫古建筑群凝聚了深厚的古代道教文化。

三清山用花岗岩造就的道教建筑、雕刻文化，又是精美的石文化。天门峰石塔风雷塔；少华福地的石雕神像、石雕香炉等。三清宫、演教殿、纠察府、龙虎殿、九天应元府、少华福地和天府诸处的石雕神像30余尊；峰名、景物、地名峭壁字刻63处。

三清山是道教名山，国家地质公园、世界地质公园，国家风景名胜区，国家5A级旅游景区，世界自然遗产地。

E 山西五台山

山西五台山位于忻州市五台县，属于太行山支脉，相对高差2400余米，东台望海峰、西台挂月峰、南台锦绣峰、北台叶斗峰、中台翠岩峰五峰耸立，峰顶平坦如台，故称五台。五台山断块山地和黄土地貌类型复杂多样。展布25亿年前的前寒武纪古老结晶基底，地层齐全连续、地质界线清楚，含丰富的叠层石化石，基底构造变形强烈。是“五台群”、“滹沱群”地层单位及“五台运动”、“铁堡运动”前寒武纪重大地质事件的命名地，是重要地质遗迹与佛教圣地，是自然遗产与文化遗产融合的旅游胜地。

五台山是中国四大佛教名山之首。唐代时五台山佛教最鼎盛时期，寺庙360座，僧尼万余；遗存寺庙68座，有佛光寺，南禅寺为代表的国家级文物保护单位6座。千百年淀积的庙堂音乐与佛教舞蹈、武术等博大精深的佛教文化形成了五台山特色。

五台山为国家级风景名胜区，国家5A级旅游景区，国家级森林公园，国家地质公园；世界文化遗产。

F 陕西骊山及骊山温泉

陕西临潼骊山是渭河盆地上新生代崛起而成的地垒式块状山体，周边断裂多泉，骊山温泉即为断层泉。

温泉水温常年保持在43℃，总流量每小时113.65m^3。水质纯净，细腻柔滑，属中性硫酸氯化物钠型水，富含47种矿物质和微量元素。水中的多种矿物质，对风湿、关节炎、皮肤病等有特殊疗效。华清池温泉以芳香凝脂，吸引历代帝王沐浴游幸，有“天下第一御泉”美称。

骊山温泉具有3000年的御汤历史。相传西周的周幽王即建离宫，秦、汉、隋各代重加修建，唐代又数次增建，名汤泉宫、温泉宫。唐玄宗时以汤井为池，环山列宫殿，称华清宫。因宫建在温泉上面，又称华清池，是帝王妃嫔游宴的行宫。创造了骊山温泉千古文明。

骊山是我国古今驰名的风景游览胜地，系西周骊戎国所在地而称为骊山。周秦汉唐时期，作为皇家园林，离宫别墅众多。其中著名的有西周时营建的举火楼、烽火台以及唐华清宫长生殿遗址。骊山兵谏亭是现代史上西安事变的历史见证。

骊山不仅自然景观秀丽，同样地质遗迹与文物胜迹丰富。著名的有烽火台、老母殿、老君殿、晚照亭、兵谏亭、石瓮寺、举火楼、遇仙桥、秤砣石、鸡上架、三元洞、鹞子翻身等。

据记载，西汉时汉武帝派张骞出使西域，带回了石榴，临潼石榴已有2000多年历史，骊山上多植石榴树，“临潼石榴甲天下”享誉全国。

骊山为重点风景名胜区，国家5A级旅游景区。

7.5.4　地质公园旅游地质文化

地质公园是以地质体、地质景观、地质遗迹为主体的地质主题公园，具有公园式的旅游地质文化功能。是地质资源旅游资源化，发掘地质体属性内涵并转化为旅游地质文化的最佳形式。

地质公园是旅游地质文化的最佳载体形式，是经过严格论证、评选、规范建设的地质公园品牌性的旅游地质文化；是充分展示地质遗迹的特色性地质文化；是高度融合地质遗迹实体地质文化的地质博物馆、标识与解说系统的旅游地质文化；是体现自然/地质体与人文活动、自然与人类地质认知融合、人地和谐的旅游地质文化形式。

地质公园的定义明确指出地质公园的社会功能，是以具有特殊科学意义、稀有自然属性、优雅美学观赏价值、具有一定规模和分布范围的地质遗迹景观为主体，融合自然景观与人文景观，并具有考古、生态、历史和文化价值，以地质遗迹景观保护、支持当地经济、文化和环境可持续发展为宗旨，为人们提供具有较高科学品位的观光游览、度假休闲、保健疗养、科学教育、文化娱乐的场所，同时也是地质遗迹和生态环境的重点保护区，是地质科学研究与普及的基地。

地质公园是以重要的地质/自然景观为主体的、地质主题公园式的旅游地。

地质公园文化能显示地球演化，地质事件的典型性、代表性地域特色的地质景观，成为地球发展阶段的典型性地质遗迹例证；有利于构建全球地质对比体系。地质公园建设能对公众进行广泛的地球科学教育、使人们了解地球、关爱地球。

7.5.4.1　广东丹霞山地质公园

丹霞山有悠久的历史文化，丹霞山遗存有新石器时代的遗址；石窟禅寺遗存达 80 多处，摩崖石刻和碑刻 130 多处；有隐岩幽洞悬棺，是岭南著名的宗教圣地，其中别传寺被誉为岭南 10 大禅林之一。

丹霞山地质公园功能分区为：金龟岩地质地貌自然生态核心保护区和大石山地质地貌核心保护区；长老峰为中心的科教基地区；沿河平原夏富生产实验区；典型地质地貌缓冲保护区。

地质公园旅游景区划分为丹霞山、韶石山、大石山、矮寨和锦江景区。

(1) 丹霞山主峰景区。下部锦石岩景层为最典型的赤壁丹崖，有锦石岩石窟寺、梦觉关、通天洞、百丈峡等景点；中部为别传寺景层，有别传寺、一线天、双池碧荷等景点；顶部可登高望远。

(2) 阳元山景区。因有天下奇景阳元石而得名，有阳元山、坤元山、古寺混元洞、天生桥、古山寨、及寨门扼悬崖栈道的口细美寨。

(3) 翔龙湖景区。丹霞山南侧谷地有青龙湖、龙须间、九龙峰、仙居岩、雾隐岩、乘龙台、祈龙台等景点。

(4) 锦江景区。有鲤鱼跳龙门、锦岩大赤壁、群象过江等景点。

阳元石、阴元石是丹霞山特色景观。阳元石耸立 200 多米高的山坡上，其独立径长 28m，直径 7m，经历了约 30 万年大自然的雕琢造型。人类自古就有生殖崇拜的情结，最先从母系社会出现对女性生殖器的崇拜，约有几百万年；从公元前 8000 年逐步淡化的母系社会才开始男性生殖器的崇拜。不少游客，或带着朝拜的心态来瞻仰的人，目睹丹霞山阳元石、阴元石，无不惊叹于它那天然的神妙奇功。

丹霞山历史上曾列为广东四大名山之首，自古为岭南第一奇山。1988 年列为国家重点风景名胜区，1995 年列为国家地质地貌自然保护区，2000 年列为国家 5A 级旅游景区，2001 年列为国家地质公园；2004 年 2 月 14 日被联合国教科文组织世界地质公园网络委员会列为世界地质公园；2010 列入世界自然遗产名录。

7.5.4.2　福建泰宁地质公园

泰宁地质公园的石网、大金湖、八仙崖、金铙山四个园区中，武夷山山脉中的大金湖丹霞景观由赤壁丹崖、方山、尖峰、石柱、石墙、深切曲流、巷谷、峡谷组合成造型奇异的块状山地、峰林、峰丛，崩落堰塞湖、瀑布，蜂窝状洞穴、壶穴，石钟乳丹霞景观，与蜿蜒于赤石翠峰间的上青溪、金龙谷、金湖水体山光水色辉映，呈现“水上丹霞”奇观。奇峻的金饶山花岗岩地貌景观有石柱石峰，峰顶奇石石蛋、风动石。

有“汉唐古镇、两宋明城”之美誉、历史悠久的泰宁古城与精美的丹霞景观为邻。积淀有明代民居建筑全国重点文物保护单位“尚书第建筑群”等历史文化遗迹。有占地 120 亩，含地质名人大道、地学科普展馆、泰宁奇石、古典园林和 GIS 演示系统为特色的泰宁地质博物苑。

泰宁是国家重点风景名胜区、国家 5A 级旅游景区、国家森林公园、国家地质公园、世界地质公园；“中国丹霞”世界遗产地组成，还是全国重点文物保护单位、中国优秀旅游县、中国生物圈保护区网络成员单位。

7.5.4.3　云南丽江玉龙雪山地质公园

玉龙雪山地质公园园区内具有冰川遗迹、断陷山地、断陷盆地、深切峡谷、垂直生态地质景观等重要地质遗迹多元复合的地质景观。玉龙雪山北连虎跳峡、南邻丽江古城、西接“长江第一湾”与老君山高山丹霞为邻，是三江并流世界自然遗产、丽江古城世界文化遗产、东巴文化世界记忆遗产的交融地域。玉龙雪山国家地质公园具有独特、浓郁的自然与人文内涵，为国家级风景名胜区、国家 5A 级旅游景区。

7.5.4.4　湖南张家界/武陵源地质公园

张家界国家森林公园蕴藏水杉、银杏、珙桐、龙虾花等古稀植物活化石，雉鸡、穿山甲、猴面鹰、红嘴相思鸟、猕猴、飞虎、大鲵等珍禽异兽。

园区土家族、白族、苗族等民族风情璀璨。

武陵源由张家界森林公园、慈利索溪峪自然保护区、桑植天子山自然保护区组成，已列入《世界遗产名录》。

张家界位于武陵源风景名胜区，国家 5A 级旅游景区，国家森林公园；国家地质公园，世界地质公园；世界自然遗产地。

7.5.4.5　嵩山地质公园

以地质构造为主，以地质地貌、水体景观为辅，以生态和人文相互辉映为特色的综合性地质公园。

嵩山是中国著名的“五岳”名山之“中岳”。凝聚有千百年来佛、儒、道三教文化，十寺、五庙、五宫、三观、四庵、四洞、三坛及宝塔 270 余座，著名的佛教禅宗祖庭和少林武术发源地少林寺，庙宇、道观、佛塔、书院林立的中华文明之地。嵩山堪称万山之祖、五岳之尊。

地质公园包括17个地质遗迹保护区，有鞍坡山、五佛山、挡阳山、少林寺、三皇寨、峻极峰、卢崖瀑布、五指岭、石淙河等旅游景区。

珍稀地质遗迹与国家风景名胜区、国家森林公园、国家地质公园、世界地质公园称谓为一体，是国家5A级旅游景区。

7.5.4.6 河南宝天曼地质公园

地质公园包含在伏牛山国家自然保护区及宝天曼国家自然保护区。植物种类繁多，野生动物资源丰富，是河南省植物多样性的分布和发育中心。森林生态系统列入《中国生物多样性行动计划》的优先领域保护区。

7.5.4.7 长江三峡地质公园

长江三峡国家地质公园以长江沿岸峡谷和岩溶地质地貌景观为特色。园区有著名的瞿塘峡、巫峡、天坑地缝、"巫山人"遗址和大溪文化遗址等历史文化遗存；有三峡和葛洲坝水利枢纽工程宏伟的现代水利建设人类活动地质工程，大规模地质灾害防治工程和生态地质环境建设工程，是集峡谷、溶洞、山水和人文景观为一体的综合性地质公园。

7.5.4.8 贵州兴义地质公园

贵州兴义马岭河峡谷、万峰林、坡岗、泥凼石林、西峰林等具有典型锥型岩溶地质景观。马岭河峡谷有60多个湾、70多个潭、80多个滩和众多瀑布群、泉群、钙华瀑。

园区有猫猫洞、张口洞等兴义人古人类文化遗址；南龙布依古寨（八卦寨）、"布依八音"古乐；民族风情淳朴浓郁。园区建有贵州龙博物馆；有刘氏庄园（贵州民族婚俗博物馆）。

7.5.4.9 内蒙古克什克腾地质公园

克什克腾世界地质公园位于赤峰市克什克腾旗。集草原、沙地、森林、湖泊、河流、火山、温泉、湿地、名胜古迹为一体，以花岗岩石林、冰川、火山、温泉为特色。

公园地质遗迹多样且独特稀有美丽辽阔的贡格尔草原；阿斯哈图花岗岩发育两组近于垂直的节理和一组近于水平节理，石林高5~20m，呈方形或条形石墙、方塔、石柱，石林底部相连，似城堡，阿斯哈图石林约5km²。黄岗梁第四纪山谷冰川遗迹形态完整，冰斗，U形谷、角峰、终碛堤、侧碛堤、条痕石漂砾等类型多样。万合永平顶山有数以百计的第四纪冰斗组成发育完好的大型冰斗群。青山山顶的坚硬花岗岩面上有千余个椭圆形、圆形、匙形"岩臼"组成青山大型冰臼群，有千姿百态的奇石；沿西拉沐伦深断裂形成西拉沐伦大峡谷；达里诺尔火山熔岩台地、火山口、火山锥、溶岩颈组成火山群，贡格尔草原与达里诺尔湖泊、湿地、疏林构成壮美的自然景象。乌梁苏台河谷花岗岩构造裂隙带中多温泉，有水温高达83℃的热水塘温泉；西拉沐伦河北部全新统浅黄色粉细砂组成的浑善达克沙地，垄状、链状沙丘高10~30m，多阔叶林、疏林、灌丛、禾草、沙地云杉景观。

7.5.4.10 中国台湾野柳地质公园

野柳地质公园位于中国台湾基隆台北万里乡野柳村，长约1700m突出海面的岬角，海岸附近出露海面。在地壳升降低运动中，由海浪冲蚀作用与海洋生物作用形成海滨奇岩。野柳的海蚀平台上有圆盘状沙线类的海胆化石堆积生物岩、痕迹化石密集的岩层。不同硬度不同抗风化能力的岩层，在海蚀、风蚀作用下形成了的单面山、海蚀崖、海蚀洞等地质地貌景观，蜿蜒曲折海岸、怪异凹凸的巉岩、似笋似菇的岩柱，绚丽多姿。海蚀作用塑造的蜂窝石、烛状石、豆腐石、蕈状石、壶穴、姜石、棋盘石、溶蚀盘、海蚀洞沟等造型奇特的海蚀景观群（见图 7.5.3）。野柳地质公园分为：女王头、仙女鞋、燭台石、乳石、蕈状岩；豆腐岩、龙头石；海蚀壶穴、海狗石等造型各具特色的三大景观区。

图 7.5.3　台湾野柳地质公园海蚀景观
（a）颈缩明显的蘑菇柱群；（b）烛台岩群；（c）壶穴、洞、崖群

野柳地质公园以蘑菇状低矮柱体为主的蘑菇柱群海蚀景观、蘑菇岩群（蕈状石）。约 180 个蘑菇柱头大、颈缩、宽根，多略比人高大形似大香菇的蕈状石为特色景观。蘑菇群头部为褐色、褐黑色，坚硬、表面凸凹似蜂窝状，颈缩部位棕色至土黄色，多细腻层纹状细砂页岩。浑圆状的烛台岩石，似圆桶状水壶状壶穴，沿棋牌格状裂隙海蚀呈豆腐状的豆腐岩，综合显示了蕈状石的演化过程。

蕈状石是野柳最具代表性的地质景观。一柱擎天的巨型香菇擎柱石；神态昂首静坐，形态雍容尊贵，雕塑精美的蕈状石“女王头”，是野柳地质公园的象征，地标品牌景观。

野柳是白眉巫、黄喉巫、戴胜、绶带鸟、黄眉柳莺、乌灰鹤、黑鸫等稀有鸟类候鸟南迁北返的栖息地。

野柳地质公园开发有海豚、海狮表演馆野柳海洋世界；观赏鱼类海洋生态的海底隧道。

野柳地质公园是著名的旅游胜地。

7.5.4.11　法国吕贝龙地质公园

吕贝龙地质公园位于法国南部的普罗旺斯地区，西阿尔卑斯山脉外部，因其具有珍贵的自然和文化遗产，1977 年建成了区域自然公园；以保护其独特的地质遗迹，1987 年又建立了地质自然保护地。

吕贝龙地质公园是法国 44 个区域自然公园之一、生物圈保护地世界网络成员、欧洲可持续旅游宪章的首批签约者之一。

地质公园内褐色、暗红色、金黄色色彩斑斓的悬崖、沟壑和山丘组成环境优雅秀丽的自然景观。保留有中世纪法国建筑和文化遗址，传统美食。

该区以农业和旅游业为主，两大支柱产业支持了当地的服务业和手工业产业。自然景观和人文景观，矿泉水和矿泉疗提供了休闲旅游丰富资源。吕布龙国家地质公园的建立是以保护地质遗迹资源、促进社会经济的可持续发展为宗旨。地质遗迹资源成为地方经济发展的支撑。

法国吕贝龙地质公园的渐新世湖相板状灰岩中，完好地保存有种类繁多的哺乳类、鸟类、爬行类、两栖类、昆虫类动植物化石。有大量的鱼、树叶、昆虫、青蛙、乌和乌龟，小型草食动物及鳄鱼；原始哺乳动物（马、大象、瞪羚等）的骨骼化石；犀牛、土狼、小山羊和鸟的脚印。

吕贝龙地质公园包含依照 1976 年环境保护法注册的 18 处地质遗迹及周边的一条保护带面积约 $2000km^2$。在这保护区中禁止采集化石；在注册的地质遗迹范围内，甚至禁止采集天然飞禽标本；允许在自然地质保护区外的保护带内采集有限的标本，以满足科学研究。

保护区内的 3 条小道将自然景观、人文景观，地层岩石、构造、化石地质遗迹以及化石博物馆和地质博物馆相连接。园内的 60 多家信息中心为游客提供有关遗迹的全部信息，游客可在观光游览过程中增长知识。

地质公园是以独特的地质景观为主，融合自然景观与人文景观的自然公园。该公园开展回归大自然的“山水艺术”运动；开展远比课堂教学有益得多的地球科学教育活动，传播地质知识；向青少年、老人、残疾人开放旅游；与大学合作开展科学研究。每年接待数千学生。吕贝龙地质公园发挥了地质遗迹保护，地质遗迹的科学价值、旅游价值和社区经济发展的良好效能。

7.5.5　含地质遗产特质地质体的国家公园旅游地质文化

从 1872 年美国国会批准设立了美国、也是世界上第一个国家公园——美国黄石国家公园建立以来，在世界国家和地区已建立了千余处资源环境类型不同、规模不等的国家公园。国家公园成为一个国家或一个地区有效保护该地域独特的、珍稀的，乃至世界上唯一的自然生态环境系统/世界自然遗产，并为促进该地域的社会发展的旅游地。国家公园已经成为一种世界遗产有效的保护持续利用模式。在拥有地质遗迹的国家公园，国家公园也成为旅游地质文化展示的模式。

7.5.5.1 含地质遗迹国家公园旅游地

美国建有众多的以地质景观为主体或含地质遗迹的国家公园，都建成了旅游胜地。

黄石国家公园。落基山熔岩高原；扭叶松森林；石林；地热景观；黄石河大峡谷、湖泊、瀑布、温泉、间歇喷泉、喷气孔等；美洲野牛、灰熊、狼、麋鹿。黄石公园是1872年建立的世界上最原始最古老的国家公园。1978年列入《世界遗产目录》。

约塞米蒂国家公园。内华达山脉花岗岩冰川地质地貌景观包括峡谷、瀑布、湖泊、高山牧场、红杉林地、浣熊、野鹿。1984年列入《世界遗产目录》。

亚利桑那州大峡谷国家公园。科罗拉多河侵蚀切割长度达277英里、深达1英里、最宽的地方达到15英里的大峡谷；科罗拉多高原色彩绚丽的地层。

犹他州峡谷地国家公园。科罗拉多河、格林河及其支流侵蚀成峡谷、台地、及孤峰景观；岩石尖塔、天然石刻和阿那萨吉人的文物。

犹他州布莱斯峡谷国家公园。庞沙冈特高原沉积岩，由侵蚀而成的巨大、独特的数百根岩柱。印第安人、摩门教派移民居住地。

科罗拉多州甘尼逊黑峡谷国家公园。甘尼逊河1/4流域，前寒武纪片麻岩、片岩地层；峡谷陡峭，气势磅礴。

蒙大拿州冰川国家公园。落基山脉脚下26个冰川和130个湖泊，冲断层组成的山脉，元古宙化石。

阿拉斯加州冰川湾国家公园。潮水冰川、高山和峡湾，整个海湾被冰雪覆盖，现冰川已经消融了65英里。

犹他州拱门国家公园。沙漠气候下侵蚀作用，酸性土壤形成结皮、坑洞、水塘；石柱、尖塔等景观；有2000多个天然拱门。

南达科他州恶地国家公园。土丘、尖峰、尖塔和草地；始自渐新世的化石层。有野牛、大角羊、黑足鼬和草原狐等野生动物。

得克萨斯州大弯曲国家公园。格兰德河大转弯；荒漠、绿洲和高山的综合体。白垩纪和第三纪的化石，土著美国人的文物。

新墨西哥州卡尔斯巴德洞窟国家公园。奇瓦瓦沙漠的117个洞穴，最大的长达120英里，洞穴内有40余万只墨西哥无尾蝙蝠和16个物种的动物。

夏威夷国家公园。以火山为主题的国家公园。

缅因州阿卡迪亚国家公园。大西洋海岸最高的山峰、花岗岩林、海岸线、林地和湖泊。

美属萨摩亚国家公园。萨摩亚岛屿，珊瑚礁、热带雨林、火山和白色沙滩。萨摩亚人居住地。

俄勒冈州火山口湖国家公园。马札马火山7700年前火山喷发形成的火山口湖。

7.5.5.2 美国约塞米蒂国家公园

约塞米蒂国家公园位美国加利福尼亚中西部内华达山脉西麓，有默塞德河流过。以其壮观的峡谷、花岗岩悬崖、瀑布、清澈的溪流、湖泊、草地、冰山、冰碛物、巨杉以及丰富的生物多样性为特色。

约塞米蒂公园有巨大的花岗岩穹隆，广阔的草地、湖泊，宽广的戈壁荒漠，地势落差极大，景色雄伟。海拔648~3997米山地有垂直分带的灌木/栎森林、低山地、高山地、亚高山带针叶林、高地五种生态类型，是完整的多样性的动植物栖息地，有240种鸟类、80种哺乳动物、1400种花卉植物和37个树木品种。生长着黑橡树、雪松、黄松木，树王巨杉等植物，存活有许多世上稀有的动植物种类。其中有株称为巨灰熊的巨杉，估计已有2700年的树龄，是世界上现存最大的树木。

约塞米蒂山谷是冰河时期形成的冰川U形峡谷，两侧峭壁上遗留有冰川流动刨蚀的冰川地貌，峡谷壁悬挂瀑布构成水帘，最有名的是约塞米蒂瀑布；高逾千米的花岗岩壁冰川刨蚀呈现精美花岗岩浮雕。

相传一千多年以前，北美的印第安人就已经在这片广袤的谷地里生息繁衍。

约塞米蒂山谷1890年建成国家公园。1984年列入《世界遗产目录》。

7.5.5.3 美国黄石国家公园

黄石国家公园位于美国怀俄明州，部分跨蒙大拿州和爱达荷州。黄石国家公园包含湖泊、峡谷、河流和山体。以其丰富的地热资源、野生动物种类和多种类型的生态系统为特色。因地下约3英里就是炽热的熔岩，两百万年来曾数次爆发火山活动，喷出的熔岩和火山灰覆盖在公园内的大部分地区。地表有众多而集中分布的热泉、间歇泉、泥坑、喷气孔等地热奇观，罕见的间歇泉、火山喷气孔和相伴的地面震动。由于水中含有丰富的矿物质含量、藻类对光干扰，热泉和热湖呈现兰、橘黄、红等鲜艳、明亮的绚丽色彩。公园150处间歇泉中，有猛烈地喷发蒸汽的热泉，有从地表空隙喷出水蒸气和其他气体的喷气孔，有杂黏土和石块具有硫黄味的浓稠液体的热泉，有引起地面震动和很响的吼声的干间歇泉。极其广阔完好的以亚高山带森林为主体的自然生态系统，保留有原生动、植物物种，有数百种哺乳动物、鸟类、鱼类和爬行动物，其中有灰熊、狼、美洲野牛和加拿大马鹿。

1872年3月1日美国总统尤利西斯·辛普森·格兰特签署、国会通过法案建立的美国黄石国家，是世界上第一个国家公园。

思考题

7-1 试从地质遗迹地质遗产主题地质文化探索地质体与人类文明交融耦合的文化效应。

7-2 试就地质资源旅游资源化的源流及人类文明，探索旅游地质文化的功能。

8 人类文明矿体矿业旅游地质文化

8.1 人类文明的矿体文化记载

8.1.1 矿床与矿体文化

矿床，在地质作用下，特定的成矿环境，形成可供人类开采利用的天然元素矿物、矿石聚集地段。这种地段以含有具经济价值的矿体为标志，其产出部位即为显示其产出地质环境条件的含矿围岩、含矿构造；产状形态、地质特征各异的矿体和围岩构成了含矿地质体。

古矿床、古采矿-选矿-冶炼的古矿业链遗迹记载了矿床开发、矿业发展的历程。我国殷周的青铜、春秋战国的铁业，秦汉的井盐、汉魏的煤、魏晋的天然气等遗址和遗迹是重要的经济地质、人类地质活动的见证。

以青瓷、白瓷和彩瓷为主要品种的瓷器是我国古文明的代表。据出土文物，公元前16世纪的商代中期，我国就已开采利用瓷土资源，烧制器皿，出现了原始青釉瓷，到西周发展为瓷器。其后，各个时代形成了特色性的瓷器。

始于矿床勘查继而构建采矿-选矿-冶炼的矿业链是推动社会经济、科学技术发展，人类文明矿业地质文化的记载。

当含矿地质体在地表展现，或者通过人类探矿采矿工程揭示而展现，就构成了可观赏考察的矿床实体。一些知名的、特殊的或有矿床成因、矿床规模划时代突破的矿床，有特殊价值的品牌化矿床矿体的矿产地，久远而著名的古采矿古冶炼遗迹遗址，记载了人类文明矿产矿业地质文化，具有可供人类游览参观，满足人们的好奇心、求知欲望的内涵深厚的旅游地质文化。

一些矿床遗迹遗址加以有目的旅游开发，如建成矿业博物馆、矿山公园，提高旅游观光条件和矿床文化展示水平，就能产生很好的旅游地质文化效应。

与石体文化、地体文化相比，矿体文化是地质体中开采利用矿体的地质文化。以旅游地质文化的视角而言，矿体旅游地质文化是人类利用矿石矿物，造福人类的文化；矿体物质从矿床形成、矿体产出状态对开采利用的矿床-矿业链文化，从荒原采矿到建成矿业、扩展成矿业都市是以人为主体，人地耦合的人类文明矿体旅游地质文化的淀积。

8.1.2 矿产矿业链旅游地质文化

8.1.2.1 *矿床到矿业*

地球的形成与发展过程中，在特定地质环境条件下，聚集了可供人类开发利用的矿石矿物，组成矿产、具工业价值的矿床。按人类利用对象/元素，矿床按成因分为金属矿床、非金属矿床、能源矿床；按矿床成因分为内生矿床，外生矿床，岩浆矿床、变质矿床、沉积矿床。

不同矿床类型具有不同特征，人们可凭借矿床的特征作为识别矿床的标志，针对矿床的赋存状态，选择相宜的开发利用方式。

矿产矿床地的开发，构建矿床勘查-采矿-选矿-冶炼的矿业链，也相应地基于矿产地从矿业链延伸社会经济产业链的矿业城市。

8.1.2.2 *矿床-矿业链文化*

矿产地从找矿、探矿到采矿；从矿床开采矿产品/矿石的采矿业，到矿石提纯的选矿业，矿产品有用目标元素提纯的冶炼业，乃至从矿产品转化到加工为工业制品的机械业。一个具一定规模的矿产地，往往形成一个围绕矿产品的、矿床延伸的矿业链。

伴随矿业链，配套发展服务型商业、交通业、饮食业、教育文化业、医疗机构产业，并相应地依托矿产-矿业而发展、构建的政府机构。从而，在原本荒无人烟的矿产地创建成矿山-矿业城市。

随着矿产资源开发的进程，有限资源的耗竭，矿业城市从鼎盛时期逐渐衰落；资源枯竭的矿山诱发了经济衰减的"衰落"矿业城市；矿山的闭坑，引发矿业城市的社会经济解体、转型以及城市的迁移。

矿产地从发现到采空闭坑，其发展历程，恰似旅游地的"生命周期"。可称为"矿产地开发的生命周期"——矿床发现-开发-矿业链兴盛-矿业城市衰亡过程。

矿产地开发的生命周期延续的方式之一，或者说最佳选择就是矿产地-矿业城市的旅游转型，将矿产地转化为旅游地，将矿业城市转化为旅游城市，将矿产遗迹、矿业设施转化、衍生为矿业旅游文化，使原先的辉煌的矿业文化转化为历史记载性的矿业遗迹旅游文化。

能够构建成矿业城市的矿产地，往往是成矿地质条件特殊、具较大矿床规模的矿产地；往往是经历了"传奇式"的找矿历程；是具有久远的矿产开发历史的矿产地。这种矿产-矿业链的矿产地常常蕴含有极其丰富、极具地域特色的地质矿产文化、矿业文化；往往具有内涵极其独特、地域特色极为鲜明的、包含矿产-矿业链旅游文化的旅游地质文化。特色性矿产-矿业链旅游地质文化包括：

(1) 矿产地的矿产-矿业知名度，矿床-矿业品牌。

(2) 矿产地的地域文化特色性，矿产-矿业文化与地域人文文化的耦合性。

(3) 矿产地及其周边旅游资源环境。

(4) 矿产地矿产-矿业链、矿山-矿业城市的可观赏性。

(5) 矿产地矿产-矿业城市的旅游吸引力。

典型矿产-矿业链旅游地质文化如：四川自盐都盐文化；江西景德镇瓷都陶瓷文化；云南个旧锡都锡文化；江西德兴铜都文化；山东招远金都文化；云南东川会泽铜文化。

8.1.2.3 *矿床矿业链旅游地质文化*

作为地质资源中特定的矿产资源，矿床的开发形成的矿床矿业产业链构成了内涵地质、自然旅游资源与人类活动、人文旅游资源融合的矿业旅游产业链。

我国以矿业为支撑的矿业旅游地和矿山公园的建设构成了地质资源旅游资源化的重要类型。

国内外许多矿床矿山成为旅游地、许多矿山矿业资源枯竭转化为旅游地旅游业从而得到复苏，就是地质资源旅游资源化产业化的典型。

澳大利亚墨尔本疏芬山金矿，19世纪50年代在采矿遗迹上建立了仿古淘金城和金矿博物馆，重现古代采金场景。波兰卡老盐矿博物馆；南非金矿井下博物馆；我国湖北大冶铜绿山铜矿古矿冶炼遗迹博物馆。

波兰卡老盐矿135m深处的“盐晶宫”，每年接待游客达70万人次，澳大利亚墨尔本疏芬山金矿成为旅游热点。

缅甸宝石矿砂产地是具极大吸引力的矿床旅游景观。

这些再现矿床及矿业的矿床旅游景观都发挥了矿床矿业产业链旅游价值。

8.2 矿产地旅游地质文化

8.2.1 矿产地矿业地质文化

8.2.1.1 矿化地质体/矿床

矿化地质体/矿床以其在矿化集中域的产出状态、成矿物质（矿化元素、矿物）聚集状况、矿化集中程度、矿化体（矿体、矿群、矿床）组合关系及时空结构，可划分为成矿系列。

矿化地质体/矿床以其成矿作用的控制因素、成矿作用机理、成矿作用形成的矿床特征划分为矿床成因类型、产状类型、矿床模式。

矿化地质体/矿床可以其在矿化域中的产出状态、聚集状况进行成矿区划，划分为成矿单元。

矿化地质体/矿床可以其成矿物质、有用元素的聚集程度/富集程度、经济价值，划分为不同品级/品位的矿床。

8.2.1.2 矿业遗迹

矿业遗迹是表征某一阶段或某一个地方的某种矿业发展历史的遗迹。矿业遗迹主要指矿产地质遗迹和矿业生产过程中探、采、选、冶、加工等活动的遗迹、遗址和史迹，其研究价值，教育功能，是游览现赏、科学考察的主要内容。按其自然和人文双重属性，矿业遗迹包括：矿业开发史籍、矿业生产遗址、矿业活动遗迹、矿业制品、与矿业活动有关的人文景观、矿产地质遗迹。

8.2.1.3 矿业旅游地质文化

矿业是地质资源形成社会经济效应的重要形式。矿产地构建成矿业，构建成矿业城镇、矿业都市社会经济效益，也构成/涵盖了矿产地旅游地质文化及其社会效应。

矿产地矿业旅游地质文化的构建可采用旅游地质主题公园及矿山公园的形式。

整合矿床地内涵旅游地质文化的地质矿业链文化元素，有助于构建矿产地矿业特色旅游地质文化：

（1）有旅游生态地质环境依托和地质体/地质遗迹旅游品牌依托优势的矿产地。

（2）优良的生态地质环境，好山好水。

（3）周边邻近风景名胜区、地质公园、自然保护区，矿产地易于旅游综合开发利用。

(4) 地域特色的历史文化与民族文化。

(5) 矿产矿床矿业特色性突出、具知名度、吸引力、品牌效应。

(6) 具有与矿产地/矿业/矿业城市旅游资源相匹配相宜的二次创业/旅游文化品牌创意。

8.2.2 古矿床矿业旅游地旅游地质文化

8.2.2.1 波兰维耶利奇卡盐矿

位于波兰克拉科夫附近维耶利奇卡盐矿，傍喀尔巴阡山，是从13世纪开始开采、至今仍在开采的岩盐矿床。从14世纪起维耶利奇卡盐矿成为采矿业城市，19世纪成为著名的盐都。数百年前，维耶利奇卡盐矿就成为著名的旅游景点。

维耶利奇卡盐矿床长4km，宽1.5km，厚300~400m，深度达327m。

维耶利奇卡盐矿分为九层，坑巷散布在地下9~327米空间，总长约300km。坑巷中，雕刻着许多艺术作品，有祭坛和盐制作的雕像、教堂。用岩盐作原料雕刻成各种物品、地下教堂、圣坛、浮雕、雕像是矿工传代制作。

1744年，在地下坑巷建起了博物馆、餐厅、娱乐大厅和教堂其中最壮观的宗教场所礼拜堂是地下101.4m处、1896年竣工的圣金加公主礼拜堂，礼拜堂高达10m，长54m，最宽的地方有18m。

现今，1至3层已采完，开辟为古盐矿博物馆，供游人参观，有供呼吸疾病患者休养的专用洞室和疗养院。用盐制作的地下艺术品深受游客欢迎。不到2万居民的维耶利奇卡，每年接待上百万游客。

1976年被列为波兰国家级古迹，1978年列入《世界遗产目录》。

8.2.2.2 澳大利亚墨尔本疏芬山金矿

位于墨尔东部疏芬山金矿，是1851~1855年时的澳洲最知名的淘金古城。

1851年在澳洲大陆南部发现黄金，掀起的淘金热，引来欧洲、美洲和亚洲大批的淘金者，近万名中国人也加入了淘金者。墨尔本的人口1836年不足200人，1851年近3万人，1854年逾十万人，将澳洲的巴拉瑞特称为“新金山”。

20世纪初，金矿采尽，矿山关闭，淘金古城衰落。

20世纪70年代，在墨尔本东部的疏芬山金矿旧址上，修复了一座仿淘金古城、呈现19世纪50年代澳洲巴拉瑞特金矿“淘金热”风貌的疏芬山金矿小镇；黄金博物馆展示有沙金、金矿石、金块、金币、黄金制作。

重现仿澳大利亚19世纪原始风貌的疏芬山淘金古城，成为澳大利亚著名的户外博物馆，墨尔本近郊游客喜欢的旅游景点，屡获澳大利亚国家旅游奖项。

8.2.2.3 湖北大冶铜绿山古采矿、古冶炼遗址

殷商，西周及宋代炼铜地炉等古采矿、古冶炼遗址。面积8km^2，遗存有西周、春秋至汉代的各种木架支护的古井数条，竖井、斜井、平巷纵横重叠，采矿深度达50m。井下遗存有铜斧、船形木斗、辘轳等多种采矿工具。地表现存40×10^4t古炼铜炉渣及八座春秋时期的炼铜竖炉，有的炉还存有鼓风口、通风沟、排放孔等。遗址地表还有石砧、石球等碎矿、磨矿工具。附近遗存有殷商，西周遗物及宋代炼铜地炉等遗迹。其中，保存较完整

的一处矿井群已建为遗址博物馆。

8.2.2.4 四川自贡盐矿古遗迹

自东汉章帝开凿“富世井”和南北朝开“大公井”以来，自贡已开凿一万三千多口盐井，其生产技术、工艺享誉古今，称为盐都。1833年开凿的海井（又名兴海井）深达1001.42m，是世界第一口超千米井。采气与盐矿相依相伴，清乾隆时的小桥井，是目前持续生产时间最长的井。清光绪十九年（1983年）开凿的东源井生产至今，其产气时间之长、产量之大、气流之稳定在天然气发展史上罕见。

现在，自东汉、南北朝以来的自贡盐井盐业纪实、自贡盐井已建成特色鲜明的自贡市盐业博物馆。

8.2.2.5 甘肃白银火焰山露天矿矿山遗迹

甘肃白银火焰山是展现古今采矿遗迹遗址的中国重要的有色金属矿山，有铜、硫、金、银等金属矿床矿业链的典型性、稀有性。遗存有1956年矿山大爆破兴建到1988年闭坑的火焰山露天矿矿山遗迹。

8.2.3 全国工业旅游示范点矿产矿业类旅游地质文化

2004年开始，开辟了全国农业工业旅游示范点，在这些示范点中，不乏含地质矿产矿业的旅游示范点。不言而喻这些旅游示范点的建设，带动了地质矿产矿业旅游链的旅游地质文化的培育和展示。如：山西大同晋华宫煤矿，内蒙古鄂尔多斯市神东煤海，辽宁抚顺矿业集团西露天矿，福建上杭紫金山金铜矿；山西太原中国煤炭博物馆，山东兖矿集团济宁三号煤矿、兖矿集团兴隆庄煤矿，陕西榆林神府煤田；上海地质博物馆，黄石国家矿山公园大冶铁矿主园区；北京首云铁矿，吉林海沟金矿。

8.2.3.1 山西大同晋华宫煤矿

山西大同煤矿集团晋华宫矿矿井建于1956年，为产优质动力煤的大型煤矿。2000年，晋华宫矿开发了“井下探秘游”项目，2004年列入全国工业旅游示范点。2005年，列入国家矿山公园建，为企业可持续发展创造了有利条件。

8.2.3.2 福建上杭紫金山金铜矿

紫金山金铜矿建矿于1992年，主要经济指标和技术指标达到国际先进水平的世界级特大金矿。列入国家工业旅游示范点和国家矿山公园。

8.2.3.3 湖北黄石国家矿山公园

黄石国家矿山公园位于湖北黄石，含大冶铁矿主园区和铜绿山古矿遗址区，有大冶铁矿博物馆。黄石国家矿山公园为国家4A级景区、国家矿山公园全国工业旅游示范点。

8.2.3.4 中国煤炭博物馆

中国煤炭博物馆位于山西太原，1989年9月30日建成开馆的国家级煤炭行业博物馆，是全国煤炭行业历史文物、标本、文献、资料的收藏中心，科普教育机构。有展览大厅，学术报告厅等。

馆内包括煤的生成厅、煤炭与人类馆、煤炭文献馆、模拟矿井等展厅；收藏贫煤、长焰煤、褐煤、气煤、瘦煤、肥煤、焦煤等珍品。

中国煤炭博物馆为国家一级博物馆、全国科普教育基地、国家4A级旅游景区、全国工业旅游示范基地的。

8.2.3.5 上海地质博物馆

上海地质博物馆位于浦东地质科普园内，收藏数万块奇石、矿石晶体、古生物化石及宝石，于2004年12月开放，是奇石展览和地质科普为一体的科普教育基地。上海地质博物馆分地球厅、地球构造厅、矿物岩石厅、古生物厅、地质地貌厅、国土资源厅、宝石厅、奇石馆和关怀厅。介绍地球与地壳运动，组成地球的基本物质——元素、矿物与岩石的相互关系，展示地球原始生命、生物大爆发、恐龙时代、古人类出现；地表外力地质作用及地质/自然景观；上海地质环境演化，环境保护和地质保护。

展示有采自湖南郴州地下1200m深溶洞中，重达3.5t的红色巨型方解石矿物晶体“富贵吉祥”；采自云贵高原的巨大晶莹透红的石膏晶体“冰山焰火”。

8.3 矿山公园旅游地质文化

矿山公园是矿产矿业链旅游地质文化的典型性缩影，矿山公园文化是地质资源开发利用从产业化到社会化的古今人类文明标志性旅游地质文化。我国建立的一批国家矿山公园集中体现了矿体矿业旅游地质文化。

8.3.1 贵州万山国家矿山公园

万山国家矿山公园位贵州铜仁万山，有“中国汞都”之称的贵州万山历史上盛产朱砂、水银，曾是我国规模最大的汞工业生产基地。铜仁万山汞矿，有近千年开采冶炼史；矿山公园有长970km的地下坑道、古矿洞群和3.75km^{2}的采空区矿山矿业景观。具有稀有性和典型性。

万山汞矿秦汉时朝即开始采矿，兴于唐代，明朝建水银朱砂厂。20世纪50年代，采矿工人达数千人，为万山汞矿的大规模开采阶段；20世纪80年代末，资源枯竭，生产萎缩；2002年5月万山汞矿关闭。

万山汞矿从发现朱砂、冶炼成汞，烧制成水银的矿山遗迹，有经过630余年开采遗留下来的纵横交错、层层叠叠、洞中有洞的970km采矿坑道；万山镇有仙人洞、大小洞、黑洞子、云南梯等原始采矿遗址、上千年的炼汞作坊。

2009年10月28日，万山国家矿山公园揭碑开园，有矿山博物馆、岩鹰窝、仙人洞、黑洞子等景点。由原贵州汞矿办公大楼改建的矿山博物馆展示矿山矿床地质、朱砂石，古今采矿、冶炼矿业发展史；展示万山自然景观、民族风情。黑洞子景观遗存古代用火裂石的火烧痕迹。万山国家矿山公园是万山旅游的标志性品牌。

8.3.2 内蒙古巴林石国家矿山公园

巴林石国家矿山公园位蒙古赤峰市巴林右旗大板镇特尼格尔图山，是世界珍稀矿产巴林石的唯一产地，是典型的矿产遗迹。伴有沙地、草原、河流景观和蒙古族风情。

巴林石质地润泽细腻，斑斓多彩，微呈半透明，其中有名贵稀有的鸡血石、冻石、五彩石。巴林石曾在辽代及20世纪初开采，1974年正式建矿。

巴林石国家矿山公园是以巴林石形成的岩浆活动、找矿标志为地质遗迹特征，展示巴林石矿床地质遗迹及探、采、选、冶、加工矿业活动遗迹为主体的矿床矿业景观特色。

公园以展示矿山遗迹为核心，融自然景观与人文景观于一体，展现矿山的历史文化、草原文化和民族民俗文化，可供人们游览观赏、科学考察的国家矿山公园。2009 年 10 月揭碑开园，景区由主标志区、观光游览区、矿硐游览体验区、博物馆和相关融合景区五部分组成。主标志区为巴林石国家矿山公园主题广场，场内有印石广场、金石甬道、文化墙浮雕、主碑石神等主要景观。

8.3.3 遂昌金矿国家矿山公园

遂昌金矿国家矿山公园，位于浙江省丽水市遂昌县，遂昌金矿历史悠久，金银采冶始于唐代，宋代有永丰银场，明代永乐、宣德年间成全国最大银矿产地，1976 年建矿。矿山遗存有唐、宋、明、清等时代采矿遗址，是国家重点黄金生产企业。

遗存有唐代金窟、宋代金窟、明代金窟、汤显祖采矿遗址等矿业遗迹；流传着与金矿关联的明代刘伯温探金脉、朱元璋金窟避难、刘基听泉、金银婆婆镇山守金等民间传说；灰吹法冶炼工艺等绚丽多彩的矿业文化。

唐代宋代金窟是上千年的金银矿古矿硐；“唐代金窟”生产上等的黄金，为历代达官贵人、名绅巨贾竞购。黄岩坑古矿硐诸多采矿遗址中规模最大，保存最完整、记载最详实的遗迹，是国内稀有的有条件恢复“烧爆法”采矿、“灰吹法”冶炼工艺场景的矿山，园区黄金博物馆布展面积 1100m^2，馆列展品 200 余件，涵盖古代和现代地质、采矿、选矿、冶炼的黄金文化、矿业文化。

金矿奇峰秀水，自然景观优美，矿采冶历史悠久，矿业遗迹丰富。遂昌金矿建矿以来，黄金生产与环境治理并重，注重人与自然和谐。矿业文化底蕴深厚。曾被誉为“花园式矿山”、“江南第一金矿”，将休闲、度假、商务会议、求知、探密、旅游观光融为一体，遂昌金矿国家矿山公园荣获全国首个“中国黄金之旅”称号。遂昌金矿是国家 4A 级旅游区。遂昌金矿国家矿山公园于 2007 年 12 月开园。

8.3.4 黄石国家矿山公园

黄石国家矿山公园位于湖北省黄石市铁山区，是以历经百年开采的大冶铁矿、铜绿山古铜矿遗址组成的“一园两区”，中国首座国家矿山公园，见证了千年矿山的创业史和发展史。

黄石国家矿山公园的早期，黄石大冶铁矿与武汉汉阳铁厂和江西萍乡煤矿组成的“汉冶萍”公司是中国最早的钢铁联合企业，堪称“中国钢铁工业的摇篮”，在中国现代工业发展史上举足轻重。

黄石国家矿山公园核心景观为形如倒葫芦，东西长 2200m、南北宽 550m、最大落差 444m、坑口面积达 $108\times10^4m^2$ 的亚洲第一人工“矿冶大峡谷”，被誉为“亚洲第一天坑”；著名的大冶式矿床、汉冶萍煤铁公司的大冶铁矿东露天采场，落差 444m 的世界第一高陡边坡。

大冶铁矿博物馆为全国首座铁矿博物馆，占地面积 6400m^2，收藏史料 10 余万字，图片 1600 余幅，文物 80 余件。矿业博览园展示了大冶铁矿不同时期的 13 台套采矿机械设备，展现了大冶铁矿千年采矿史。

黄石国家矿山公园拥有为治理矿山生态环境、为再造绿色家园，营造了亚洲最大的硬岩复垦基地，废石场上种植了万亩槐花，成为铁山槐花游的重要景观。

公园有众多景观，白雉山芙蓉峰直立挺拔，峰顶有泉，终年不竭；尖林山灵山古刹寺前有一株高达30余米的“千年银杏”鄂东“树王”；盛公碑摩崖石刻。

黄石国家矿山公园为“全国工业旅游示范点”，黄石国家矿山公园2007年4月开园，成为我国首座国家矿山公园，国家4A级旅游景区。

8.3.5 甘肃白银火焰山国家矿山公园

白银国家矿山公园位甘肃白银市，是1956年矿山大爆破兴建到1988年闭坑的大型有色金属矿业遗迹。以其典型的块状硫化矿床地质剖面、大型的露天矿遗迹为特色（图8.3.1）。有铜、硫、金、银等贵金属矿床矿业的典型性、稀有性。

图 8.3.1 白银露天采矿坑

通过古今采矿遗迹遗址，展现了折腰山和火焰山露天矿矿山遗迹；展示开采中的深部铜矿和地面现代化采矿的小铁山矿；展示现代生物冶金技术。重现甘肃白银600多年的矿业史。

白银火焰山国家矿山公园分矿山景区、主题公园和矿业历史文化长廊。矿山景区和矿业历史文化长廊包括露天矿区、小铁山、深部铜矿及矿山道路沿线的矿山企业区域，突出展现矿区生产遗迹和矿业活动遗迹。展馆内部将影视资料、展板、模型、实物等有机结合，展示白银有色矿业开发历程、矿业城市；展示白银矿产种类、矿床成因、有色金属矿的矿业开发历程，矿业城市发展脉络与转型历程。

白银火焰山国家矿山公园是白银著名的工业旅游景区。

8.4 矿产地矿业都市旅游地质文化

矿产资源丰富，矿业开发历史悠久，矿产地构建成兴盛的矿业都市，成为著名的矿业文化品牌。如中国的锡都、盐都、瓷都文化。

8.4.1 云南个旧锡都旅游地质文化

距今两千多年前的汉代个旧就开采银、锡、铅，元明时期铜业兴盛，清代以后，锡产量居全国第一。个旧至清光绪九年（1883年）始设官商经营，1940年成立云南锡业公司。个旧锡矿储量丰富、开发历史悠久、采选冶技术先进、精锡纯度高，有色金属产品远销英、美、日等40多个国家和地区。个旧是因锡而兴，功能齐全的矿业城市，是驰名世界的“锡都”。

8.4.1.1　个旧锡都矿床矿业旅游资源

A　地质遗迹及矿业遗迹/遗存

（1）锡都个旧地质遗迹——个旧锡铜多金属矿床。世界知名的超大型锡多金属矿床；重熔花岗岩为主导，矿床与重熔型花岗岩、成矿构造同位突起层圈结构矿床模式；个旧锡矿矿床勘查地质文化。

（2）锡都个旧矿业遗迹——采选冶矿业链。探矿工程遗迹；老马松卡矿山遗迹遗存；新冠个旧选厂遗迹遗存；冶炼厂遗迹遗存，云锡冶炼厂烟囱。

（3）锡都个旧矿业链延伸遗迹——矿业城市。个旧火车站、窄轨铁路；个旧标志性建筑云锡大楼、七层楼、八号洞、挖泥船等遗迹遗存。

（4）锡都个旧矿业链延伸遗迹——锡文化。锡工艺品；斑锡工艺品；城市雕塑；源于锡矿锡业的文学艺术作品。

B　地质-采矿-选矿-冶炼矿业链

云南锡业集团是产业链长而完整、世界著名的锡企业。云锡具有悠久的历史，是中国锡工业的发源地。拥有世界上先进的采、选、冶、深加工技术，拥有矿山勘探、采选冶、锡化工、有色金属深加工的矿业链。

8.4.1.2　个旧锡都特色旅游资源结构

A　矿床地质品牌模式

（1）独特性唯一性矿床模式。以重熔花岗岩侵位为主导的锡矿床模式；重熔花岗岩侵位岩突加构造突起成因模式；接触带凹兜、断层加地层矿化富集定位模式；岩溶砂矿富集模式。

（2）超大型集群式立体结构锡铜多金属矿床/矿化集中域模式。花岗岩株顶部云英岩/蚀变花岗岩型-接触带矽卡岩/硫化物型-外接触带层状、似层状、脉状、细脉状硫化物/氧化物热液型-风化壳砂矿型组合；W、Be-W、Sn-Sn、Cu-Sn、Pb、Zn带状组合层圈结构。

（3）民窿土硐民间传统找矿模式。地域特有矿硐/矿石/品位名称/名词系列；地域特有矿化标志识别盲矿找寻技能系列。

B　个旧锡都特色矿床矿业链模式

地质域-矿业城市域-经济域耦合结构旅游矿床矿业主题公园。

矿床矿业特色性突出的个旧矿产地锡都旅游品牌优势，突显具知名度、吸引力、品牌效应的个旧锡都地域特色矿业文化、历史文化与民族文化。

C　个旧锡都旅游地层次/层圈结构模式

（1）个旧锡都矿业城市旅游地层圈结构。个旧金湖-个旧市区-五指山矿业集中域（老马松卡四大老矿山、大屯古山卡房矿缘选厂）-轿顶山矿业域组合结构的环金湖层圈结构。

（2）个旧矿业延伸链/辐射红河旅游圈。个旧–鸡街小火车–个碧石铁路个旧锡都地脉人脉物流线。

（3）以锡矿锡业链为主线的个旧锡都旅游地标志性旅游资源层圈结构。标志性个旧锡都旅游资源–标志性矿业链旅游资源–云南锡博物馆。

D　以锡都文化为品牌特色的个旧锡都旅游文化模式

（1）个旧锡都城市文化。个旧市区地处阴、阳两山之间，环个旧湖湖岸斜坡城市建筑，形成湖–城–山相辉映特色别致的独特景观，荣获全国卫生城市。

举办国际锡文化旅游节，出版以锡文化为内容《锡都史艺文集》、《锡映千秋》、《锡都三杰》、《锡山歌谣选》、《老个旧　新锡都》影像集等出版物。

云南锡博物馆、个旧市图书馆；非物质文化遗产展示厅、非遗专题传习馆。兴建“个旧锡文化工艺美术产业园”。百余锡工艺项目入选省、州、市级非物质文化遗产名录。

展现浓郁个旧锡都矿业史的锡文化雕塑群，金湖文化广场大型汉白玉雕塑群。

（2）标志个旧锡都矿业链延伸的个旧小火车站。个旧火车站建于1921年，34km的六寸宽窄轨铁路通碧色寨。现遗存有见证个旧锡业发展的火车站及铁路遗迹，个碧石铁路陈列馆。

（3）锡工艺品。个旧特有锡产业链延伸的、高雅品质的锡传统工艺品，已有300多年历史，远销国内外，具有很高的艺术价值、收藏价值和实用价值。民国初年，代表当时锡工艺水平、个旧李伟卿的“关云长勒马望荆州”锡制品，曾参加巴拿马亚太博览会并荣获特等奖。近年来的“斑锡”新工艺增添了传统锡工艺美术品艺术光彩，赖庆国作品“吉象珍品茶储”、“九象奇妙壶”、“四象茶堡”被国家博物馆收藏。

8.4.1.3　个旧锡都矿床矿业旅游地质文化链

A　个旧锡都旅游文化元素

个旧锡都丰富多彩的矿床矿业链遗迹遗存。宝华公园，水温高达80℃贾沙温泉（尼格温泉）；表征锡都锡文化的锡工艺品。云南锡博物馆展示的个旧锡都文化。

著名的彝族古籍文献、彝文古籍。哈尼族的芒鼓舞、乐作舞，彝族阿细跳月、烟盒舞，苗族芦笙舞等经典舞蹈。彝族的海菜腔经典音乐。彝族的巴乌、口弦，苗族的芦笙，傣族的葫芦丝民族乐器。

中国近代史上最早的火车站之一碧色寨；1908年竣工的滇越铁路巨型钢架桥五家寨人字桥；横跨中越国界长76m的中越铁路大桥。

个旧金湖，位老阴山下断裂带岩溶洼地的落水洞，1954年8月连续三天的滂沱大雨后，岩溶管道堵塞涌水，淹没民房、工厂，形成的堰塞湖。

个旧锡都周边众多的红河旅游地：世界文化遗产地元阳哈尼梯田，国家地质公园阿庐古洞。建水古城、建水文庙、朱家花园，石屏文庙；建水燕子洞、弥勒白龙洞，蒙自南湖、大屯海。

B　世界知名的“个旧锡都”两千年个旧锡业文明的淀积

“个旧锡都”具有个旧、红河地域的地标性品牌。个旧锡都具有以锡都文化为品牌，锡矿旅游地质文化–矿业产业链旅游文化–矿业城市旅游文化–锡工艺品旅游文化组合结构的个旧锡都/锡业旅游文化链。

8.4.2 四川自贡盐都旅游地质文化

自贡井盐采卤制盐，始于东汉，闻名于唐宋，鼎盛于明清，称千年盐都。自东汉开凿“富世井”和南北朝开“大公井”以来，两千多年产井盐历史，自贡已开凿一万三千多口盐井，生产了食盐7000多万吨。古代自贡的盐井，大多数能够同时出产卤水和天然气。其生产技术、工艺享誉古今。

凿成于1835年的海井（又名燊海井）深达1001.42m，是世界第一口超千米井。燊海井采用中国传统的冲击式顿钻凿井法，燊海井同时生产天然气和黑卤，目前仍在生产井盐。有碓房、大车房、汲卤筒和灶房，有碓架、井架、大车等。现存燊海井保留着19世纪初的布局和风貌，典型的清代井盐生产现场。燊海井是中国古代钻井工艺成熟的标志，是世界钻井科技史上的重要里程碑。清乾隆时的小桥井，是目前持续生产时间最长的井。清光绪十九年（1983年）开凿的东源井生产至今，其产气时间之长、产量之大、气流之稳定在天然气发展史上罕见。俗称天车的木制井架，最高达113m，现存的88m高井架雄伟壮观。

自贡历史上先后钻凿多口盐井，一口盐井往往会在其周边带出一批盐井，能促成一个小镇的诞生，造就了自贡组团状城镇格局。用条石铺成的盐道，形成了辐射四面八方的井盐陆路运输网，旭水河与釜溪河组成水路运输线。

盐业兴盛的古代自贡，曾汇聚了四方盐商。盐业同乡会、同乡会馆，行帮会、行帮会馆兴盛。

现在，将东汉以来的自贡盐井盐业纪实、自贡盐井建成特色鲜明的自贡市盐业博物馆，博物馆展现了自贡千年井都文化。

燊海井凿是典型的清代井盐生产现场遗迹，为全国重点文物保护单位。

2006年，自贡井盐深钻汲制技艺列入国家级非物质文化遗产名录。

2008年2月，自贡地质公园列入世界地质公园。自贡井盐生产遗址是自贡地质公园重要组成。盐业园区展现了自贡近两千年的井盐生产谱写的盐业文化。

8.4.3 江西景德镇瓷都旅游地质文化

瓷器是用瓷土（瓷石、高岭土类）烧制而成的器物。中国是瓷器的故乡，在英文中“瓷器”与“中国”为同一词。

大约在公元前16世纪，中国就出现原始瓷；至唐宋瓷业逐渐繁荣。江西景德镇在元代出产的青花瓷成为瓷器的代表，历经千年，工艺精湛，瓷品极佳，久盛不衰。

景德镇瓷器造型优美、风格独特。有“明如镜，薄如纸，白如玉，声如磬”的美誉，以青花瓷，粉彩瓷，玲珑瓷，颜色釉为名瓷；釉里红、斗彩、薄胎瓷、雕塑瓷、瓷板画、五彩瓷、釉下七彩瓷等瓷器品种齐全。其青花瓷、玲珑瓷、粉彩瓷、色釉瓷合称景德镇四大传统名瓷。宋真宗景德年间，御赐“景德镇”。明清时，景德镇已成相当繁华的瓷业中心，举世闻名的城镇，成为中国瓷器之“瓷都”。景德镇的瓷器自古就载誉国外，以瓷器作载体传播中国文化，成为中国文明、中国文化的代表。

景德镇遗存有瓷土矿产遗址：高岭瓷土矿遗址、三宝蓬瓷石矿遗址、陈湾瓷石矿遗址、大洲瓷土矿遗址（矿床属花岗岩风化残积型）、马鞍山制匣土遗址。

景德镇有展示传播景德镇瓷都文化的景德镇雕塑瓷厂、中国景德镇国际陶瓷博览会(瓷博会)、景德镇民窑博物馆、景德镇陶瓷馆等。

景德镇是中国历史文化名城。2006年，景德镇传统瓷窑的营造技艺列为国家级非物质文化遗产。

2015年，景德镇以瓷都文化被联合国教科文组织授予“世界手工艺与民间艺术之都”称号。

思考题

8-1 试从石体-地体-矿体旅游地质文化的关联性及其人类文明地质载体的视角，探索地质文化的旅游价值。

8-2 试从矿产矿业都市旅游地质文化，探索地质文化源流及其旅游价值。

9 传媒旅游地质文化

9.1 旅游地质文化与传媒文化

长期以来，旅游地质文化除了地质体、地质景观、地质体旅游地的实景感受体验外，更多的是从类似游记的出版物中得到和获取信息。随着社会进步，旅游地质文化更多的是通过影视、网络等文化传媒而得到传播。通过影视和网络等文化传媒激发不同人群对旅游地质景观的旅游观赏欲望。过去的出版物多局限于“文化人”，而传媒旅游地质文化则展示旅游地质景观/奇观予以不同的文化层次、不同知识结构的所有人群。人们通过文化传媒不仅知道旅游地质景观，而且可以了解什么地方有什么景观，还能领悟奇观奇在何处。

旅游地质文化通过各种传媒文化得到传播和普及。

9.2 地质科普文化

从20世纪70年代末，中国地质学会成立地质科普委员会，继而成立中国地学研究会，出版《探索地球奥秘》丛书，地质科普文化得到有组织的广泛的发展。伴随旅游地质学的学术年会、专题讨论会，《旅游学刊》、《旅游研究》等学术刊物出版，旅游资源调查评价、旅游地规划，旅游地质学为旅游业，为世界遗产申报建设、为国家/世界地质公园申报建设作出重要贡献。旅游地学/地质理论与方法在旅游地学实践中得到系统的构建并发展完善。同时旅游地学/地质文化旅游文化也得到发展和普及。

9.2.1 科普性地质文化

把地质知识用科普文化传播到社会、传播给大众。

通过地质科普文化简明的语言、形象的图示深入浅出地使公众了解地球、认识地质，认识地球的历史和现今，提高公众对地球、地质的文化素养。

与地质有关的、含地质科普性知识的科普读物、期刊杂志，可供读者阅读和收集有关读者文化的网络平台。

地质科普文化大多涵盖于：

(1) 各种地学、地质、地理期刊杂志，如《中国国家地理》等。

(2) 中国中央电视台科教类节目《地理·中国》等。

(3) 地质公园的地质博物馆。

9.2.2 旅游地质文化丛书

旅游地质文化广泛包含于地球/地质科普书刊读物中。这些包含有旅游地质文化的书刊可作为旅游地质文化阅读，可作为旅游地质景观观光鉴赏的参考。地球/地质科普丛书如：

(1)《地球大视野》科普丛书，共六册：《谈天说地》、《探识地球》、《水的警示》、《分享海洋》、《健康寻源》、《珠宝奥秘》。地质出版社出版，2007 年。

(2)《中国观赏石》科普丛书，共四册：《观赏石入门》、《观赏石鉴赏》、《观赏石采集、收藏、养护》、《观赏石与旅游》；中国观赏石协会组织编写、地质出版社出版，2007 年。

(3)《奇妙的大自然》丛书，共 8 册：《奇妙的山》、《奇妙的冰川峡谷》、《奇妙的动物》、《奇妙的沙漠》、《奇妙的森林》、《奇妙的海洋》、《奇妙的江河湖泊》、《奇妙的植物》。

(4) 少儿环保科普系列丛书《睁大眼睛看地球》，共 4 册：《蓝色的水球》、《地球上的居民》，《走在地球的肚子上》，《地球像个大鸡蛋》。

(5)《科学家带你去探险》丛书，共 4 册：《探秘大香格里拉》、《挺进地球无人区》、《说不尽的北极故事》。

(6)《地球科普读物：地球与人类》，共五篇：《地球 · 家园》、《宇宙与地球》、《世界地理》、《地球人》、《地球环境》。

(7)《解读地球密码》科普丛书。

(8)《十万个为什么》，少年儿童出版社出版的青少年科普读物，从 20 世纪 60 年代初至 2013 年出版了 6 个版本。其中包含了地球、地学、地质方面的科学普及作品。如第三版中地理、地球史；第四版中地学；新世纪版中地球科学分册；第六版中地球、古生物分册。

(9)《漫谈地球》、《地质旅行》、《变化多彩的地球》、《地球的内部结构》、《地球的演变》、《地球科普王国》等。

9.2.3 地质公园文化

具有地质遗迹展示、休闲、旅游功能的地质公园，蕴含有地域特色的品牌地质遗迹，以公园形式展现地质景观、拓展地质文化。是以特色旅游地质景观、地质文化为主题的主题公园。是地质景观特色突出、地质文化深厚的高品级地质文化遗产，特色旅游地质景观文化。经地质公园对旅游地质景观开发，在地质公园内开辟地质博物馆、开辟游览线路、设置标志及景观标识、编制地质公园宣传和导游出版物。由地质景观衍生地质公园文化、旅游地质景观文化。地质公园是旅游地质主题文化的传媒载体。

9.3 博物馆地质文化

9.3.1 博物馆

博物馆是“搜集、保管、展览或研究各种文物或标本等的机构。”是“搜集、保管、研究、陈列、展览有关革命、历史、文化、艺术、自然科学、技术等方面的文物或标本的机构。”

博物馆以其广博丰厚的科学知识和文化内涵，为公众提供知识和科普教育。因其具有科学知识和文化艺术的知名度、美誉度、认知度，高品级的旅游文化的独特品牌，具有高品质的旅游品牌、旅游吸引物的功能，故具有特色旅游文化的博物馆通常都是旅游者的旅游优选目的地。自然科学类的博物馆内涵丰厚的旅游地质文化，如中国地质博物馆、中国地质大学博物馆、自贡恐龙博物馆等。

9.3.2 地质博物馆

搜集、保管、陈列、展览地球科学知识和地质标本的地质博物馆，具有展示地球科学、普及传播地质知识的功能，具有深厚的旅游地质文化。以其展示地质科学的典型性、系统性、完整性和特色性，解析地质内涵与地质景观的必然联系，地质作用的过程和因果关系，地质景观的观赏性、文化性。因此，地质博物馆是地学爱好者、科普爱好者了解、学习地球知识的场所，是青少年科普教育基地，也是喜好自然的旅游者优选的旅游目的地。

地质博物馆按其形式、内容可分为综合性、天然性、主题性地质博物馆：

（1）搜集、保管、陈列、展览地球科学知识和地质标本的专业性综合性地质博物馆，如建立于城市、地质院校、地质科研机构的地质博物馆。如中国地质博物馆、中国地质大学博物馆。中国地质博物馆创建于1916年。分为地球厅、矿物岩石厅、宝石玉厅、史前生物厅等展厅，展示有数以万计的矿物、岩石、宝玉石、化石等地质标本，有大批科学价值与观赏价值兼优、享誉国内外的史前生物化石、恐龙化石、古人类化石、矿物、宝玉石珍品。

（2）自然地展布于地球表层，具有地域性、独特性的地质体、地质单元、地质景观地域的天然地质博物馆，具有特定地质特色地域的地质公园、风景名胜区。如被誉为“天然地质博物馆”的嵩山世界地质公园。

（3）展布于具有高品质地质遗迹的世界/中国国家地质公园中，展示地域性、专业性地质科学知识、地质文化的地质公园地质博物馆。如、克什克腾世界地质公园地质博物馆、泰山地质公园博物馆。

地质博物馆是旅游地质文化的载体，是旅游地质文化的传媒形式：

（1）展示地质作用产物岩石矿物实体标本，传播涵盖地质科学内涵的地质文化。

（2）应用文图，多媒体、虚拟技术、数字博物馆等展示传播地球、地质体、地质景观、地质科学内涵的地质文化。

（3）作为地学、地质科普教育基地，举办科普活动，普及地质文化。

（4）作为旅游景点、旅游吸引物，向公众开放的地质博物馆，利用地质博物馆的旅游功能，接待观众、游客赏析旅游地质文化。

9.3.3 恐龙博物馆

恐龙，地球发展演化过程中，中生代地质时期的标志性动物。对地层古生物、岩相古地理、古生态、古地质环境的研究具有重大意义。出现于地质历史上，2.25亿年至6500万年前的三叠纪、白垩纪陆地上，身躯能直立行走、巨大体形、种类繁多的恐龙家族，因其发育的全球性、灭绝的突然性、神秘性而引起科学界和人们的极大关注。

以恐龙为题材制作有许多影视作品；有许多以恐龙为题材的少儿科普读物和玩具。恐龙文化成为有关地球历史，地质古生物、地质事件的最为普及的旅游地质文化。发掘的许多恐龙化石被制作成恐龙骨架标本，陈列于博物馆。恐龙博物馆是以保存和展示恐龙及其地层古生物为主题的专题性恐龙文化场馆，也是重要的、极具吸引力的旅游地质文化传媒。许多以恐龙遗迹建立的恐龙博物馆既是地质公园或旅游景区，又是地层古生物科普文化教育基地。

9.3.4 地震遗址遗迹博物馆

近代地震遗迹遗址建立了各种形式的地震纪念馆博物馆。成为旅游地质文化载体传媒。

9.3.4.1 唐山地震遗址

1976 年 7 月 28 日 7.8 级地震，24 万余人遇难，16 万余受伤。唐山大地震共保留有唐山机车车辆厂铸钢车间、河北理工大学原图书馆楼、唐山十中旧址、唐山钢铁公司俱乐部、唐山陶瓷厂办公楼、唐柏路食品公司仓库等 7 处建筑型地震遗址。遗迹展示大地震对建筑物及地面的破坏情况。

唐山地震遗址纪念公园包括唐山机车车辆厂铸钢车间地震遗址、地震博物馆纪念展厅、铁路机车博物馆、纪念林、纪念水池、纪念墙、纪念广场。

地震博物馆纪念展厅：分为劫难篇、救灾篇、自强篇、复建篇、启示篇五大部分。内设唐山震前和震后的资料、照片及救灾实物资料，主要展示地震灾难和当时抗震救灾的情况。

地震博物馆科普展厅分为序厅、地震科学展厅、地震活动观测展厅、地震灾害防御展厅、地震紧急救援展厅、地震活动体验展厅、人类美好梦想展厅七部分。

9.3.4.2 5·12 汶川地震地震遗址博物馆

2008 年 5 月 12 日，四川汶川、北川发生 8 级强震，地震重创约 $50\times10^4km^2$。震中四川省汶川县映秀镇，震中烈度 11 度，生命财产建筑物损失巨大。

汶川大地震有许多地震地质遗迹，如地震断裂带，山体滑坡崩塌体群，堰塞湖。其中，地震山体滑坡阻塞河道形成的堰塞湖群尤为醒目，如涧河上游北川唐家山堰塞湖，青川县青竹江石板沟堰塞湖。

汶川地震遗址建有地震遗址博物馆汶川大地震馆，北川地震遗址，青川东河口地震遗址，汶川映秀地震遗址。

汶川地震博物馆建在四川大邑县安仁镇。有 30 多个展厅，含 512~612 本日记、地震美术作品馆、地震科普馆；地震遗存实物、照片。

9.3.5 奇石馆奇石展

各种主题和规模的类型奇石馆；各种主题、不同地域、各种形式的奇石展；奇石馆、奇石展常常同时兼备奇石交易。奇石馆、奇石展都是旅游地质文化、石文化的一种传媒形式。

9.4 图件化旅游地质信息文化

9.4.1 具社会化意义的旅游地质信息图件化

旅游地质图件是基于地质知识、地质图件制作技巧表达旅游地质资源、为地质资源的旅游开发服务的图件，是旅游地质文化服务于社会的一种形式。

图件编制的原则、技巧等核心问题在于围绕旅游地质资源环境的特色，突出显示、表达旅游地质信息的主题和内容。就此而言，旅游地质信息的图件属于显示旅游地信息的专题性图件，旅游地质信息图件蕴含地质文化与旅游文化，属于旅游地质交叉学科特色的地质社会化图件：

（1）围绕和突出旅游地质特色，兼容旅游地质资源的观赏性、科学性，地质资源的旅游价值。

（2）力求层次分明，主题突出，对多层次、多内容的资料和认识可采用系列图件表达显示。

（3）力求科学性和通俗性的结合，使图件大众化、通俗化、简明、易懂。

（4）力求采用图件的多种表达显示方式（如数字地图、电子文件），显示地质文化与旅游文化融合的旅游地质文化。

9.4.2 基于地质资源旅游资源化概念的主题图件

与地质资源旅游资源化、产业化、社会化相一致，旅游地质信息图件的主题、主线就是展示旅游地/旅游景区地质资源旅游资源化信息。与普通地图相比，旅游地质信息专题图的用途、内容、比例尺、地图资料更为多样。因此，应着重地质资源旅游资源化所涉及的旅游地质信息，具体展示地质资源旅游资源化、产业化、社会化信息。

（1）科学性与易读性的统一。旅游地质信息图件必须具有严密的科学性；同时因其面对非地质专业的大众游客，必须通俗易懂，突出易读性。

（2）精美的艺术性。旅游地质信息、旅游地质文化的图件，观赏艺术性和科学性缺一不可，其科学内容是通过图件特殊艺术形式表达出来的，具体体现于旅游地质信息图件的符号设计、色彩设计、图表设计、整饰和图面配置之中。

9.4.3 旅游地质文化的图件表达形式

旅游地质图件面对的大多是不具备地质专业知识的人员。优良的旅游地质信息图件应成为展示、宣传旅游地质精髓的旅游地质文化形式，成为蕴含旅游地旅游地质特色、旅游地质品牌的旅游地质文化产品。因此，大众化是旅游地质信息的优选主题。旅游地质信息图件除了供旅游地质专业人员、专业部门使用的专题性为主的地质图件外，应尽可能采用能展示旅游地质内涵的形式。

以可视化技术展示旅游地质信息，将旅游地质资源、旅游地质景观用现代可视化形式予以展示，能得到直观、易于传播的效果优势。

9.5 影视与网络旅游地质文化

影视与网络是现今文化传媒中最为广泛的文化传播方式，是旅游地质文化传播的重要方式。

网络文化向社会各阶层的渗透，旅游地、旅游景观景象也成为网络传播的重要内容。旅游地质景观通过网络载体声色并茂地得到迅速传播。旅游景观、旅游景区景点的介绍、地质景观/奇观的推介，在网络中有求必得。而且，许许多多游客、专业的非专业的景观摄影作品、实景记录，应有尽有地记载传播着旅游地奇观、景物真貌。网友群落更是以极快的速度把自己旅游景观的图照作为见闻晒之于众，让更多的人分享。在这些网络文化中有意无意地包含了大量的地质景观/奇观的旅游地质文化。

影视旅游地质文化，大批量的包含于有关科学、有关旅游、有关文化的影视铺垫和栏目中。如中国中央电视台的科教频道、环球旅游、时代出行、世界地理等频道；地理·中国、走近科学、自然传奇、自然探索、探索发现等栏目。

过去，耳目闭塞，地质景观仅为少数文人墨客雅谈的时代已成为历史。现今，地质奇观、地质景观、地质知识已成为普及的知识。特别是喜好旅游的人群、喜好广博知识的人群，影视、网络旅游地质文化正成为旅游地质文化社会化的旅游文化重要、快速、广益的途径。

影视剧有许多用地质实体作实景拍摄场景，借地质景观衬托影视内容、情景，获取良好的影视效果。

甘肃景泰龙湾黄河石林地质景观曾作为电影场景或外景，拍摄过电影/电视剧《神话》、《花木兰》、《决战刹马镇》、《美丽的大脚》、《天下粮仓》、《书剑恩仇录》、《牛郎织女》、《黄河古镇》、《老柿子树》、《大敦煌》、《汉武大帝》、《西部热土》、《汗血宝马》、《惊天传奇》、《黄河浪》、《雪花那个飘》、《武林志》。

云南陆良彩色沙林曾作为影视《三国演义》、《西游记》、《炎黄始祖》、《花都大战》、《金沙水拍》、《南中秘史》、《珊娘》、《神雕侠侣》、《笑傲江湖》的外景。

9.6 地质景观实景演艺文化

9.6.1 地质景观与人文交融衍生旅游景观文化

人类生存繁衍的生态地质景观影响人的观感及心灵。从而衍生以地质景观所启迪的旅游地质景观文化。这些旅游地质景观文化渗透于各类文学艺术作品中。现今的旅游景观文化中，也多有依托地质景观衍生的旅游景观文化。其中，21世纪初以实体地质景观为演艺现场的地质景观与实景大型演艺文化是风景名胜区旅游地的特色旅游文化。

由张艺谋、王潮歌和樊跃等主创的大型实景演出印象系列：《印象·刘三姐》、《印象·丽江》、《印象·西湖》、《印象·海南岛》、《印象·普陀》、《印象·大红袍》、《印象·武隆》。借具有地域品牌的地质景观作实景，演艺该地域特色民族文化，自然与人文的地域特色融为一体，独创了地域唯一性的独特的旅游地质文化。《印象·刘三姐》以岩溶地质景观桂林山水为实景，演艺广西民族品牌文化刘三姐。《印象·丽江》以玉龙雪山为场景，演艺丽江地域的民族文化精华。《印象·西湖》以杭州湖湖泊水体为场景，演艺中华文化精髓。《印象·大红袍》以世界自然与文化双遗产地武夷山为场景，演艺武夷茶文化。《印象·武隆》重庆武隆峡谷天坑地缝为场景，演艺巴蜀大地特有的“号子”文化。在典型性的生态地质环境中，以地域特有的自然与人文旅游资源，塑造了高品质的天地人融为一体的地域地质体旅游地，形成了独有的旅游地质文化地标、名片。提升了旅游地文化层次，获取了旅游地的良好的社会经济效应，推动了旅游地的社会经济发展。

9.6.2 玉龙雪山旅游地质景观实景演艺文化

《印象丽江·雪山篇》实景演出剧场，以云南丽江玉龙雪山东麓海拔3100m的甘海子蓝月谷剧场为舞台，以玉龙雪山雪山景观为背景，演艺地域特色民族文化，由自然景观与人文景观、民族文化交融而成的旅游文化，是典型的以地质遗迹遗产（自然遗产）为源泉衍生的旅游文化；《印象丽江·雪山篇》由玉龙雪山周边的丽江地域特色民族文化《古道马帮》、《对酒雪山》、《天上人间》、《打跳组歌》、《鼓舞祭天》和《祈福仪式》六部分组成。是典型的唯一性独特性地域遗产文化，是源于地域旅游景观而孕育衍生的旅游景观文化。能让游客溶入具有视觉撞击和心灵震撼的地域雪山文化、民族文化特色旅游文化氛围，感受到地域遗产文化的博大广深和源远流长。

以玉龙雪山作实景，烘托《印象丽江·雪山篇》演艺文化，开创的大型实景演艺文化，是特色旅游地质景观文化的创新（图9.6.1）。

图9.6.1 地质景观实景演艺文化《印象丽江·雪山篇》

9.6.3 桂林山水旅游地质景观实景演艺文化

《印象·刘三姐》以世界驰名的广西桂林岩溶峰林峰丛旅游地质景观为自然实景，在桂林山水甲天下的阳朔漓江山水剧场，以地域少数民族文化“刘三姐”为主题，用红色、白色、银色、黄色四个主题色彩的系列，演艺融桂林山水、民族风情、经典文化“刘三姐”山歌于一体的大型山水实景，使观众体验置身于如诗如画的桂林山水，领略、沉浸于桂林山水衍生的地域特色浓郁的民族文化。

9.7 旅游景观与风景名胜的“排行榜”文化

从古到今，人们都喜欢通过类比对同类事物进行不同角度的排序。对自然风光、山水、山石、园林等旅游景观也常进行优美程度的评价。有的是个人根据自己的阅历所见进行；有的是通过群体根据认同度进行；有的是经过历代不断的评价筛选而得；有的是近代从各种各样的需求，通过专项评选活动而得。排序、排名往往成为创立品牌的依据，成为品牌影响力的砝码。

在各种各样的排行榜中，有许多涉及旅游地质资源、景观、地质体旅游地的。尽管各类排行榜角度不同、资料不同、标准不一，排名也有不同。但从一定角度展示了旅游地质景观地质体旅游地的认同度、知名度、旅游价值、旅游品牌。

应该说，世界自然遗产名录、世界地质公园、含地质遗迹的国家公园，以及国家地质公园、含地质景观的国家风景名胜区，都是旅游价值极高的旅游地质资源/景观、地质体旅游地的佼佼者、精品。它们都是具有权威性认定的、能入排行榜中的金榜、精品地质遗迹地质景观地质体旅游地的代表性、典型性、标志性的范例。含地质遗迹的公园景区排行榜一定程度也蕴含了旅游地质文化。

尽管排行榜有许多随意性、局限性，但是从排行榜中也可看到人们对所排列景观/事物的关注度，对该类景观/事物所排列项目/景观的认知度、类比度。

通过下面列举包含旅游地质景观、地质体旅游地的代表性排行榜，可略览地质体、地质资源、地质景观的旅游价值，也可了解旅游地质文化的传媒作用。

（1）《中国国家地理》杂志社 2005 年增刊的“选美中国”特辑，以排行榜的形式推出了中国最美的十大名山、五大湖、七大丹霞、五大峰林、十大峡谷、三大雅丹、五大沙漠、八大海岸、六大瀑布、六大冰川、十大森林、十大海岛、六大沼泽湿地、六大草原、六大旅游洞穴、五大城市、六大乡村古镇。其中，除五大城市、六大乡村古镇外，可以说都涵盖旅游地质景观的美感度、观赏性的推介。在特辑中为各类排行榜列出了“评选标准”、“评委介绍”，还有“入围名单”、“编辑手记”。显示了“选美中国”排行榜的严肃性、认真性、权威性。这种排行榜，显然可作为地质资源旅游价值评价的参考和旅游地质文化的传媒。

（2）全球十大地质奇观：

1）冲积扇。中国跨越昆仑和阿尔金山脉的冲积扇。

2）圣海伦火山。俄勒冈州，美国圣海伦火山。

3）布兰德山，非洲布兰德山在纳米比亚西北部。

4）巴林杰陨石坑陨石，亚利桑那州，美国重约7万吨的陨石撞入地球。

5）大堡礁，澳大利亚大堡礁（Great Barrier Reef Queensland，Australia）。

6）大峡谷，亚利桑那州，美国美国大峡谷（Grand Canyon）。

7）非洲Richat结构毛里塔尼亚的Richat地质结构。

8）纳米布沙漠沙丘，纳米比亚纳米布沙漠为一狭长的沙丘和裸石带。

9）喜马拉雅山脉，亚洲亚洲雄伟的山脉喜马拉雅山脉包括世界上多座最高的山。

10）巨人堤道，北爱尔兰北爱尔兰著名的景点“巨人堤道”位于北爱尔兰的东北海岸。

（3）世界十大柱状玄武岩奇观。美国怀俄明州的恶魔塔，以色列/叙利亚戈兰高地的六角池，意大利的巨岛，韩国济州岛的柱状节理带，苏格兰斯塔法岛的芬格尔洞，亚美尼亚加尼谷，印度孟买吉尔伯特山，美国加利福尼亚州魔鬼岩柱堆，冰岛斯卡夫塔费德国家公园，北爱尔兰安特里姆郡“巨人之路”。

（4）世界最新八大自然奇观。

1）瑟尔塞岛（冰岛）。远离冰岛南海岸线的一座火山岛，位于冰岛的最南端。

2）索科特拉群岛（也门）。印度洋附近的亚丁湾，由4座小岛和2座岩石小岛组成。

3）乔金斯化石断崖（加拿大）。世界级古生物学遗址，位于芬迪湾入口处。

4）新喀里多尼亚环礁。暗礁多样性及相关生态系统（法国）由6个海洋珊瑚礁组成。

5）美洲王蝶生态保护区（墨西哥）。墨西哥城西北大约100km处草木丛生的山上。

6）三清山国家公园（中国）。江西省玉山、德兴两县交界处。

7）萨亚尔-哈萨克斯坦北部草原和湖泊（哈萨克斯坦）。

8）萨多纳环形地质结构（瑞士）。瑞士东北的萨多纳环形地质结构覆盖3.285万公顷山区。

（5）七大最重陨石包括：纳米比亚霍巴陨石重约60t，阿根廷艾尔·查科陨石重约37t，约克角阿尼希托陨石重约31t，墨西哥巴库比里托陨石重约22t，格陵兰阿格帕里利克陨石，重约20t，坦桑尼亚孟伯希陨石重约16t，美国威拉姆特陨石重约15.5t。

（6）世界著名十大陨石。

1）中国吉林1号陨石：重1770kg，1976年3月8日陨落。

2）美国诺顿陨石：重1138kg，1948年2月18日陨落。

3）美国陆格亚立特陨石：重564kg，1891年发现。

4）美国巴拉哥尔陨石：重372kg，1930年2月17日陨落。

5）芬兰皮席波尔陨石：重330kg，1859年3月2日陨落。

6）美国许格顿陨石：重325kg，1727年发现。

7）俄罗斯奥汗斯克陨石：重300kg，1887年8月30日陨落。

8）奥地利里亚金尼亚陨石：重295kg，1866年6月9日陨落。

9）美国格劳费斯陨石：重283kg，1961年发现。

10）俄罗斯萨拉托夫陨石：重221kg，1918年9月6日陨落。

（7）中国名泉包括：济南趵突泉，云南腾冲温泉群，云南安宁温泉，台湾的温泉群，陕西临潼华清池，山西太原晋祠三泉，山东青岛崂山泉，浙江杭州龙井泉、中冷泉，北京玉泉，谷帘泉，广东从化温泉，贵州息烽氡泉，河北承德热河温泉，河北平山温泉，湖南长沙白沙古井，吉林长白山温泉，虎跑泉，江苏南京汤山温泉，内蒙古阿尔山温泉。

（8）中国名山，包括：安徽黄山，江西庐山，浙江雁荡山，陕西华山，河南嵩山，山西恒山，湖南衡山，山西五台山，四川峨眉山，浙江普陀山，安徽九华山，湖北武当山，江西龙虎山，四川青城山，安徽齐云山、云南丽江玉龙雪山、四川贡嘎山，福建武夷山，四川四姑娘山，福建清源山，福建冠豸山，广东丹霞山，甘肃崆峒山，蓟县盘山，江西三清山，浙江江郎山，浙江雪窦山，浙江仙都，浙江莫干山，福建太姥山,，辽宁凤凰山，浙江浣江五泄，浙江方岩，成都西岭雪山，四川邛海-螺髻山。

思考题

9-1 从地质文化传媒载体探索传媒对旅游地质文化形成与发展的社会功能。

9-2 试就你熟悉的旅游地质文化传媒载体探索旅游地质文化的旅游价值及地质科普价值以及拓展地质学科领域的意义。

参 考 文 献

［1］蔡运龙．自然资源学原理［M］．北京：科学出版社，2001.
［2］张述林．风景地貌学原理［M］．成都：成都科技大学出版社，1992.
［3］刘南威．自然地理学［M］．北京：科学出版社，2006.
［4］张根寿，等．现代地貌学［M］．北京：科学出版社，2005.
［5］吕惠进，等．地质地貌学［M］．北京：科学出版社，2003.
［6］宋春青，邱维理，张振青．地质学基础［M］．北京：高等教育出版社，2005.
［7］杨湘桃．风景地貌学［M］．长沙：中南大学出版社，2005.
［8］田昆．景观地理学［M］．昆明：云南民族出版社，2004.
［9］杜恒检，等．地貌学及第四纪地质学［M］．北京：地质出版社，1987.
［10］谢宇平，等．第四纪地质学及地貌学［M］．北京：地质出版社，1994.
［11］保继刚，楚义芳．旅游地理学［M］．北京：高等教育出版社，2000.
［12］谢彦君，等．基础旅游学［M］．中国旅游出版社，1999.
［13］李天元，王连义．旅游学概论［M］．天津：南开大学出版社，1993.
［14］陈安泽，卢云亭．旅游地学概论［M］．北京：北京大学出版社，1991.
［15］冯天驷．中国地质旅游资源［M］．北京：地质出版社，1998.
［16］杨世瑜，吴志亮．旅游地质学［M］．天津：南开大学出版社，2006.
［17］陆景冈，等．旅游地质学［M］．北京：中国环境科学出版社，2003.
［18］杨世瑜，庞淑英，李云霞．旅游景观学［M］．天津：南开大学出版社，2008.
［19］陈安泽．中国地质景观论．旅游地学的理论和实践——旅游地学论文集第七集［M］．北京：地质出版社，1998.
［20］陈安泽，卢元亭，等．旅游地学的理论与实践［M］．北京：地质出版社，1998.
［21］地质矿产部环境地质研究所．中国旅游地质资源图说明书［M］．北京：中国地图出版社，1991.
［22］国家旅游局，中国科学院地理研究所．中国旅游资源普查规范［M］．北京：中国旅游出版社，1992.
［23］杨世瑜，王树芬，等．三江并流带旅游地质资源开发与环境保护［M］．昆明：云南民族出版社，2003.
［24］杨世瑜，李波，袁希平，等．云南旅游地质［M］．北京：冶金工业出版社，2014.
［25］杨世瑜．丽江地景·丽江旅游地质文化［M］．北京：冶金工业出版社，2017.
［26］杨世瑜．云南特色旅游地质景观［M］．昆明：云南科技出版社，2017.
［27］杨世瑜，等．沙林旅游地质与沙文化研究［M］．昆明：国际文化出版公司，2005.
［28］耿全如．雅鲁藏布江大峡谷国土旅游资源［M］．北京：地质出版社，1999.
［29］周维权．中国名山风景区［M］．北京：清华大学出版社，1996.
［30］任海军，任葆德．中国震迹旅游［M］．北京：兵器工业出版社，1998.
［31］汪建川．国家地理［M］．北京：中国民族摄影艺术出版社，2001.
［32］和仕勇，等．丽江金沙江岩画图册［M］．昆明：云南人民出版社，2011.
［33］李伟，等．旅游文化学［M］．北京：科学出版社，2006.
［34］刘敦荣，等．旅游文化学［M］．天津：南开大学出版社，2007.
［35］刘晓航，等．旅游文化学［M］．天津：南开大学出版社，2009.
［36］李伟，杨世瑜．旅游地质文化论纲［M］．北京：冶金工业出版社，2008.
［37］李伟，杨世瑜．滇西北旅游地质文化［M］．北京：冶金工业出版社，2008.
［38］仇学琴．现代旅游美学［M］．昆明：云南大学出版社，1997.

[39] 李辉，等．旅游景观鉴赏［M］．昆明：民族出版社，2005.
[40] 丁文魁，等．风景名胜研究［M］．上海：同济大学出版社，1988.
[41] 沈祖祥．旅游文化概论［M］．福州：福建人民出版社，2003.
[42] 黄祥康．旅游文化赏析（上）［M］．上海：上海科学普及出版社，2006.
[43] 黄祥康．旅游文化赏析（下）［M］．上海：上海科学普及出版社，2006.
[44] 俞孔坚．景观：文化·生态与感知［M］．北京：科学出版社，2005.
[45] ［法］米歇尔·柯南．赵红梅，李悦盈，译．穿越岩石景观［M］．长沙：湖南科学技术出版社，2006.
[46]［加］艾伦·卡尔松．陈李波，译．自然与景观［M］．长沙：湖南科学技术出版社，2006.
[47] 陶世龙．变幻多彩的地球［M］．长沙：湖南教育出版社，1999.
[48] 纪江红，等．中国国家地理［M］．北京：北京出版社，2004.
[49] 罗献林，刘文龙．中外奇石［M］．北京：北京科学技术出版社，1999.
[50] 周文敏．神迹吴哥［M］．昆明：云南人民出版社，2004.
[51] 付景川，等．世界名城［M］．长春：长春出版社，2006.
[52] 付景川，等．世界名山［M］．长春：长春出版社，2006.
[53]《环球国家地理精华》编委会．环球国家地理精华［J］．吉林出版集团有限责任公司，2007.
[54]《国家地理系列》编委会．中国国家地理［J］．吉林出版集团有限责任公司，2007.
[55]《中国国家地理》杂志社．中国国家地理选美（中国特辑）2005 年（增刊）．